JUNGFRAUENSPIEGEL

II

D1723779

FONTES CHRISTIANI

Zweisprachige Neuausgabe christlicher Quellentexte
aus Altertum und Mittelalter

Im Auftrag der Görres-Gesellschaft
herausgegeben von
Norbert Brox, Siegmar Döpp, Wilhelm Geerlings,
Gisbert Greshake, Rainer Ilgner, Rudolf Schieffer

Band 30/2

SPECULUM VIRGINUM

JUNGFRAUENSPIEGEL

II

LATEINISCH
DEUTSCH

HERDER

FREIBURG · BASEL · WIEN
BARCELONA · ROM · NEW YORK

SPECULUM VIRGINUM

JUNGFRAUENSPIEGEL

ZWEITER TEILBAND

ÜBERSETZT UND EINGELEITET
VON
JUTTA SEYFARTH

HERDER

FREIBURG · BASEL · WIEN
BARCELONA · ROM · NEW YORK

Abdruck des von der Bearbeiterin edierten lateinischen Textes
aus CCM 5 mit freundlicher Genehmigung des Verlages Brepols,
Turnhout.

Fontes-Redaktion:
Maren Saiko, Horst Schneider

Die Deutsche Bibliothek – CIP-Einheitsaufnahme
Speculum virginum = Jungfrauenspiegel / übers. und
eingeleitet von Jutta Seyfarth. – Freiburg im Breisgau ;
Basel ; Wien ; Barcelona ; Rom ; New York : Herder
(Fontes Christiani ; Bd. 30/2)
Teilbd. 2. – (2001)
  ISBN 3-451-23815-2 kartoniert
  ISBN 3-451-23915-9 gebunden

Abbildungsvorlagen: Jutta Seyfarth

Umschlagbild: Marmorplatte eines Lesepults,
Ravenna, S. Apollinare Nuovo, 6. Jh.

Alle Rechte vorbehalten – Printed in Germany
© Verlag Herder Freiburg im Breisgau 2001
www.herder.de
Satz: Arbeitsstelle Fontes Christiani, Bochum
Herstellung: fgb · freiburger graphische betriebe 2001
www.fgb.de
ISBN 3-451-23815-2 kartoniert
ISBN 3-451-23915-9 gebunden

INHALTSVERZEICHNIS

ERSTER TEILBAND

Einleitung

Text und Übersetzung

ZWEITER TEILBAND

DRITTER TEILBAND

VIERTER TEILBAND

ANHANG

TEXT UND ÜBERSETZUNG

Incipit quarta pars de superbia et humilitate. 85

In hac itaque arborum vel fructuum dissimilitudine considera differentiam impietatis et iustitiae, sapientiae et stultitiae, humilitatis et superbiae, mortis et vitae; vide et attende
differentiam fructus carnis et spiritus, virtutum et vitiorum, 5
boni et mali, sancti et profani, spinae et olivae, ficus et
tribuli, cardui et puri balsami et, ut ad summam veniam,
considera Christi differentiam et diaboli, in quorum altero
virtutum omnium plenitudo, in altero radix et fructus vitiorum omnium est. Paulus instruens membra Christi, vir- 10
gines Christi de utriusque fructus efficacia ista cavenda, illa
appetenda contraria contrariis obposuit, hinc mortis pro-
ventum, illinc vitae materiam constituens: „Manifesta
sunt", inquit, „opera carnis, quae sunt fornicatio, immun-
ditia, luxuria, veneficia, inimicitiae, contentiones, commes- 15
sationes et his similia, quae praedico vobis sicut praedixi,
quoniam qui talia agunt, regnum dei non consequentur.
Porro fructus spiritus est caritas, gaudium, pax, patientia,
longanimitas, bonitas, benignitas, mansuetudo, continentia, castitas." Speculum, filia, quaeris. Ecce quantum profe- 20
ceris vel defeceris, in alterutro fructu speculari poteris. Hic
enim, si te quaeris, reperis. Speculum dici non potest nisi
quod intuentis imaginem repraesentat. Igitur ex considera-

---

[62] Zur Symbolik des Baumes im allgemeinen vgl. SCHWEIZER, „... Bäume".

Es beginnt der vierte Teil, der von Stolz und Demut handelt.

Betrachte nun in dem unterschiedlichen Aussehen dieser Bäume und ihrer Früchte[62] den Unterschied von Gottlosigkeit und Gerechtigkeit, von Weisheit und Torheit, von Demut und Hochmut, von Tod und Leben; sieh und achte auf den Unterschied der Frucht des Fleisches und des Geistes, der Tugenden und der Laster, des Guten und des Bösen, des Heiligen und des Weltlichen, von Dorn und Ölbaum, von Feigenbaum und Bürzeldorn, von Distel und reinem Balsam und, um zum Höchsten zu kommen, betrachte den Unterschied zwischen Christus und dem Teufel, in dem einen von ihnen liegt die Fülle aller Tugenden beschlossen, im anderen Wurzel und Frucht aller Laster. Paulus belehrt die Glieder am Leib Christi, die Jungfrauen Christi, über die Wirksamkeit von beiderlei Frucht und daß das eine gemieden, das andere gesucht werden muß; er stellt die Gegensätze einander gegenüber und erklärt, daß von dieser Seite der Vormarsch des Todes erfolgt, an jener der Stoff zum Leben bereitliegt: „Die Werke des Fleisches", sagt er, „sind deutlich erkennbar; es sind Unzucht, Unsittlichkeit, ausschweifendes Leben, Giftmischerei, Feindschaften, Streit, üppige Gelage und Dinge, die diesen ähnlich sind; von diesen sage ich euch voraus, wie ich es schon vorausgesagt habe, daß die, die solches tun, das Reich Gottes nicht erlangen werden. Die Frucht des Geistes ist dagegen Liebe, Freude, Friede, Geduld, Langmut, Güte, Freundlichkeit, Beherrschung und Keuschheit" (Gal 5,19–23). Du fragst nach einem Spiegel, Tochter. Schau, hier kannst du an beiderlei Frucht wie in einem Spiegel erkennen, in welchem Maß du Fortschritte gemacht, oder in welchem du nachgelassen hast. Denn hier wirst du dich finden, wenn du nach dir suchst. Ein Spiegel kann nicht Spiegel genannt werden, wenn er nicht das Bild dessen wiedergibt, der hineinschaut. Darum befrage dich selbst

tione sacrae scripturae te ipsam consule, et aliqua vel virtutum vel vitiorum vestigia repperis impressa conscientiae
tuae.

T.: Opera carnis, quae posuisti, non video, quomodo
possint non dico virginum, sed in conventu quorumcum- 5
que fidelium inveniri, sicut est ydolorum servitus, veneficia, commessationes, ebrietates et huiusmodi, quae melius
hostibus dei possunt asscribi quam amicis.

P.: Cultus ergo ydolorum magni periculi iactura videtur?

T.: Plane. „Qui enim ydola colit, nihil esse iam incipit. 10   86
Ydolum enim nihil est."

P.: Sed dic mihi: Cuinam malo culturam ydolorum
apostolus aequiperavit?

T.: Avaritiae.

P.: Putasne conventum fidelium pestis ista subintrat, ut 15
aliquando mens sui iuris oblita ad aliud aliquid quam ad
deum cordis amorem inflectat?

T.: Immo usque adeo, ut qui magna pro Christo pro-
iecerunt, rebus vilissimis interdum delectentur.

P.: Ibi igitur servitur ydolo, ubi amor animae licet pauci 20
temporis reflexus a deo <est>. Et de ceteris sic intellige.
Audi filia, diligenter attende, quomodo apostolus termi-
naverit effectum vitiorum supradictorum: „Quoniam qui
talia agunt, regnum dei non consequentur", quod unum-
quodque et huic simile vitium licet accidens animae ex 25
mutabilitate naturae separat a deo, nisi succurrat paeni-

nach Betrachtung der heiligen Schrift, und du wirst einige Spuren von Tugenden ebenso finden wie von Lastern, die deinem Gewissen eingeprägt sind.

T.: Ich sehe nicht, wie sich die Werke des Fleischs, die du vorgestellt hast, in einem Konvent könnten finden lassen, und zwar möchte ich behaupten, nicht nur in keinem Konvent von Jungfrauen, sondern von irgendwelchen Gläubigen überhaupt, so wie Götzendienst, Giftmischerei, üppige Gelage, Saufereien und Dinge dieser Art, die man eher den Feinden Gottes als seinen Freunden zuschreiben könnte.

P.: Scheint dir denn der Götzendienst eine große Gefahr und ein großer Verlust zu sein?

T.: Aber sicher. „Denn wer Götzenbilder verehrt, fängt schon an, nichts mehr zu sein. Denn ein Götzenbild ist nichts" (vgl. 1 Kor 8, 4).

P.: Aber sag mir: Mit welchem Übel hat der Apostel die Verehrung von Götzenbildern verglichen?

T.: Mit der Habgier.

P.: Glaubst du denn, daß dieses Übel in einer Gemeinschaft von Gläubigen Eingang finden könnte, so daß ein Gemüt, das erst einmal seine eigene Bestimmung vergessen hat, die Liebe seines Herzens einer anderen Sache zuwendet als Gott?

T.: In der Tat, und zwar so sehr, daß diejenigen sich zuweilen an ganz wertlosen Dingen ergötzen, die große Dinge um Christi willen preisgaben.

P.: Man dient also dort einem Götzenbild, wo sich die Seele in ihrer Liebe, und sei es auch nur für kurze Zeit, von Gott abgewendet hat. Aber auch in bezug auf die anderen Dinge mußt du es so verstehen! Höre, Tochter, und paß genau auf, wie der Apostel die Wirkung der oben beschriebenen Laster festgelegt hat: „Denn die, die solches tun, werden das Reich Gottes nicht erlangen" (Gal 5, 21), weil jedes einzelne dieser Laster und jedes, das ihm ähnlich ist, auch wenn es aufgrund einer wankelmütigen Natur nur zufällig die Seele ergreift, von Gott trennt, wenn nicht Rechtfertigung durch

tentiae satisfactio. Omnibus itaque modis vitia detestanda
sunt, virtutes colendae, amor enim illorum mors, vita cultus
istorum. Iunge, filia, similibus similia et partium aequalitas
utrorumlibet excellentiam prohibet. Si vero dissimilia con-
tuleris dissimilibus, ex altero magis patet diversitas alterius, 5
sicque coniunctio imparium differentiam auget partium
singularum, et diversa qualitas utriusque crescere videtur
ex utroque. Confer album nigro, sapientem stulto, super-
bum humili, et ex ipsis contrariis distantibus augmentum
propriae naturae videtur accedere singulis speciebus. Sic de 10
fructibus praemissarum arborum considera. Quantae sit
amaritudinis cum germine suo radix superbiae, facile per-
videtur ex sanctae humilitatis ubertate.

T.: Multa, pater, rerum experientia docuit, quod proximus est ruinae, qui se commiserit superbiae. Sed quis finis 15
eorum vel remedium, quibus ex hac mortis traduce pondus
incumbit tantorum malorum?

P.: Christum respiciat, pondus premens decutiat, vitam
morte commutet, et non erit, quod fuerat, quando virtutes
vitiis opponens emendat, quod errabat. Si quaeris, filia, 20
vitiorum furias | virtutum oppositione debellare, non pigeat | 87
naturas eorum vel qualitates subtili examine considerare,
quibus inspectis tota vis eorum considerabitur ex triumphis.

Reue zu Hilfe kommt. Darum müssen die Laster auf jede Weise verflucht, die Tugenden aber gepflegt werden, denn die Liebe zu jenen bedeutet Tod, die Pflege dieser aber Leben. Verknüpfe nun Ähnliches mit Ähnlichem, Tochter, und die Entsprechung der Teile verhindert eine herausragende Stellung eines der beiden. Wenn du aber Unähnliches untereinander vergleichst, dann wird die Verschiedenheit der einen Sache vor der anderen um so deutlicher, und so vergrößert die Verbindung ungleicher Dinge den Unterschied der einzelnen Teile, und die unterschiedliche Beschaffenheit beider scheint sich aus beiden zu vergrößern. Vergleiche Weiß mit Schwarz, einen Weisen mit einem Törichten, einen Stolzen mit einem Demütigen, und allein aufgrund von Abstand und Gegensätzen scheint den einzelnen Arten eine Verstärkung ihrer eigenen Natur zuzuwachsen. Darum denke nach über die Früchte an den Bäumen, die oben abgebildet sind. Aus der reichen Fülle heiliger Demut kann leicht ersehen werden, wieviel Bitterkeit die Wurzel des Hochmuts mit ihren Trieben wachsen läßt.

T.: Vieles, Vater, hat die Erfahrung mit Ereignissen gelehrt, weil der dem Fall ganz nahe ist, der sich dem Hochmut hingibt. Aber welches Ende oder welches Heilmittel gibt es für die, auf denen das Gewicht so großer Übel lastet, das von dieser Todesranke herabhängt?

P.: Sie soll auf Christus schauen, das drückende Gewicht abschütteln, das Leben gegen den Tod eintauschen, und sie wird nicht mehr sein, was sie gewesen war, da sie wieder gut macht, worin sie irrte, wenn sie den Lastern die Tugenden entgegensetzt. Wenn du, Tochter, danach strebst, die wütenden Geister der Laster mit dem Widerstand der Tugenden zu bekämpfen, dann darf es dich nicht verdrießen, ihre Wesensart und Eigenschaften einer genauen Prüfung zu unterziehen; erst wenn du diese genau untersucht hast, wird sich ihre ganze Kraft aufgrund ihres Sieges bedenken lassen.

Humilitas igitur iuxta formulam praemissam fundamentum virtutum omnium septiformi corona virtutum quasi
cardinalium cingitur, id est fide, spe, caritate, iustitia, forti-
tudine, prudentia, temperantia, ex quibus aliae quasi de
fonte quodam derivatae suis executoribus perfectionem 5
quandam inducunt et bravium ostendunt, quod pugnantibus promittitur, vincentibus datur. Econtra vitiorum summa se monstrans cum septenis monstris suis principalibus,
id est superbia, luxuria, ventris ingluvie, avaritia, tristitia,
ira, invidia, vana gloria cum ceteris vitiis his compendenti- 10
bus in cohorte sua mortis ostendit materiam et sequacibus
suis certam ruinam. Porro virtutum omnium humilitas cardo quidam esse cognoscitur ea de causa, „quia omnis, qui
se exaltat, humiliabitur" et „pauperibus spiritu regnum caelorum aperitur". Prima autem virtutum humilitati fides ac- 15
cedit, quia „impossibile est sine fide placere deo" et „iustus
ex fide vivit". Sed fide quid proficis, si spe non attendis nec
quaeris, quod fide complecteris? „Quod enim nondum videmus, speramus", et „spes non confundit." Quia vero spe-
rando amamus, quod iam fide tenemus, spei caritas succedit 20
et sic „fides, quae per dilectionem operatur", recte procedit.
Qualiter autem istae tres virtutes distinguendae tenendae-
que sint, prudentia docet et informat, iustitia docet et consummat, fortitudo roborat et, ne excurrant in nimia nec

---

[63] Vgl. zu den Kardinaltugenden PIEPER, *Viergespann.*

Die Demut ist also entsprechend dem Bild, das wir oben vorangestellt haben, die Grundlage aller Tugenden, und sie wird umgürtet von einem siebenfachen Kranz, der gewissermaßen aus den Haupttugenden[63] besteht, nämlich Glaube, Hoffnung, Liebe, Gerechtigkeit, Tapferkeit, Klugheit und Mäßigung, von denen sich wieder andere, wie aus einer Quelle, aber mit je eigenen Vollstreckern ableiten, sozusagen Vollkommenheit herbeiführen und den Siegespreis vorzeigen, der den Kämpfenden versprochen und den Siegern geschenkt wird. Im Gegensatz dazu zeigt sich das oberste der Laster mit seinen sieben Hauptungeheuern, nämlich Hochmut, Ausschweifung, Gefräßigkeit, Geiz, Traurigkeit, Zorn, Neid und eitle Ruhmsucht, und führt zusammen mit den anderen, damit zusammenhängenden Lastern in eigenem Kampftrupp die Ursache des Todes vor Augen und das sichere Verderben für seine Gefolgsleute. Weiterhin zeigt sich die Demut auch aus dem Grund sozusagen als Angelpunkt der Tugenden, „weil jeder, der sich selbst erhöht, erniedrigt wird" (Lk 14, 11) und „den Armen im Geist sich das Himmelreich öffnet" (Mt 5, 3). Als erste von den Tugenden tritt aber der Glaube der Demut zur Seite, weil „es unmöglich ist, ohne Glauben Gott zu gefallen" (Hebr 11, 6), und „der Gerechte aus dem Glauben lebt" (Röm 1, 17). Aber wie solltest du im Glauben Fortschritte machen, wenn du nicht in der Hoffnung darauf achtest und nach dem suchst, was du im Glauben umarmst? „Denn was wir noch nicht sehen, das erhoffen wir" (Röm 8, 25), und „die Hoffnung läßt nicht zugrunde gehen" (Röm 5, 5). Weil wir nun aber im Hoffen das lieben, was wir im Glauben schon festhalten, tritt die Liebe der Hoffnung zur Seite, und so schreitet „der Glaube, der durch die Liebe wirkt" (Gal 5, 6), richtig voran. Wie man nun diese drei Tugenden unterscheiden und festhalten kann, das lehrt und macht deutlich die Klugheit, das erklärt und führt zum Ziel die Gerechtigkeit, das bekräftigt die Tapferkeit, und damit die Tugenden nicht allzusehr auseinanderlaufen oder sich innerhalb

incompetenter infra suas lineas coartentur, temperantia
moderatur et discernit. Sive ergo quatuor virtutes istas
addas trenis seu tres conferas quaternis, septenarius iste
virtutum numerus plenitudinem septiformis gratiae suis
executoribus adducit, per quam vitiorum compago cum 5
septenis nequitiis | suis dissolvitur, corpus diaboli superatur | 88
et „per semitam iustitiae" fons et omnium origo virtutum
aditur. Ecce habes, filia, unde gaudeas, si ex fructu meliori
sapias et, quod deterius est, respectu potioris omittas, unde
doleas, si quod habes bonum, in casum inflata praecipites. 10
Geminus hic tibi fructus propositus est, in altero quidem
vitae discrimen et totius miseriae forma, in altero salus et
gratia per virtutum dona diversa.

T.: Qui per arborum duarum formas et species virtutum
seu vitiorum procursum luculenter admodum ordinasti, 15
restat, ut ipsorum etiam valentiam, proprietates et qualitates diffinitionibus subtilissimis cordis nostri conspectibus
reddas quoddammodo visibiles, quatinus cognitis eorum
effectibus furiarum laqueos milite virtutum praecurrente
facilius et robustius evadamus.   20

P.: More tuo moveris. Si fontem totius scripturae ebibis-
ses, exhausti laci guttulas adhuc repeteres. Sed quia ambo
quaerere videmur, si quid in verbo offendimus, pari correp-
tione proscribamur.

T.: Ut vis.   25

ihres eigenen Bereichs gegenseitig unpassend bedrängen,
zügelt und lenkt dies die Mäßigung. Wenn du nun diese vier
Tugenden hinzuzählst zu der Dreiergruppe oder die drei
mit den vieren zusammenstellst, so führt diese Siebenzahl
der Tugenden für ihre Vollstrecker den Reichtum der siebenfachen Gnade herbei; durch diese Gnadenfülle wird die
Gesellschaft der Laster mit ihren sieben Nichtswürdigkei-
ten aufgelöst, der Leib des Teufels überwunden und Quelle
und Ursprung aller Tugenden „auf dem Pfad der Gerechtigkeit" (Ps 23,3: Vg. Ps 22,3) zugänglich gemacht. Siehst
du, Tochter, da hast du nun, worüber du dich freuen kannst,
wenn du von der besseren Frucht kostest und im Blick auf
das Bessere das unterläßt, was schlechter ist; du hast aber
auch Grund zur Trauer, wenn du das Gute, was du hast,
übermütig in die Tiefe wirfst. Hier ist dir nun die zweifache
Frucht vor Augen gestellt, auf der einen Seite Gefahr für
das Leben und das Bild allen Elends, auf der anderen Seite
Rettung und Gnade durch das Geschenk der verschiedenen
Tugenden.

T.: Du hast im Bild und in der Beschaffenheit der beiden
Bäume das Vorrücken von Tugenden und Lastern bis hierher einleuchtend beschrieben; nun bleibt noch übrig, daß
du auch ihren Einfluß, ihre Eigenschaften und Eigentüm-
lichkeiten in sehr genauen Begriffsbestimmungen der Einsicht unseres Herzens gewissermaßen sichtbar vor Augen
stellst, damit wir den Schlingen der rasenden Leidenschaften in Erkenntnis ihrer Wirkungen leichter und entschie-
dener entkommen, wenn die Streitmacht der Tugenden uns
voraneilt.

P.: Nach deiner Art gerätst du in Aufregung. Wenn du die
Quelle der heiligen Schrift vollständig ausgetrunken hättest,
du würdest auch noch nach dem letzten Tropfen des ausge-
trockneten Sees verlangen. Aber da wir offenbar beide nach-
fragen, wenn uns etwas in der heiligen Schrift auffällt, so
werden wir auch vom gleichen Vorwurf getroffen.

T.: Wie du willst.

P.: Primum igitur de vitiis, post de virtutibus iuxta posse
nostrum diffinitiunculas demus. Superbia est singularis ex-
cellentiae super alios caecus quidam appetitus. Luxuria est
ex inmundis descendens desideriis lubrica et effrenata mentis et carnis prostitutio. Voluptas est cum quadam lubrica 5
suavitate ad illicita confusae mentis inclinatio. Petulantia
est ex carnalium cogitatuum conceptione totius corporis
pecualis habitudo. Lascivia est indecens motus dissoluti in
ioco anteveniens ex intemperantia carnali. Titubatio est
lubricae carnalitatis inconstantia ex mentis fragilitate de- 10
scendens. Ignavia est de virtutum exercitio languida foe-
daque utriusque ho|minis deiectio. Deliciae sunt corporalis | 89
indigentiae cum quadam superfluitate lautior apparatus.
Blanditiae sunt cum quadam dulcedine vitiosorum delec-
taminum suasibilis extrinsecus exhibitio. Ventris ingluvies 15
est immoderata qualiumcumque ciborum saturitate hiantis
concupiscentiae satisfactio. Ebrietas est, per quam menti
oblivio sui quaedam sobrietatis excessu generatur. Gula est
solius corporis causa noxius et illecebrosus escarum quidam appetitus. Mentis ebetudo est veniens ex intemperanti 20
curae carnalis abundantia vigilis vitae remissio. Crapula est
ex deliciosa sumptuum superfluitate sopiti cordis praegra-
vatio. Languor est aegrae mentis et corporis desidia vitio
voracitatis inducta. Oblivio est, per quam obruto vitiis
carnalibus animo ruin<ae> materi<a> affertur.   25

---

[64] Die Verbesserung vom überlieferten *ruina materiae* in *ruin<ae> mate-
ri<a>* kann sich auf das Zeugnis des Tugend-Laster-Katalogs in der Hs
Salzburg, Univ.-Bibl., M I 32, fol. 77, stützen; vgl. dazu SEYFARTH, *Speculum virginum* 35* Anm. 92.

P.: Zunächst wollen wir also, entsprechend unserem Vermögen, in knapper Form die Begriffsbestimmungen der Laster geben, danach die der Tugenden. Hochmut ist sozusagen das blinde Streben nach besonderer Vorrangstellung über andere. Ausschweifung ist das schlüpfrige und zügellose Zurschaustellen von Geist und Körper, das aus unreinen Begierden niedersteigt. Wollust ist die Hinneigung eines verwirrten Geistes zu Verlockungen, die mit einer gewissen schlüpfrigen Süße verbunden ist. Mutwille ist das tierische Gebaren des ganzen Körpers, der sich fleischlichen Gedanken hingibt. Ausgelassenheit ist die unschickliche Unruhe eines Liederlichen, die aufgrund fleischlicher Unbeherrschtheit im Scherz vorpirscht. Das Schwanken ist die mangelnde Festigkeit des trügerischen Fleisches, die herabsteigt aufgrund einer Schwäche im Geist. Feigheit ist die träge und verwerfliche Abkehr eines jeden Menschen von der Übung der Tugenden. Wonne ist die allzu üppige Ausstattung mit einem gewissen Überfluß für die körperlichen Bedürfnisse. Schmeichelei ist die äußerliche Empfehlung, die mit einer gewissen ergötzlichen Lasterhaftigkeit vorgetragen wird. Völlerei ist die unmäßige Befriedigung einer Begierde, die auch nach der Sättigung mit Speisen jeder Art den Mund aufsperrt. Trunkenheit ist es, durch die der Geist in Selbstvergessenheit verfällt, wenn die Nüchternheit zurückweicht. Freßlust ist der schädliche und verführerische Appetit auf Speisen allein um des Körpers willen. Stumpfheit des Geistes ist ein Nachlassen der Wachsamkeit in der Lebensführung aufgrund einer überflüssigen und unmäßigen Fürsorge für den Leib. Rausch ist die Belastung des Herzens, das durch den Überfluß an lustvollem Genuß in Schlaf versetzt wird. Trägheit ist das Nachlassen eines faulen Geistes und Körpers, das durch das Laster der Gefräßigkeit herbeigeführt wird. Vergessen ist das Laster, durch das der Seele, die unter den Lastern des Fleisches begraben liegt, der Zusammenbruch ihrer geistigen Anlage[64] zugefügt wird.

Avaritia est gloriae seu quarumlibet rerum insatiabilis et
inhonesta cupido. Philargiria est, per quam singulari appetitu pecuniae colligendae frena laxantur. Fraus est, per quam
rei familiari malitiae vel inopiae causa clandestina subrep-
tione consulitur. Violentia est, per quam malitia seu iniuria 5
in inferiorem potenter exercetur. Periurium est propriae
seu aliorum utilitatis gratia veritatis abnegatio fraudulenta.
Usura est accommodatae simplicis rei turpis lucri gratia
geminata receptio. Fallacia est, per quam odii seu familiaris
instinctu commodi fictis verbis veritas obtegitur. Rapina est 10
ex avidae mentis veniens impetu rerum alienarum distrac-
tio.

Tristitia est ex mutato adversitate voto turbatae mentis
anxietudo. Rancor est, per quam mordacis animi clausa
amaritudo habitu vultuoso demonstratur. Desperatio est ad 15
vitae statum vel virtutum reditum fracta spei gubernatio.
Pusillanimitas est ex rerum contrariarum taedio iners et
inconsiderata mentis deiectio. Torpor est ex languentis animi pigritia remissa in otio totius corporis habitudo.

Querela est, per quam anxietas cordis ex impatientis 20
vitio luctuose demonstratur. Accidia est ex irrationabilis
taedii vitio quaedam anxiae mentis otiosa inquietudo. Timor est, per quem menti fluctuans angustia ex adversitatis
expectatione generatur. Ira est strictus concitati furor animi
ulciscendi libidine | fervens. Blasphemia est cum quadam 25 | 9◄

Habsucht ist die unersättliche und unehrenhafte Begierde nach Ruhm und nach jeder Art von Besitz. Geldgier ist
es, bei der in dem außerordentlichen Verlangen, Vermögen
zusammenzuraffen, die Zügel gelockert werden. Betrug ist
es, durch den man sich in heimlichem Diebstahl um das
Vermögen zu schaffen macht, sei es aus bösem Willen, sei
es aus Not. Gewalttätigkeit ist es, durch die sich Bosheit
und Ungerechtigkeit dem Schwächeren gegenüber wir-
kungsvoll ausüben. Meineid ist die betrügerische Leug-
nung der Wahrheit um eigener oder anderer Vorteile willen.
Wucher ist die verdoppelte Einnahme aus einem anvertrau-
ten, einfachen Vermögen um des schändlichen Gewinnes
willen. Täuschung ist es, durch die die Wahrheit mit erfun-
denen Reden verschleiert wird, sei es, daß man von Haß
oder daß man von der Gier nach einem Vermögensvorteil
angetrieben ist. Raub ist die Aneignung fremder Güter, die
aus dem Antrieb eines gierigen Herzens kommt.

Traurigkeit ist die Bedrängnis eines ängstlichen Gemüts,
wenn sich aufgrund eines Unglücks die Wünsche geändert
haben. Haß ist es, durch den sich in verzerrtem Aussehen
die bittere Verschlossenheit eines bissigen Gemüts zeigt.
Verzweiflung herrscht dort, wo das Steuer der Hoffnung
auf die Rückkehr zum Stand des Lebens und der Tugenden
zerbrochen ist. Kleinmut ist der Niedergang eines unfähi-
gen und zaghaften Herzens aus Überdruß, wenn die Angelegenheiten ungünstig stehen. Stumpfsinn ist die Haltung
des ganzen Körpers aufgrund von Faulheit eines schlaffen
Geistes, die sich in Untätigkeit zurücklehnt.

Jammerei ist es, durch die die Ängstlichkeit des Herzens
im Laster der Ungeduld klagend zum Ausdruck gebracht
wird. Mürrisches Wesen ist die müßige Unruhe eines ver-
drießlichen Gemüts, entstanden aus dem Laster unvernünftigen Überdrusses. Furcht ist es, durch die für das Herz in
der Erwartung von Unglück eine unsichere Bedrängnis entsteht. Zorn ist die geballte Wut eines aufgestachelten Gemüts, das vor Begierde nach Rache brennt. Lästerung ist die

probrosa irreligiositate conviciorum iaculata in alium ma-
ledictio. Clamor est perpetrati facinoris manifesta et inve-
recunda iactatio. Contumelia est cum maeroris, livoris et
amaritudinis obprobrio turbatae mentis contritio. Luctus
est, qui exacerbato in malis animo, quod minus in super- 5
iorem potest, ultionis vice fletibus satisfacit.

Temeritas est rationis expers procacis animi indisciplina-
tus excursus. Furor est effrenata conceptis intrinsecus adversis totius habitus et truculenta iactatio. Indignatio est
quaedam ex turbida et insolenti malivolentia in inferiorem 10
ostensa despectio. Invidia est, quae fervidum in dolore
reddit animum ex indigni honore, quem etiam tu non ap-
petebas.

Afflictio in prosperis est odientis animi cruciatus ex
profectu displicentis procedens. Exultatio in adversis est 15
quaedam ex casu alterius concepti odii nebulosa consolatio.
Detractio est respectu alterius gloriae minuendae mordax
ad alterum delatio. Malitia est alieni damni avidus nequis-
simae voluntatis odiosus excursus. Susurratio est, per quam
vel odiosae adulationis vel derogationis gratia odium inter 20
fratres excitatur. Amaritudo est spiritalis expers gaudii
quaedam distractae mentis solitudo. Odium est, quod irati
motum animi morosius atque tenacius spe vindictae mor-
daciter abscondit. Vana gloria est placendi desiderio utriusque hominis incompetens agitatio. Ypocrisis est virtutum 25
simulatione clausum vitium callide palliare.

Schmährede, die sozusagen in schändlicher Gottlosigkeit
Vorwürfe gegen einen anderen schleudert. Geschrei ist das
sich selbst verratende und schamlose Prahlen über eine
begangene Tat. Schmach ist die Zerknirschung eines gebro-
chenen Gemüts zusammen mit dem Vorwurf von Schmerz,
Mißgunst und Bitterkeit. Trauer ist dort, wo einer mit
einem Gemüt, das in Bosheit verhärtet ist, an Tränen Genüge findet anstelle von Vergeltung, die er einem Stärkeren
gegenüber weniger anwenden kann.

Unbesonnenheit ist das unkontrollierte Vorgehen eines
waghalsigen Gemüts ohne Überlegung. Raserei ist die ent-
fesselte und grobe Prahlerei im ganzen Auftreten, wenn
innerlich Schlechtes empfangen wird. Entrüstung ist sozusagen die Verachtung, die sich in erregter und ungewöhn-
licher Böswilligkeit einem Untergebenen gegenüber zeigt.
Neid ist das Laster, das das Herz rasend macht im Groll
über die Ehrung eines Unwürdigen, auch wenn du diese
Ehrung gar nicht erstrebt hast.

Betrübnis über Glückliche ist die Marter einer haßerfüll-
ten Seele; diese Marter entsteht, wenn einer Erfolg hat, der
einem nicht gefällt. Freude über Unglückliche ist ein zwei-
felhafter Trost für den Haß, der aus dem Fall eines anderen
geboren wird. Herabsetzung ist ätzender Verrat an dem
einen, um seinen Ruhm im Hinblick auf einen anderen zu
schmälern. Bosheit ist das haßerfüllte Vorgehen eines
schlimmen Geistes, der nur gierig ist auf fremde Schadens-
summe. Geflüster ist es, durch das der Haß unter Brüdern
um widerwärtiger Schmeichelei oder Verleumdung willen
geschürt wird. Die Bitterkeit ist sozusagen die Einsamkeit
eines zerrissenen Gemüts ohne geistliche Freude. Haß ist
es, der beißend die Bewegung eines erzürnten Gemüts in
der Hoffnung auf Rache um so eigenwilliger und hartnäk-
kiger verbirgt. Eitle Ruhmsucht ist die unpassende Betrieb-
samkeit aus dem Verlangen, jedem Menschen zu gefallen.
Heuchelei ist es, durch die Vortäuschung von Tugenden ein
verborgenes Laster schlau zu bemänteln.

Inoboedientia est ex duritia mentis obstinatae imperanti nolle obtemperare. Novitatum praesumptio est contra qualitatem sui ordinis aut virium extollentiae motu novi quippiam attemptare. Iactantia est ex fastu mentis maiora, quam sint, de te promittere. Arrogantia est gloriari ex eo, quod 5 non acceperis, placendi cupidine. Pertinacia est ex irrationabili et inflexibili mentis obstinatione meliori parti nolle cedere. Loquacitas est confusa et stulta verborum superfluitate cordis levitatem aperire.

Comitatus vitiorum principalium sic procedit, Theo- 10 dora, sed attende Christi castra secus florentia.

T.: Infandus quidem exercitus cum ducibus suis haut dissimilibus, sed cursus iste naturae consentaneus est fructum radici suae coaequari.

P.: Sic videtur. Sed procedamus. Humilitas est ex intuitu 15 propriae conditionis vel conditoris voluntaria inclinatio mentis. Caritas est mentis affectus ad deum et proximum iuxta legis praeceptum ferventer et discrete porrectus. Gratia est, in qua mutuae benivolentiae alterius in alterum cultus affectuosus ostenditur. Pax est concordantium in 20 bono mentium ordinata tranquillitas. Pietas est ex benigni animi dulcedine erga omnes auxiliatrix affectio. Liberalitas est, per quam liber animus in largitione possessorum nulla tenacitate coartatur.

Misericordia est clemens et aequalis in omnes dignatio et 25 in afflictos compassibilis animi inclinatio. Mansuetudo est,

Ungehorsam ist es, aufgrund der Härte eines verstock-
ten Herzens dem Befehlenden nicht gehorchen zu wollen.
Neuerungssucht ist es, entgegen der Beschaffenheit des
eigenen Standes und der eigenen Kräfte, von Überheblichkeit getrieben, irgendetwas Neues anzufangen. Die Prahlerei stellt aus geistigem Hochmut Größeres von dir in
Aussicht, als vorhanden ist. Anmaßung ist es, sich aus
Gefallsucht aufgrund einer Sache zu rühmen, die du nicht
empfangen hast. Starrsinn ist es, aus unvernünftiger und
unbeugsamer Hartnäckigkeit dem besseren Teil nicht nachgeben zu wollen. Geschwätzigkeit bedeutet, den Leichtsinn des Herzens durch einen Überfluß an verworrenen
und törichten Worten offenkundig zu machen.

So marschiert die Heerschar der Hauptlaster vorwärts;
aber du, Theodora, achte auf die Festung Christi, die anders
blüht!

T.: Unbeschreiblich ist in der Tat diese Streitmacht mit
ihren dazu passenden Anführern, aber dieser Marsch
stimmt mit der Natur überein, daß nämlich die Frucht der
Wurzel entspricht.

P.: So scheint es. Aber laß uns weitergehen! Demut ist
die freiwillige Verneigung des Herzens vor der eigenen
Schöpfung und dem Schöpfer. Liebe ist die Hinwendung
des Herzens, die sich nach der Vorschrift des Gesetzes mit
Leidenschaft und Entschiedenheit auf Gott und den Nächsten erstreckt. Dank ist es, der sich in der liebevollen Hinwendung des einen zum anderen in gegenseitigem Wohl-
wollen zeigt. Friede ist die Ruhe im Zustand der Ordnung
von Herzen, die im Guten übereinstimmen. Mildtätige
Frömmigkeit ist die liebevolle Hilfe allen gegenüber aus
der Güte eines freundlichen Gemüts. Freigebigkeit ist die
Tugend, bei der sich ein freier Geist beim Verschenken
seiner Besitztümer von keinem Geiz beengen läßt.

Barmherzigkeit ist die milde und angemessene Ach-
tung vor allen und die Hinwendung des Herzens in Mitleid zu den Betrübten. Sanftmut ist die Tugend, bei der die

per quam modesti tranquillitas animi nulla rerum concur-
rentium turbatione agitatur. Conpassio est, per quam ex
incommodis proximi condolenti animo quaedam afflictio
generatur. Indulgentia est remissio reatus alieni ex sui consideratione descendens. Benignitas est cum quadam fervida 5
morum suavitate diligentis animi conspersio. Concordia
est convenientium in recto animorum indirupta quaedam
et unita complexio. Fides est in sancto studio ex promis-
sorum veritate ad invisibilia bona mentem pendere. Religio
est, per quam reverenti famulatu cerimoniae divini cultus 10
exercentur.

Munditia est, per quam respectu divini amoris integritas
servatur utriusque hominis. Oboedientia est spe mercedis
abnegatio propriae voluntatis nixa pio studio. Castitas est
per edomitas vitiorum furias munda et honesta corporis 15
habitudo. Continentia est, per quam carnalium affectuum
impetus consilii moderamine refrenantur. Reverentia est,
per quam deo deique dilectis religionis cultus ostenditur.
Affectus est officiosae caritatis studium vel merito vel naturae penso conductum. Spes est animi motus immobiliter 20
ad ea, quae appetit accipienda suspensus. Contemplatio est
per sublevatae mentis iubilum mors quaedam carnalium
affectuum. Modestia est pudici et honesti habitus digna
cum laude verecundia. Gaudium est animi quaedam iocunditas spiritalis ex contemptu praesentium descendens. 25
Confessio est, per quam latens animae morbus spe veniae
consequendae aperitur.

Ruhe eines bescheidenen Gemüts durch keinen Wirbel wi-
derstreitender Ereignisse umgetrieben wird. Mitleid ist
dort, wo in der mittrauernden Seele aufgrund von Unglück
beim Nächsten Betrübnis entsteht. Nachsicht ist die Rück-
sichtnahme gegenüber fremder Beschuldigung, die aus der
Betrachtung eigener Schuld folgt. Güte ist das Verströmen
eines liebenden Herzens gewissermaßen im Feuer lieblichen
Lebenswandels. Eintracht ist die ungebrochene und geeinigte
Verbindung der Seelen, die im Rechten übereinstimmen.
Glaube bedeutet, in heiligem Eifer sein Herz an die unsichtbaren Güter zu hängen aufgrund der Wahrheit der Verhei-
ßungen. Religion ist das, wodurch die göttliche Verehrung
geübt wird im ergebenen Dienst der feierlichen Handlung.
   Reinheit ist die Tugend, durch die die Unversehrtheit
eines jeden Menschen in Hinsicht auf die göttliche Liebe
bewahrt wird. Gehorsam ist die auf frommen Eifer gestütz-
te Absage an den eigenen Willen in der Hoffnung auf Lohn.
Keuschheit zeigt sich in dem reinen und anständigen Aussehen des Körpers nach Bezwingung der wütenden Geister
der Laster. Enthaltsamkeit ist die Tugend, durch die Angrif-
fe fleischlicher Lust mit dem Zügel der Besonnenheit in
Zaum gehalten werden. Ehrfurcht ist es, durch die sich die
Pflege der Frömmigkeit gegenüber Gott und den von Gott
Geliebten zeigt. Eifer ist das Bemühen um dienende Liebe,
das entweder durch Verdienst oder nach dem Willen der
Natur herbeigeführt wird. Hoffnung ist die Regung des
Geistes, die unerschütterlich an dem hängt, was sie empfangen will. Ruhige Betrachtung ist gewissermaßen der Tod
fleischlicher Leidenschaften im Jubel eines Herzens, das sich
zu Gott erhebt. Bescheidenheit ist die lobenswerte Zurückhaltung, die einem keuschen und sittsamen Auftreten entspricht. Herzensfreude ist sozusagen die geistliche Fröhlichkeit, die aus Verachtung der zeitlichen Dinge herrührt.
Das Sündenbekenntnis ist die Tugend, durch die eine verborgene Krankheit des Herzens offengelegt wird in der
Hoffnung, Verzeihung zu erlangen.

Patientia est respectu | honoris aeterni voluntaria et in- | 92
superabilis contrariorum perpessio. Conpunctio est quoddam animae suspirantis incendium natum timore vel amore
aeternorum vel bonorum vel malorum. Longanimitas est ex
complendo suo desiderio infatigabilis laborum sustinentia. 5

Prudentia est rerum bonarum et malarum utrarumque
sagax scientia. Timor domini est fide et moribus divinorum
praeceptorum vigilans custodia. Consilium est examinan-
darum gubernandarumque causarum provida quaedam
mentis sagacitas. Memoria est ad mentis intuitum imagina- 10
ria quaedam repraesentatio futurorum. Intelligentia est
praesentium rerum statum et qualitatem rationali vivacitate
pensare. Providentia est, per quam sagaci subtilitate futurorum eventus colligitur. Tractabilitas est discreto mentis
examine meritorum causas ponderare. Sagacitas est quid 15
agendum circumspecta diligentia praecurrere et ad modum
et ordinem quaeque flectere.

Temperantia est in illicitos animi impetus rationis firma
et discreta dominatio. Discretio est provida motuum humanorum ratio moderatrix. Moralitas est servata propria virtu- 20
te te moribus singulorum contemperare. Taciturnitas est
cum quadam animi fructuosa quiete etiam a verbis utilibus
temperare. Ieiunium est in interiori vigilantia discretae par-
simoniae custodia. Sobrietas est pura ex illecebris utriusque
hominis temperantia. Contemptus saeculi est ex intuitu ca- 25
ducorum ratione inductus amor aeternorum. Carnis afflic-

Geduld ist das freiwillige und unerschütterliche Erdul-
den von Widrigkeiten im Hinblick auf die ewige Ehre.
Reue ist gewissermaßen der Brand in einer seufzenden
Seele, der entstanden ist aus Furcht vor oder aus Liebe zu
den ewigen Dingen, den guten und den bösen. Langmut
besteht im unermüdlichen Ertragen von Mühen in Erfüllung eigenen Verlangens.

Klugheit ist die weise Einsicht in beides, in gute und
schlechte Dinge. Gottesfurcht ist die aufmerksame Beachtung der göttlichen Vorschriften in Glaube und Sitten.
Ratschlag ist gewissermaßen der vorausschauende Scharfsinn des Geistes zur Prüfung und Lenkung strittiger Fragen. Erinnerung ist die Vergegenwärtigung von zukünftigen Dingen in der Vorstellung zur Anschauung im Geist.
Einsicht ist es, Zustand und Beschaffenheit der gegenwärtigen Dinge mit lebhaftem Verstand zu bedenken. Vorsicht
ist die Tugend, durch die der Ausgang zukünftiger Dinge
mit klugem Scharfsinn erfaßt wird. Erwägung bedeutet,
nach genauer Prüfung im Geist die Gründe für Verdienst
und Schuld abzuwägen. Scharfsinn ist es, mit umsichtiger
Sorgfalt dem, was zu tun ist, zuvorzukommen und alles
nach Maß und Ordnung zu lenken.

Mäßigung ist die feste und entschiedene Herrschaft der
Vernunft über jeden Ansturm zur Verlockung des Geistes.
Unterscheidungsvermögen ist die vorsorgende Vernunft,
die mäßigend wirkt auf menschliche Leidenschaften. Mo-
ral bedeutet, daß du dich unter Bewahrung der eigenen
Tugend an die Sitten einzelner angleichst. Schweigsamkeit
ist, mit einer gewissen fruchtbaren Ruhe des Geistes sogar
bei nützlichen Worten Maß zu halten. Fasten ist das strikte
Einhalten der Enthaltsamkeit aufgrund innerer Wachsamkeit. Nüchternheit ist die natürliche Zurückhaltung vor
den Verlockungen eines jeden Menschen. Verachtung der
Welt bedeutet die Liebe zu den ewigen Dingen, die in
Betrachtung der vergänglichen Dinge durch die Vernunft
herbeigeführt wird. Eine Demütigung für das Fleisch be-

tio est, per quam lascivia carnalis qualibet castigatione corporali comprimitur.

Iustitia est, per quam sua cuique dignitas tribuitur et communis utilitas non relinquitur. Lex est ordinata discretaque praeceptorum regula, per quam facienda iubentur et 5 vitanda prohibentur. Aequitas est lance librata iustitiae dignissima retributio meritorum. Severitas est, per quam iudiciaria vindicta in peccantem districtius exercetur. Correptio est, per quam error innatus vel consuetudine factus freno rationis inhibetur. Iuris iurandi observantia est, quae legis 10 scripto populis promulgatae transgressionem temerariam arcet. Iudicium est, quod ex audientia meritorum dignum reddit supplicium vel praemium. Veritas est, per quam dictum aliquid vel factum immutabili ratione profertur.

Fortitudo est immobilis inter adversa animi laborum et 15 periculo|rum susceptio. Magnificentia est gloriosa quaedam | 93 animi claritudo res magnas et arduas pulchre administrantis. Confidentia est ex virtutum conscientia mentem inmotam inter adversa constare. Tolerantia est diuturna alienae improbitatis et molestiae sufferentia. Requies est, per quam 20 menti quaedam securitas ex contemptu perfunctoriae vanitatis affertur. Stabilitas est mentem fixam nulla locorum vel temporum qualitate in diversa iactari. Constantia est inter fluctuantes causas et personas nulla mentis trepidatione concuti. Perseverantia est, quae virtutum quadam perfectio- 25

deutet es, wenn fleischliche Lust mit jeder beliebigen körperlichen Zucht in Schach gehalten wird.

Gerechtigkeit ist es, durch die einem jeden sein Recht
gegeben wird und doch das Gemeinwohl nicht auf der
Strecke bleibt. Das Gesetz ist die aufgestellte und klare
Richtschnur an Vorschriften, durch die bestimmt wird, was
zu tun ist, und verhindert wird, was zu meiden ist. Billig-
keit ist der völlig angemessene Ausgleich für Verdienste,
gewogen in der Schale der Gerechtigkeit. Strenge ist es, mit
der die richterliche Strafe gegen einen Sünder möglichst
streng durchgeführt wird. Tadel ist es, wenn einem Abirren
vom rechten Weg, sei es angeboren oder durch Gewohnheit
erworben, mit dem Zügel der Vernunft Einhalt geboten
wird. Die Befolgung des Eides ist es, die eine unüberlegte
Übertretung des Gesetzes verhindert, das den Völkern
schriftlich verkündet wurde. Das Urteil ist es, das nach
Anhörung von Schuld oder Verdienst gerechte Buße oder
Belohnung zuspricht. Wahrheit ist es, durch die irgendetwas, was gesprochen oder geschehen ist, in unveränderli-
cher Weise vorgetragen wird.

Tapferkeit ist die Übernahme von Mühen und Gefahren
eines Gemüts, das auch im Unglück unerschütterlich ist.
Hochherzigkeit ist sozusagen der herrliche Glanz eines
Herzens, das große und schwierige Güter gut zu verwalten
weiß. Verläßlichkeit besteht darin, daß der Geist im Bewußtsein der Tugenden auch in schwieriger Lage unerschütterlich fest bleibt. Duldsamkeit ist das tägliche Ertragen von fremder Unredlichkeit und Ärger. Ruhe ist es,
durch die dem Geist in Verachtung oberflächlicher Eitelkeit eine gewisse Furchtlosigkeit beigebracht wird. Stand-
festigkeit bedeutet, daß der Geist, fest stehend, sich durch
keine Eigenart von Ort und Zeit in verschiedene Richtungen treiben läßt. Beharrlichkeit bedeutet, sich zwischen hin
und her wogenden Gründen und Personen durch keine
Unruhe des Herzens erschüttern zu lassen. Ausdauer ist es,
die die Seele, die in einer gewissen Vollendung der Tugen-

ne proficientem longanimitate consummat animum. Cunctarum igitur virtutum, ut praedictum est, fundamentum humilitas est.

Ecce Theodora, quod quaesisti, pro modulo nostro reperisti, ubi quanta est diversitas radicum tam dispar est 5 proventus fructuum, ut quicumque de fructu sinistrae stirpis gustaverit, illud propheticum merito possit audire: „Qui comederit uvam acerbam, obstupescent dentes eius."

T.: Immo, pater, fructum spinarum dicis abominandum, quo quisque gustato tam morti erit obnoxius ex esu quam 10 punctione confossus ex ramo. Quem ad sui custodiam non excitant haec verba vel forma, quid proderit illi in militia Christi disciplina professa?

P.: „Audi filia et vide", quod intentio totius scripturae divinae versatur in hoc cardine, ut homini persuadeat, ut 15 gratias agat. Qui ergo gratiarum actionem sursum immolat, nonne sedem cordis sui „in fundamento, qui est Christus, collocat"? Porro qui sibi sufficiens est, primordiali ruinae proximus est. Sed cur his protractius immoramur mortem superbiae dissuadendo, lumen intelligentiae, 20 quod est humilitas, persuadendo, nisi quod in altero lepra hereditaria est, casus vetus et recens, in altero materia vitae et in alta respectus? O | vetus et novum malum, quod adeo | 94

---

65 Im Tugend-Laster-Katalog sind Spuren einer Kompilation des Textes bzw. eine Einfügung aus anderem Zusammenhang nicht zu übersehen (vgl. SEYFARTH, *Speculum virginum* 30*), da das Thema praktisch zweimal erörtert wird und auch Stillage und Anrede wechseln. Darauf deutet ebenfalls die Auslassungsstelle in Buch 4, oben 292,14 – 308,11 (CCM 5: 99–273) im Hss-Zweig L. Außerdem liegen der Erörterung zwei verschiedene Traditionsstränge zugrunde, einmal die Auseinandersetzung von Tugenden und Lastern in Form eines Kampfes, zum anderen dargestellt als organisches Wachstum aus der Wurzel von Stolz und Demut. Offenbar

den Fortschritte macht, durch Langmut zur Vollkommenheit führt. Aber von allen diesen Tugenden ist, wie schon
oben gesagt wurde, die Demut die Grundlage.[65]

Siehe, Theodora, wonach du gefragt hast, das hast du
nun auf unsere Weise erfahren, wo der Unterschied bei den
Wurzeln ebenso groß ist, wie das Hervorbrechen der
Früchte ungleich ist, so daß ein jeder, der von der Frucht
des linken Baumes gekostet hat, mit Recht das Wort des
Propheten hören kann: „Wer saure Trauben gegessen hat,
dessen Zähne werden stumpf" (Jer 31,30).

T.: In der Tat, Vater, sagst du, daß man die Frucht des
Dornenbaums verabscheuen muß, weil ein jeder, der davon
gekostet hat, aufgrund dieser Speise so dem Tod verfallen
ist, als wenn er durchbohrt wäre vom Stich des Dornen-
zweigs. Wen diese Worte oder das Bild nicht zur Wachsamkeit sich selbst gegenüber aufrütteln, was wird es dem
nutzen, daß er das Gelübde zu einer strengen Lebensweise
im Kriegsdienst Christi abgelegt hat?

P.: „Höre, Tochter, und sieh" (Ps 45,11: Vg. Ps 44,11),
daß das Ziel der gesamten heiligen Schrift sich in diesem
einen Angelpunkt bewegt, daß sie nämlich den Menschen
überredet zu danken. Wer darum sein Dankgebet zum
Himmel darbringt, hat der nicht die Wohnung seines Herzens „auf das Fundament" gegründet, „das Christus ist"
(1 Kor 3,11)? Weiter ist der, der sich selbst genügt, ganz
nahe am ursprünglichen Sturz. Aber warum halten wir uns
länger bei diesen Dingen auf, indem wir vom tödlichen
Hochmut abraten und zum Licht der Einsicht, das ist die
Demut, zuraten, wenn nicht darum, weil in dem einen
räudiger Aussatz das Erbe ist, der alte und neue Fall, in dem
anderen die Möglichkeit zum Leben liegt und der Blick in
die Höhe? O altes und neues Übel, das so sehr unter dem

---

hat der *Speculum*-Autor versucht, beide Überlieferungen zu vereinen,
wobei zahlreiche Unstimmigkeiten stehen blieben, etwa unterschiedliche
Anreden (*Spec. virg.* 4, unten 312,5; 314,10); vgl. Einleitung, oben 32 f.

grassatum est in omne genus humanum, ut ex radice saucia-
ta fructus omnis deperiret, nisi Christi humilitas subvenis-
set. Sermo mihi nunc ad te, qui gloriaris in te, cui quod es,
quod futurus es, quia menti penitus excidit, gloria tua de
pulvere procedit. 5

Dic ergo: Quid est homo superbus et inflatus nisi uter
vento plenus? Quid est superbus nisi cineris in editiore loco
positus altus acervus? Ad quem si turbo veniens accesserit,
quantarum virium tumulus pulveris sit ostendit. Sic hominem ut sibi sufficientem procella temptationis examinat et, 10
quid per se valeat ostendit. Nonne homo aqua est? Aqua in
vase homo est in divina protectione. Sicut igitur si casus
aliquis vas ruperit, aqua diffluendo naturam suam mobilem
et fluxam ostendit, sic homo dei sui auxilio destitutus, quis
vel quid sit in se monstrat dissolutus. Consideratione 15
itaque conditionis vel conditoris, homo, circumcide super-
cilium ventosi cordis. Spiritus enim maximi erroris superbia est, cuius si comes fueris, praecipitium non evadis.
Elevat ut allidat, inflat ut frangat. Attende magis, quia „non
est volentis neque currentis, sed miserentis dei". Vae homi- 20
ni, qui hoc vento pascitur. Equidem in die messis et abun-
dantiae mendicabit.

Dic homo, quid grave, quid magnum rector tuus requirit
a te nisi ut sis, quod te natura dictavit, ut rationalitati tuae
rationabili virtutum cultu respondeas et tumoris vel incon- 25

ganzen Menschengeschlecht umgeht, daß eine jede Frucht
aus der verletzten Wurzel verderben würde, wenn nicht die
Demut Christi zu Hilfe gekommen wäre. Jetzt aber richtet
sich meine Rede an dich, der du dich in dir rühmst über das,
was du bist und was du sein wirst, weil deinem Verstand
völlig entfallen ist, daß dein Ruhm aus Staub hervorgegan-
gen ist.

Sprich also: Was ist ein stolzer und aufgeblasener
Mensch, wenn nicht ein Bauch voller Winde? Was ist ein
Stolzer, wenn nicht ein großer Haufen Asche, der auf einem
freien Hügel gelagert ist? Wenn ein Wirbelsturm sich ihm
nähert, dann zeigt sich, wieviel Kraft der Haufen Staub
besitzt. So prüft der Sturm der Versuchung den Menschen
wie einen, der sich selbst genügt, und macht offenbar, was
er aus sich heraus vermag. Ist der Mensch denn nicht Wasser? Wasser ist der Mensch in einem Gefäß im Schutz
Gottes. So wie nämlich das Wasser im Auseinanderfließen
seine bewegliche und flüssige Natur zeigt, wenn irgendein
Sturz das Gefäß zerbrochen hat, so zeigt der Mensch, wenn
er von der Hilfe seines Gottes verlassen ist, aufgelöst, wer
oder was er von sich aus ist. Deshalb, Mensch, beschneide
in der Betrachtung der Schöpfung und des Schöpfers den
Hochmut deines wetterwendischen Herzens! Denn Hochmut ist der Geist der größten Verirrung; wenn du dessen
Genosse wirst, entgehst du nicht dem tiefen Sturz. Er
erhebt, um niederzuschlagen, er bläst auf, um zu zerbre-
chen. Erhöhe deine Aufmerksamkeit, weil „es nicht am
Wollen liegt und nicht am Laufen, sondern an der Barmherzigkeit Gottes" (Röm 9,16). Wehe dem Menschen, der
sich von diesem Wind nährt! Denn er wird betteln am Tag
der Ernte und des Überflusses.

Sprich, Mensch, was fordert dein Lenker Schweres, was
Großes von dir, wenn nicht dies, daß du bist, was dir die
Natur vorschreibt, daß du deiner Bestimmung zur Vernunft durch vernünftige Übung der Tugenden entsprichst
und die Scheusale von Aufgeblasenheit und Wankelmut

stantiae monstra deponas? Equidem tot colis monstra quot
vitia, tot dominis servis, tot furiis agitaris quot vitiorum
illecebris praerogativam naturae substernis. Foeda quidem
servitus, vilis aeque potestas. Itane per abrupta praecipitan-
tis insaniae placet, o homo, mortis discrimini magis suc- 5
cumbere quam per humilitatis plana deliciis caelestibus
plena viam pacis et vitae, qu<ae> Christus est, persequi et
tenere? Quis umquam superbiae manum dedit et pacem
habuit, quis illi colla | summisit et praecipicium evasit? | 95
Quis „abiectus esse in domo dei sui elegit“, et exaltari non 10
meruit? „Quae“ ergo „societas luci ad tenebras? Quae con-
ventio Christi ad Belial?“ Quid pauperculo Christi ad superbam Babilonis filiam?

Christus forma nobis est, via iustitiae, pax mundo furen-
te, requies in ipsa persecutione. Sed dic, rogo, quae pax illis 15
esse poterit, ut respiciamus ad vitia superbiae compenden-
tia, quos superbia levat et allidit, luxuria foedat et inficit,
voluptas emollit et illicit, petulantia petulcum animal ex
gestu corporis prodit, lascivia mutat et dissolvit, titubatio
effeminat et confundit, ignavia deicit et vilescere facit, blan- 20
ditiae in quo alliciunt, decipiunt, deliciae virilem animum
feminam reddunt? Quis virtutum ibi locus esse poterit, ubi
ventris ingluvies muros Ierusalem destruit, ebrietas mentis
vigorem obruit, gula solum corpus colit, mentis hebetudo

---

[66] Zu den *pauperes Christi* vgl. die Einleitung, oben 21 f.

ablegst? Denn du verehrst so viele Scheusale, wie du Laster
pflegst, du dienst so vielen Herren, wirst von so viel bösen
Geistern umgetrieben, wie du den Vorrang der Natur den
Versuchungen der Laster unterwirfst. Schändlich ist allerdings diese Knechtschaft, entsprechend gering die Herrschaft. Gefällt es dir so viel mehr, o Mensch, im Sturz in die
Abgründe des Wahnsinns der Gefahr des Todes zu unterliegen, als in den Gefilden der Demut, die voll von himmlischen Freuden sind, den Weg des Friedens und des Lebens, der Christus ist, zu verfolgen und einzuhalten? Wer
hat jemals dem Hochmut seine Hand gegeben und hatte
Frieden, wer hat vor jenem seinen Nacken gebeugt und ist
dem tiefen Sturz entronnen? Wer „erwählt hat, im Hause
seines Gottes abgewiesen zu werden" (Ps 83, 11 Vg.), der
hat auch nicht verdient, erhöht zu werden. Denn „welche
Gemeinschaft gibt es zwischen Licht und Finsternis? Welche Übereinkunft besteht zwischen Christus und Beliar?"
(2 Kor 6, 14 f). Was verbindet den, der arm ist um Christi
willen[66], mit der stolzen Tochter Babylons?

Christus ist für uns die schöne Gestalt, der Weg der
Gerechtigkeit, Friede, wenn die Welt wütet, Ruhe, selbst in
der Verfolgung. Aber sage, ich bitte dich, wie wird es, um
auf die mit dem Hochmut zusammenhängenden Laster
zurückzukommen, Frieden für jene geben können, die der
Hochmut erhebt und niederstößt, die Ausschweifung
besudelt und vergiftet, die Wollust verweichlicht und verlockt, die Frechheit aufgrund ihrer Körpersprache zu einem mutwilligen Tier macht, die Ausgelassenheit verän-
dert und enthemmt, das Schwanken verweichlicht und
verwirrt, die Feigheit herabstößt und schwach werden läßt,
die Schmeichelei in dem täuscht, wozu sie verlockt, die
Vergnügungen einen männlichen Geist zum Weib machen?
Wie kann dort ein Platz für die Tugenden sein, wo Völlerei
die Mauern von Jerusalem abträgt, wo Trunkenheit die
Kraft des Geistes zerstört, die Freßsucht allein den Körper
pflegt, die Abgestumpftheit des Geistes das Gefühl für

sapientiae sensum proicit, languor animum debilem reddit,
crapula cordis lumen extinguit et praegravat, oblivio sensum excaecat? Qua requie mens infelix exultat, ubi avaritia
rerum cupidine mentem devastat, philargiria metallo cru-
menas splendido distendit et aggravat, ubi periurium sci- 5
entiae veritatem commodo suo postponit, violentia malitiam suam in inferiorem exerit, ubi turpe lucrum usuram
multiplicat, fraus occulte commissa detruncat, ubi rapina
inverecunde non sua diripit, fallacia propriis rebus palliata
veritate consulit? Advertis adhuc, mundi o cultor pendule, 10
fructus dulcifluos superbiae? Superbia numquam ad publi-
cum sola procedit. Habet enim pedissequas suas, ganearum
infiniti numeri coronam, dominae suae non facili nexu
colligatam, habet portenta Babiloniae, arma peccati et in-
iustitiae.   15
    Cetera videamus. Nonne quasi quodam ardentissimo
vapore materia virtutum ibi consumitur, ubi tristitia ranci-
dam mentem exulcerat, ubi rancor mordacis | animi sicam | 96
celat, desperatio spiritum sanctum blasphemat, ubi pusillanimitas in miseriis non subsistit, mentem torpor ex pigritia 20
dissolvit, ubi querela testimonium impatientiae reddit, timor fluctuando futura mala depingit, accidia nec laborat
nec quiescit? Dic, inquam, comes superbiae, in qua pacis
aula ferieris, cum ira furore mentem perturbat, clamor malitiam suam sicut Sodoma praedicat, blasphemia maledicta 25
multiplicat, contumelia rebus et verbis conterit et fatigat,
ubi luctus rabidum dolorem lacrimis exponit, temeritas

---

[67] Für die andersartige Anrede vgl. oben 308 f Anm. 65.

Weisheit von sich wirft, Trägheit die Seele schwach macht,
der Rausch das Licht des Herzens auslöscht und belastet,
und Vergessen die Wahrnehmung erblinden läßt? In welcher Ruhe soll der unselige Geist frohlocken, wenn Habsucht ihn in der Begierde nach Gütern verwüstet, Geldgier
die Geldkatzen mit glänzendem Metall weit und schwer
macht, wo Meineid die Erkenntnis der Wahrheit dem eigenen Vorteil opfert, Gewalt die eigene Bosheit dem Schwächeren gegenüber offenbart, wo schändliche Gewinnsucht
den Zins vervielfacht, Betrug einen Auftrag im geheimen
hintertreibt, wo Räuberei schamlos Dinge an sich reißt, die
ihm nicht gehören, wo Täuschung sich um die eigenen
Güter kümmert und dabei die Wahrheit verbirgt? Erkennst
du nun, du wankelmütiger Freund der Welt[67], in deinem
Wankelmut die Früchte des Hochmuts mit ihrem süßen
Saft? Niemals rückt der Hochmut allein in die Öffentlich-
keit vor. Er hat nämlich seine Gefolgsleute bei sich, einen
Kranz von Dirnen, nicht zu zählen, der geflochten ist für
die Herrin in kunstvoller Bindung, er hat die Mißgeburt
Babylons bei sich, die Waffen der Sünde und der Ungerech-
tigkeit.

Laß uns das übrige betrachten! Wird nicht dort der Stoff
zur Tugend gleichsam wie von einem lodernden Feuersturm
verzehrt, wo Traurigkeit das grollende Herz verwundet, wo
Haß den Dolch eines mordlustigen Gemüts verbirgt, Verzweiflung den heiligen Geist schmäht, wo Kleinmut im
Unglück nicht standhält, Stumpfsinn den Geist aus Faulheit
auflöst, wo Jammerei ein Zeugnis der Ungeduld ablegt,
Furcht Wellen schlägt und zukünftige Übel an die Wand
malt, Trägheit weder arbeitet noch ruht? Sprich, sage ich, du
Gefährte des Hochmuts, in welchem Saal des Friedens man
dich treffen wird, wenn Zorn das Herz durch Raserei verwirrt, Geschrei die eigene Bosheit wie Sodom verkündet,
Schmährede die Verleumdung vervielfacht, Beleidigung mit
Taten und Worten aufreibt und müde macht, wo Trauer den
wütenden Schmerz in Tränen zur Schau stellt, Unbeson-

lineam recti ordinis excurrit, ubi furor truculentum ex-
agitat, indignatio despectione maligna tumoris archana de-
nudat? Quae, rogo, iocunditas ibi gaudii spiritualis, ubi
invidia sine ferro bachatur eademque laborat ex proximi
profectu, iocundatur ex defectu, ubi detractio carnes ad   5
vescendum conportat, discordia mentes unitas discindit et
separat, sicut ait apostolus: „Si invicem mordetis et com-
editis, ab invicem consumamini", ubi odium mentem rabi-
osam armat in vindictam, malitia dedicat propriam poenam, amaritudo sanctae caritatis extinguit lucernam?   10
Magna nimirum ibi mentis dulcedo, ubi vana gloria,
quicquid virtutis possidet, in ventum profundit, ypocrisis
vitium clausum tegit, inoboedientia averso protoplasto re-
spondet, novitatum praesumptio transgredi mensuram virium suarum audet, ubi iactantia de se magna promittit,   15
arrogantia bonum alterius sibi ascribit, ubi pertinacia, quae
sentit irrationabiliter, defendit, loquacitas sine gravitate
vana profundit? Ecce fructus radicis, de quo vivit homo
animalis, qui non percipit quae dei sunt.

T.: O radix invisa superbiae, de qua fructus huiusmodi   20
pullulant, quorum sapore seductus homo refectus vel im-
potionatus similem cultui suo sperabit sententiam et aequi
ponderis hereditabit amentiae suae vel erroris stateram.

P.: „Audi filia et vide." Ambitiosus et superbus animus
duobus modis et morbis vastatur, inquietudine et invidia,   25
quorum alterum | cupido, alterum malitia suscitat. Haec rei | 97

nenheit die Grenze der richtigen Ordnung überschreitet,
wo Wut den Hitzigen noch weiter antreibt, Entrüstung die
bösen Geheimnisse des Stolzes durch Verachtung entblößt.
Wie wird es, so frage ich, Fröhlichkeit aus geistlicher Freude dort geben, wo Neid ohne Schwert tobt und dieser sich
grämt über den Fortschritt des Nächsten, sich aber freut
über seinen Mißerfolg, wo die Herabsetzung Fleisch zum
Verzehr bereitstellt und Zwietracht geeinte Gemüter trennt
und voneinander scheidet, so wie der Apostel sagt: „Wenn
ihr euch aber gegenseitig beißt und verschlingt, so werdet
ihr voneinander verzehrt werden" (vgl. Gal 5, 15), wo Haß
das wütende Herz zur Rache rüstet, Bosheit die eigene
Strafe bestimmt und Bitterkeit das Licht heiliger Liebe
auslöscht? Wird dort die Süße des Geistes wunderbar groß
sein, wo eitle Ruhmsucht das, was sie an Tugend besitzt, in
den Wind schlägt, Heuchelei den verborgenen Fehler zudeckt, Ungehorsam dem Fall des ersten Menschen entspricht, die Sucht nach Neuem die Grenze der eigenen
Kräfte zu überschreiten wagt, wo Prahlerei Großes von
sich selbst verspricht, Anmaßung die gute Tat eines anderen
sich zuschreibt, wo Hartnäckigkeit verteidigt, was sie entgegen der Vernunft meint, Geschwätzigkeit leere Phrasen
ohne Gewicht von sich gibt? Siehe, das ist die Frucht aus
der Wurzel, von der der irdisch gesinnte Mensch lebt, der
nicht begreift, was die Dinge Gottes sind (vgl. 1 Kor 2, 14).

T.: O verhaßte Wurzel des Hochmuts, aus der Früchte
dieser Art wachsen, von deren Geschmack gesättigt und
getränkt der verführte Mensch ein Urteil erhoffen wird, das
seiner Verehrung entspricht und den Gegenwert in gleichem Gewicht für seinen eigenen Wahnsinn und seine Verblendung ererben wird.

P.: „Höre, Tochter, und sieh!" (Ps 45, 11: Vg. Ps 44, 11).
Ein ehrgeiziges und stolzes Herz wird auf zweierlei Art
und von zwei Krankheiten verwüstet, von der Unruhe und
vom Neid, von denen die Begierde das eine, die Bosheit
das andere erzeugt. Jene hängt an einer begehrten Sache,

quaesitae, illa personae est. Porro maximum superborum
vitium est, quod pudet eos ex lapsu corripi et piget corrigi,
quorum alterum temeritatis, alterum mortiferi languoris
indicium est. Itaque in altero poena peccati alterius est, ut
quia nolunt argui de culpa, non possint corrigi nec respirare 5
de venia. Humilis animus semper bona voluntate, perversa
vero mens mala voluntate semper armata est. Sicut angelo
malo et homini superbe sapuisse factum est causa peccati et
semper plus mali velle quam posse poena peccati, sic animae
sanctae sanitatis et gratiae est in humili corde semper plus 10
boni velle quam posse. Utrolibet igitur, et bonus et malus
etsi non possunt, quod volunt, assequi, voluntas tamen
utriusque pensatur in retributione vel poenae vel praemii.
Sed leva relicta dexteram repetamus, ligno vitae transgres-
sionis stipitem mutemus, paradisum intremus amoenitate 15
sua ultra omnem gratiam saecularis exuberantiae delicio-
sum, ubi vitis fructu gravidae palmites alternis flexibus
arundines fulcientes oberrant et pampini vires suas expli-
cantes bacis redolentibus, mensis delicatioribus gratanter
obumbrant et aspirant, ubi graciles virgulae ubertim 20
opobalsama sudant, ubi thus et mirra et cuncti generis
aromata praedulci nectare spirant, ubi rosae formam pur-
purae praetendunt, ubi lilia, crocus et viola dulcia spira-
menta profundunt, ubi totum vernanti venustate pullulat,
quicquid radicum vigore spem beati fructus commendat, 25

diese an einer Person. Weiter ist es der größte Fehler der
Stolzen, daß sie sich schämen, aufgrund eines Vergehens
getadelt zu werden, und es sie ärgert, sich verbessern zu
lassen; von diesen ist das eine Zeichen mangelnder Einsicht,
das andere tödlicher Trägheit. Deshalb liegt in dem einen
Laster die Strafe für das Vergehen im anderen, so daß sie,
weil sie keiner Schuld bezichtigt werden wollen, auch nicht
gebessert werden oder seufzend um Verzeihung bitten
können. Ein demütiges Herz ist immer ausgerüstet mit
gutem Willen, ein böser Sinn dagegen immer mit schlechter
Absicht. So wie es dem gefallenen Engel und dem Menschen gegeben ist, der Sünde wegen auf hochmütige Art
weise zu sein und als Strafe für die Sünde immer mehr an
Bösem zu wollen als zu können, so ist es einer Seele von
heiliger Besonnenheit und Gnade gegeben, immer mehr an
Gutem zu wollen als zu können. Jedem von beiden also, sei
es nun der Gute oder der Böse, auch wenn sie nicht erreichen können, was sie wollen, wird dennoch die Absicht für
beides angerechnet in der Zuteilung von Strafe oder Belohnung. Aber wir wollen uns nun nach Verlassen der linken
Seite wieder der rechten zuwenden, wollen die Wurzel der
Übertretung mit dem Holz des Lebens tauschen, wollen
eintreten in das Paradies, das durch seine Lieblichkeit über
alle Gnade weltlicher Fruchtbarkeit hinaus köstlich ist, wo
die Ruten im Wechsel hin und her schwanken und die
Ranken des Weinstocks stützen, der schwer von Frucht ist,
wo die Blätter der Rebe ihre eigenen Kräfte entfalten, für
die köstlichen Tafeln angenehm Schatten spenden und Duft
verströmen, während die Beeren köstlich riechen und noch
köstlicher zum Essen sind, wo zarte Knospen reichlich
Balsam ausschwitzen, wo Weihrauch und Myrrhe und
Duftstoffe jeder Art durch besonders süßen Nektar duften,
wo Rosen ihr Purpurkleid vorweisen, wo Lilien, Krokus
und Veilchen ihren süßen Atem aushauchen, wo alles in der
Anmut des Frühlings sproßt, was wegen der Kraft der
Wurzel auch Hoffnung auf glückliche Frucht verheißt, wo

ubi tantas quinis sensibus haurias delicias, ut gratanter
odorifero haustu perfusa domino tuo sursum residenti pro-
clames: „Trahe me post te, curremus in odore unguentorum
tuorum."

T.: O utinam hortum istum deliciarum tam dignis planta- 5
tionibus floribundum non tantum videre, verum etiam intrare merear! Puto flores vel fructus horti istius ad arborem
referas, cuius radix | humilitate fundatur, summitas vero | 98
flore aeterno, id est novo Adam praesidente consummatur.

P.: Ita est. Verum non solum flores praemissos, id est 10
virtutes, sed et virtutum cultores studiosos hortum istum
deliciarum dixerim, ubi omnis plantatio, quam plantavit
pater caelestis, imbre gratiae spiritalis irrigatur, nec facile
poterit arescere, quod ad humorem istum radicem probatur emisisse. Itaque paradisus, quem propono, monasti- 15
cae vitae regula est, hortus iste sanctarum virginum con-
cors in Christo commanentia est, inter quas vitis illa flo-
rescit, quae ait: „Ubi duo vel tres congregati fuerint in
nomine meo, in medio eorum sum", et: „Ecce ego vobis-
cum sum usque ad consummationem saeculi", ex qua vite 20
fructus disciplinae caelestis exuberat, de qua flores spiritalis intelligentiae redundant, ex qua botrus admirandi
stuporis ab exploratoribus apportatur, quo convivantibus

---

[68] Christus wird als der Neue Adam bezeichnet. Auf dem Bild vom
Tugendbaum (Bild 4, oben nach 160) thront er in der Spitze des Baumes,
rechts und links über seinem Nimbus die Beischrift: *Novus Adam*.

[69] Angespielt wird auf eine Erzählung aus dem Alten Testament, wo Mose
Kundschafter in das Land Kanaan aussandte (vgl. Num 13, 21–24). Diese
brachten bei ihrer Rückkehr zum Beweis für die Fruchtbarkeit des Landes
eine Traube von so erstaunlicher Größe mit, daß zwei Männer sie an einer
Stange tragen mußten. Die Kirchenväter deuteten diese Traube typo-
logisch auf Christus, die beiden Männer auf das Alte und das Neue
Testament; vgl. z.B. HIERONYMUS, *ep.* 109, 11 (CSEL 55, 319); CÄSARIUS
VON ARLES, *sermo* 107: *De exploratoribus et de botro* (CCL 103, 443–446).

du mit deinen fünf Sinnen so große Wonnen kostest, daß du, durchströmt vom duftenden Trank, voll Dankbarkeit deinem Herrn, der oben im Himmel wohnt, zurufst: „Ziehe mich dir nach, wir wollen laufen im Duft deiner Salben" (Hld 1,3 Vg.).

T.: O daß ich doch würdig wäre, diesen Garten der Wonnen, der mit den dazu so vollkommen passenden Pflanzen reich in Blüte steht, nicht nur zu sehen, sondern auch zu betreten! Du beziehst wohl, so nehme ich an, die Blumen und Früchte dieses Gartens auf den Baum, dessen Wurzel in der Demut begründet ist, dessen Krone aber von der ewigen Blume gebildet wird, das heißt dem Neuen Adam[68] an seiner Spitze.

P.: So ist es. Ich möchte nun aber nicht nur die oben genannten Blumen, nämlich die Tugenden, sondern auch die eifrigen Verehrer der Tugenden als diesen Garten der Wonne bezeichnen, wo jede Pflanzung, die der himmlische Vater angelegt hat, vom Regen geistlicher Gnade bewässert wird, und nicht leicht wird vertrocknen können, was offensichtlich seine Wurzel in diese Feuchtigkeit gesenkt hat. Darum ist das Paradies, das ich dir vorstelle, die Regel der monastischen Lebensführung, dieser Garten ist die einträchtige Gemeinschaft der heiligen Jungfrauen in Christus, unter denen jener Weinstock blüht, der sagt: „Wo zwei oder drei versammelt sind in meinem Namen, da bin ich mitten unter ihnen" (Mt 18,20), und: „Siehe, ich bin bei euch bis an das Ende der Welt" (Mt 28,20); aus diesem Weinstock quillt die Frucht himmlischer Zucht, aus ihm sprießen in Fülle die Blumen geistlicher Einsicht, von ihm stammt die Traube von erstaunlicher Größe, die von den Kundschaftern herbeigetragen wurde[69], von ihr, wenn sie für die Tischgenossen

---

Zahlreiche Darstellungen dieser Begebenheit als Präfiguration für den am Kreuzesholz hängenden Christus haben sich erhalten, insbesondere in Buchmalerei und Goldschmiedekunst des 12. Jahrhunderts; vgl. THOMAS, *Kundschafter.*

expresso „carissimi inebriantur", ut a parvulis magni effi-
ciantur. „Sub umbra vitis huius" a vitiorum aestu repausat
anima sponsi sui desiderio inflammata, tot deliciis fluens
quot studiis caelestibus studens, tanta beati fructus ubertate
se satians, quanta fuerit in appetitu facultas. In hoc horto 5
fragiles virgulae balsama fundunt, dum sacrae mentes in
hoc fragili corpore superni roris carismate fluunt, ubi red-
olet rosa cum lilio, id est patientia in corpore casto, cum
croco viola, id est caritas in humilitatis gratia, ubi denique
omnium florum inveniuntur genera, omnium spiritualium 10
disciplinarum odoramenta. Dixerim igitur vitam communem Christi virginum hortum deliciarum, ubi floribundis
deliciis sanctae mentes imbibunt, quod postea perfectius
possidebunt, et in corporali requie iam interno sapore prae-
libant, quod eis fructus aeternitatis plenitudine virtutum 15
accumulat. Quia ergo superius ramum mortis particulari
collectione praemisimus, | quid lignum vitae contineat, | 99
quem fructum ex humilitatis radice contineat, attendamus.

T.: Et hoc omnibus modis, pater, expeto, ut viliori melius
praeponderet et bonum, quod deterius est, gloria virtutis 20
evacuet.

P.: Accipe igitur. Deus locutus est in sancto suo: „Super quem requiescet spiritus meus nisi super humilem et
quietum et trementem verba mea?" Quid ergo hoc corde quietius, quid sanctius, ubi humilitas ex mundi de- 25

ausgepreßt ist, „werden die Freunde trunken" (vgl. Hld 5, 1
Vg.), damit sie von Kindern zu Erwachsenen werden. „Unter dem Schatten dieses Weinstocks" (vgl. Hld 2, 3) ruht die
Seele von der Glut der Laster aus, brennend vor Sehnsucht
nach ihrem Bräutigam, wobei sie sich ebenso in eifrigem
Streben um die himmlischen Dinge bemüht, wie sie überfließt vor Wonne, und sie sättigt sich ebensosehr an der
Fülle seliger Frucht, wie ihre Fähigkeit groß war, danach
zu verlangen. In diesem Garten verströmen zarte Knospen
ihren Balsam, wenn heilige Seelen in einem zarten Körper
vom Geschenk himmlischen Taus zerfließen, wo die Rose
zusammen mit der Lilie duftet, das heißt die Geduld in
einem reinen Körper, das Veilchen mit dem Krokus, das
heißt die Liebe in der Gnade der Demut, wo sich schließlich alle Arten von Blumen finden, das heißt der gute
Geruch aller geistlichen Lehren. Darum möchte ich das
gemeinsame Leben der Jungfrauen Christi einen Garten
der Wonnen nennen, wo die heiligen Seelen in blühenden
Wonnen trinken, was sie später um so vollkommener besitzen werden, und in körperlicher Ruhe schon vorher im
inneren Geschmack kosten, was ihnen die Frucht der Tugend an Fülle in der Ewigkeit aufhäuft. Weil wir nun weiter
oben den Baum des Todes schon in den einzelnen Teilen
seiner Zusammensetzung behandelt haben, wollen wir nun
unsere Aufmerksamkeit darauf richten, was das Holz des
Lebens umschließt und welche Frucht es in sich birgt aus
der Wurzel der Demut.

T.: In jeder Weise erbitte ich dies, Vater, damit das Bessere vor dem Schlechteren den Vorrang hat, und das Gute
durch die Herrlichkeit der Tugend das zunichte macht, was
geringer ist.

P.: Vernimm also die Antwort! Gott hat in seinem Heiligen gesprochen: „Auf wem wird mein Geist ruhen (vgl.
Jes 11, 2), wenn nicht auf dem Demütigen und dem Stillen
und dem, der vor meinen Worten zittert?" (Jes 66, 2). Was ist
aber ruhiger, was heiliger als dieses Herz, wo die Demut in

spectu conditionem et gratiam attendit, ubi caritas se in
deum et proximum ordinatius profundit, ubi gratia sacra
communione, quicquid boni possidet et aliis dispertit, pax
unitatem mentium tranquillitatis vinculo nectit, ubi pietas
opere suo in nondum natos extendit, liberalitas gratanter 5
possessa tribuit, ubi misericordia in afflictos inclinatur,
mansuetudo de contrariis in diversa non iactatur, ubi com-
passio dolentis vulnere vulneratur, indulgentia laxat, quod
debetur, benignitas ferventi suavitate se transfundit in proximum, concordia recessus vinculat animorum? „Audi filia 10
et vide", adverte diligenter antitheta nostra, quid fructus
vitae contra fructum erroris, lux ad umbram, libertas contra
servitutem. Quid desit ibi cultori virtutum, ubi sancta fides
ex invisibilibus mentem nutrit, religio cultui divino se sub-
ponit, ubi munditia corpus et animam purgat, oboedientia 15
praeceptis alienis caput inclinat, ubi castitas locum deo
tribuit, continentia noxiis quibusque contradicit? Aeternitatis radio subnixus animus spe levatur, gaudio spiritali
iocundatur, contemplatione custodiam carnis sensibus indicit, modestia mores componit, confessio latentem hostem 20
eliminat, patientia certum habet, quod amat, conpunctio
lascivos motus interficit, longanimitas meritis sacris muni-
menta disponit. Denique humilitas prudentiae testis est,
quae boni malique scientiam sibi vendicat, quam timor do-
mini rebus et verbis manifestat, consilium | roborat, memo- 25 | 1

Verachtung der Welt auf die Schöpfung und die Gnade
achtet, wo sich die Liebe in geordneten Bahnen gegen Gott
und den Nächsten verströmt, wo Dankbarkeit in heiliger
Gemeinschaft auch anderen von dem austeilt, was sie an
Gutem besitzt, wo Friede die Einigkeit der Herzen mit
dem Band der Stille zusammenbindet, wo fromme Gesinnung sich in eigenem Werk bis hin zu den Ungeborenen
erstreckt, Freigebigkeit gern den Besitz austeilt, wo Barmherzigkeit sich zu den Betrübten neigt, Sanftmut sich nicht
wegen Streitereien hierhin und dorthin ziehen läßt, wo
Mitleid von der Wunde eines Leidenden verletzt wird,
Nachsicht das nachläßt, was geschuldet wird, Güte sich in
liebevoller Wärme über den Nächsten verströmt und Eintracht die geistige Abgeschiedenheit bindet? „Höre, Tochter, und sieh" (Ps 45, 11: Vg. Ps 44, 11), bedenke sorgfältig
unsere Gegenüberstellung, was die Frucht des Lebens bedeutet gegen die Frucht des Irrtums, das Licht gegen den
Schatten, die Freiheit gegen die Knechtschaft. Was könnte
dem Freund der Tugenden dort fehlen, wo heiliger Glaube
den Geist aus unsichtbaren Quellen nährt, wo Religion sich
der göttlichen Verehrung unterwirft, wo Sauberkeit Leib
und Seele reinigt, Gehorsam das Haupt unter fremde Vorschriften beugt, wo Keuschheit einen Raum für Gott frei
macht und die Selbstbeherrschung allem schuldhaften
Handeln eine Absage erteilt? Der Geist, der sich auf den
Strahl der Ewigkeit stützt, wird von Hoffnung emporge-
tragen, von geistlicher Freude ergötzt, in innerer Samm-
lung erteilt er seinen Sinnen den Auftrag, über das Fleisch
zu wachen, Bescheidenheit ordnet seine Sitten, das Bekenntnis der Sünden vertreibt den verborgenen Feind, die
Geduld hält das fest, was sie liebt, Reue tötet wollüstige
Regungen ab, und Langmut stellt eine Schutzwehr auf für
heiligen Verdienst. Schließlich ist die Demut Zeugin der
Klugheit, die die Kenntnis von Gut und Böse für sich
beansprucht; diese macht die Gottesfurcht in Worten und
Taten sichtbar, die Überlegung stärkt sie, die Erinnerung

ria firmat et adiuvat, intelligentia naevum stultitiae proterit,
providentia, quicquid accidere potest, prospicit, sagacitas
suis partibus commoda concludit. Quid in humili corde et
prudenti modum suum excedat, ubi temperantia ,ne quid
nimis‘ intendit, discretio cuncta ratione disponit, ubi mo- 5
ralitas suadet, taciturnitas intimae quieti studet, ieiunium
veterem Adam castigat, sobrietas immoderata regulis coar-
tat, ubi contemptus saeculi ad aeterna suspenditur et afflictio carnis motibus infaustis dominatur? O felix quies animae, qua iustitia cuique rei congruenter sua distribuit, lex 10
mandati transgressionem prohibet, aequitas meritis libran-
dis stateram exhibet, severitas illicita districte iudicat, cor-
rectio excessum erroris emendat, iuris iurandi observantia
legis scitum inconvulsum retinet, iudicium merita discernit, veritas nebulam totius falsitatis excludit. Dic, o virtu- 15
tum cultor et custos, quid hac sede tutius, ubi fortitudo
mundanae pravitatis deridet inconstantiam, magnificentia
splendida causarum dispositione meretur laudem et gloriam, ubi confidentia inter adversa secum moratur, toleran-
tia aequanimiter passionibus dominatur, ubi requie sua 20
secura mens sabbatizat, stabilitas figitur, perseverantia virtutum consummatione gloriatur?

Ecce o virgo Christi, locum pacis in fundamento pietatis
invenimus, in quo vero Salomoni templum sacris hostiis
immolandis aptum construitur, ante quod „portae inferi 25
clauduntur“ et omnis Babilonici militis confidentia sub-
ruitur.

---

[70] TERENZ, *Andr.* 61 (o.S. KAUER/LINDSAY/SKUTSCH).
[71] Hier ist sicher auf Babylon als den Erzfeind des Volkes Israel angespielt,
zumal unmittelbar davor vom Salomonischen Tempel die Rede ist, der
nach der Zerstörung durch Nebukadnezzar errichtet wurde.

festigt und hilft, die Einsicht vernichtet das Muttermal der
Torheit, Vorsicht sieht voraus, was sich ereignen kann, und
Scharfsinn faßt zusammen, was für die eigene Partei zweck-
mäßig ist. Was könnte bei einem demütigen und klugen
Herzen die eigene Grenze überschreiten, wo die Mäßigung
auf das ‚Nicht-allzu-sehr‘[70] hinweist, das Unterscheidungsvermögen alles nach Vernunft ordnet, wo Sittlichkeit zu-
redet, Schweigsamkeit sich um innere Ruhe bemüht, das
Fasten den Alten Adam züchtigt, die Nüchternheit durch
Richtlinien die Maßlosigkeit einengt, wo die Verachtung der
Welt sich zu den ewigen Dingen erhebt und die Demütigung
des Fleisches seine unseligen Regungen beherrscht? O
glückliche Ruhe der Seele, wo Gerechtigkeit einem jeden in
Übereinstimmung mit seinem Vermögen das Seinige zuteilt,
das Gesetz die Übertretung eines Auftrags verhindert, die
Gleichheit des Rechts die Waage zum Wägen der Verdienste
bereitstellt, die Strenge Verlockungen entschieden verur-
teilt, Berichtigung den Auswuchs von Irrtum korrigiert, die
Beachtung des Eides den Erlaß eines Gesetzes unverändert
bewahrt, das Urteil über Geschuldetes entscheidet und
Wahrheit die Verschleierung jeder Falschheit ausschließt.
Sprich, du Freund und Wächter der Tugenden, was ist sicherer als dieser Sitz, wo Tapferkeit die Unbeständigkeit weltlicher Schlechtigkeit verlacht, Großzügigkeit durch die
glänzende Regelung von Rechtsangelegenheiten Lob und
Ruhm verdient, wo Vertrauen sich in schwierigen Situatio-
nen auf sich selbst verlassen kann, geduldiges Ausharren die
Leiden mit Gleichmut beherrscht, wo das Herz, sicher in
seiner Ruhe, den Sabbat feiert, Festigkeit sich bildet, und
Beharrlichkeit über die Vollendung der Tugenden jubelt?

  Siehe, du Jungfrau Christi, auf dem Fundament der Frömmigkeit haben wir den Ort des Friedens gefunden, auf dem
auch der Tempel Salomos errichtet ist, geeignet, um heilige
Opfer darzubringen, vor dem „die Tore der Hölle" (Mt
16, 18) geschlossen werden und das ganze Selbstvertrauen
des babylonischen Kriegers[71] in sich zusammenstürzt.

T.: Videtur in hac virtutum et vitiorum descriptione, quod tantis furiis exagitetur infelix anima quanta habuerit immunda desideria, versa vice tot gradibus sursum levetur quot piis affectibus erigitur.

P.: Verissime. Audi filia. Intuitus aeternorum mors malae 5 concupiscentiae est, ex qua quanto se rationabilis animus abstrahit, tanto quo carnalis illecebra vergat, intelligit. Natura enim dissimilis non facile pari delectatione profectum aeternitati congruentem adducit.

T.: Qua re? 10

P.: Quia caro et spiritus motibus imparibus excitantur. Haec in ima, ille in alta contendit. Verum licet superius luculenta de superbo et humili dinoscentia sit posita, ne te lupus in agnino vellere lateat vel agnus in lupino, hanc etiam differentiam in utrisque considera. 15

T.: Discerne pater, obsecro, summatim et proprie.

P.: Accipe. Superbia mors virtutum est, origo vitiorum, nota confusionis, mater erroris, neglectus magisterii, disciplinae contemptus, praesumptionis praeceps excursus, despectus ad inferiores, appetitus supra superiores, in ae- 20 quales et amicos livor occultus simulatione palliatus, in hostes post acerbum odium mortis iudicium. Superbis inest in iudicando caecitas, in puniendo crudelitas, motus indecens animi, gestus corporis foedus, sanctae caritatis venenum, zelus malitiae testimonium, vox in loquendo 25

T.: Es scheint, daß in dieser Beschreibung der Tugenden und Laster die unglückliche Seele von so viel bösen Geistern umgetrieben wird, wie sie unreine Begierden hatte, und daß sie umgekehrt um so viel Stufen zum Himmel erhoben wird, wie sie sich mit frommen Empfindungen aufrichtet.

P.: Vollkommen wahr! Höre, Tochter: Die Betrachtung der ewigen Dinge bedeutet den Tod für schlimme Begierde; je mehr sich der vernünftige Geist aus dieser zurückzieht, um so deutlicher erkennt er, wohin die Lockung des Fleisches drängt. Denn eine in sich gespaltene Natur führt bei gleichem Vergnügen nicht leicht einen Fortschritt herbei, der sich mit der Ewigkeit deckt.

T.: Warum?

P.: Weil Fleisch und Geist von ungleichen Regungen angetrieben werden. Jenes strebt nach unten, dieser nach oben. Angenommen daß die Unterscheidung weiter oben zwischen dem Stolzen und dem Demütigen wirklich einleuchtend dargestellt ist, dann bedenke auch diesen Unterschied bei beiden, damit sich nicht der Wolf im Schafspelz vor dir verberge (vgl. Mt 7,15) oder das Schaf im Fell des Wolfes.

T.: Ich bitte dich, Vater, erkläre den Unterschied, und zwar allgemein und im besonderen.

P.: Vernimm hier die Antwort: Der Hochmut ist der Tod der Tugenden, der Ursprung der Laster, das Kennzeichen der Verwirrung, die Mutter des Irrtums, die Vernachlässigung des Lehramtes, die Verachtung der Zucht, der jähe Ausbruch von Überheblichkeit, das Herabsehen auf Untergebene, das Verlangen, sich über die Vorgesetzten zu stellen, heimlicher, unter Verstellung verborgener Neid auf Gleichgestellte und Freunde, gegen Feinde das Todesurteil nach bitterem Haß. In den Hochmütigen wohnt beim Richten Blindheit, beim Strafen Grausamkeit, unschickliche Gemütsbewegung, schändliche Körpersprache, Vergiftung der heiligen Liebe, Eifern als Zeugnis der Bosheit, laute Stimme

clamosa, rancor in silentio, animus insolens et pertinax,
inpossibilium praesumptio, incredibilium temptatio, alie-
norum usurpatio et ultra naturam progressio, amor sui,
taedium proximi, novorum cupido, veterum fastidium, fac-
tionis studium, scissura concordiae vel amoris, gloriari de 5
privato, communitatis aversio, magnitudinem sui in
aliorum ore pensare, maiores sibi tumido fastu annullare,
actuum sine deliberatione praecipitatio, sine discretione
vehementia, in ira furor, in indignatione blasphemia; inest
eis incapax sapientiae spiritus, occultorum callidus perscru- 10
tator, in hilaritate contemnenda resolutio, in tristitia desperatio, timor in minorum provectibus, raro idem status,
religionis odium, coelibatus fastidium, alienae virtutis despectio, propriae caeca admiratio, procacitas temeraria, ad
altiorem iugis invidia. Amplius: Superbus facilis est in re- 15
prehensione, asper in | correptione, tardus in sui emenda- | 102
tione, mentis inordinatae moribus furibundis, orator audax
vinci nescius, quamvis ratione convictus, insolentiae impetu turbidus, suspicione distractus, inquietus, inflatus,
anxius ambitione, facilis in promissione, negligens in red- 20
dendo, stupidus provectibus suis, gratulans laudibus suis,
vitia sua virtutes aestimans, cunctis se praeponderans, veri-
tati contrarius, vanitati proximus, intemperantia profusus.
Haec sit, filia, de superbo pictura.

Porro humilitas regina virtutum est, mors vitiorum, in- 25
strumentum iustitiae, nutrix sedula disciplinae, sanctimo-

beim Reden, Groll beim Schweigen, ein eigensinniges und
hartnäckiges Gemüt, Anmaßung des Unmöglichen, Versuch des Unglaublichen, Aneignung von fremdem Gut und
Überschreiten der natürlichen Grenzen, Liebe zu sich
selbst, Ekel am Nächsten, Lust auf Neues, Überdruß am
Alten, Vorliebe für Parteilichkeit, Zerreißen von Eintracht
und Liebe, Prahlerei mit dem persönlichen Vermögen, Abkehr von der Gemeinschaft, die eigene Größe nach dem
Ruf bei anderen messen, Größere als man selbst in aufgeblähtem Hochmut klein machen, sich ohne Überlegung in
Aktivitäten stürzen, Leidenschaft ohne Unterschied, Aufbrausen im Zorn, üble Nachrede in Entrüstung; in ihnen
wohnt ein Geist, der die Weisheit nicht zu fassen vermag,
ein schlauer Erforscher von Geheimnissen, in der Heiterkeit eine verachtenswerte Enthemmung, Verzweiflung in
der Traurigkeit, Angst vor dem Fortschritt von Geringeren, selten ausgeglichen, Haß auf Religion, Überdruß am
Zölibat, Verachtung fremder und blinde Bewunderung der
eigenen Tugend, verwegene Zudringlichkeit, ständiger Neid
auf den Höhergestellten. Weiter: Der Hochmütige ist leichtfertig beim Tadeln, hart in der Widerlegung, träge bei der
Verbesserung seiner selbst, von ungeordnetem Geist wegen
der wilden Sitten, ein tollkühner Redner, der sich nicht
besiegen lassen will, auch wenn er durch Vernunft überführt
wird, verwirrt vom ungewohnten Angriff, hin und her gerissen von Argwohn, unruhig, aufgeblasen, ängstlich vor
Ehrgeiz, leichtfertig im Versprechen, nachlässig beim Zurückgeben, betäubt vom eigenen Fortschritt, sich selbst mit
Eigenlob beglückwünschend, die eigenen Fehler für Tugenden haltend, sich selbst allen anderen vorziehend, ein
Gegner der Wahrheit, der Eitelkeit am nächsten und ein
Verschwender durch Unmäßigkeit. Dies, Tochter, soll das
Bild vom Hochmütigen sein!

Im Gegensatz dazu ist die Demut die Königin der Tugenden, der Tod der Laster, das Werkzeug der Gerechtigkeit, die fleißige Amme der Ordnung, die Wurzel der Hei-

niae radix, sanctae religionis vigor, sensati cordis indicium,
spiritus sancti testimonium, morum vigilantia, naturae propriae intelligentia, custodia fida virtutum, divinae caritatis
hospitium, insimulatus affectus, ordo sanctae religionis,
libertas in periculis, timor in prosperis, sensus gravis, mo- 5
dus in verbis, profectuum magistra et per exemplum doc-
trix tacita, magnorum contemptus, honestae vitae appetitus. Humilis mens doctrinae sacrae legis intendit, actus suos
aeque moderatur, nimia fastidit, studiis suis modum ponit,
devotae mentis conceptum aperit, ad discendum avida, sua- 10
vis in doctrina, in faciendo iudicio timida, ad arguendum
difficilis, ad ignoscendum facilis, immobilis in adversis, in
prosperis eadem, acceptis iniuriis secura, de pace sollicita,
in amicitiis cauta, in obsequiis sedula, quietis amica, in
praelatione verecunda, magis servire quam imperare parata, 15
magnorum magna contemptrix, quia vere magnis admittit
intima cordis. Inest humili habitus aequalis, firmus incessus, vultus gravis, stabilitas ad eadem, status idem, capax
prudentiae spiritus, spei gaudium, lasciviae petulantis odium, decor in virtute, confidentia in terrore, de profectu suo 20
semper in alta gratiarum actio et de propriis meritis nulla
umquam praesumptio. Ecce filia, iam attendis, ad quem
finem fructus spectet uterque.

T.: Attendo quidem, quod ex collatione dissimilium sa-
nis intellectibus magnum posueris incitamentum et quod- 25
dam perspicuum | oculis intuentium speculum. Sed ad haec | 103

ligung, die Kraft reiner Gottesverehrung, das Anzeichen
für ein verständiges Herz, das Zeugnis für den heiligen
Geist, Wachsamkeit über die Sitten, Einsicht in die eigene
Natur, verläßliche Hüterin der Tugenden, Herberge für die
göttliche Liebe, ungeheuchelte Zuwendung, die Ordnung
heiliger Religion, ein freier Mut in Gefahren, Furcht im
Glück, eine ernste Denkungsart, Maß in den Worten, eine
Lehrerin des Fortschritts und eine schweigende Lehrmei-
sterin durch Beispiel, Verachtung großer Güter und das
Streben nach einem ehrenvollen Leben. Ein demütiges
Herz bemüht sich um die Lehre des heiligen Gesetzes, es
lenkt maßvoll sein Handeln, haßt das Übertriebene, setzt
seinen Studien ein Maß, legt den Vorsatz eines frommen
Herzens offen dar, ist begierig zu lernen, sanft in der Lehre,
ängstlich beim Fällen eines Urteils, nicht leichtfertig beim
Anklagen, bereitwillig beim Verzeihen, unerschütterlich
im Unglück, ebenso im Glück, furchtlos auch nach emp-
fangenem Unrecht, besorgt um den Frieden, verläßlich bei
Freundschaften, eifrig im Gehorsam, eine Freundin der
Ruhe, zurückhaltend bei Vorlieben, mehr bereit zum Dienen als zum Befehlen, eine große Verächterin der großen
Dinge, weil sie das Innerste ihres Herzens dem wahrhaft
Großen öffnet. Der Demütige hat ein entsprechendes Auftreten, einen festen Schritt, eine ernste Miene, Standfestig-
keit in bezug auf die gleichen Dinge, Ausgeglichenheit,
einen Geist mit Fassungsvermögen für Klugheit, Freude an
der Hoffnung, Haß auf leichtfertige Ausschweifung,
Schicklichkeit bei der Tugend, Zuversicht im Schrecken,
immer beim Danksagen zum Himmel für den eigenen Fortschritt und niemals eine Überheblichkeit aufgrund von
eigenem Verdienst. Siehst du, Tochter, jetzt merkst du, zu
welchem Ziel sich jede dieser beiden Früchte hinneigt!

T.: Allerdings merke ich, daß du aufgrund des Vergleichs
der ungleichen Dinge einen großen Anreiz für den gesunden
Verstand gegeben hast und gewissermaßen einen durchsich-
tigen Spiegel für die Augen derer, die hineinschauen. Aber

quis idoneus? Quid antiquo colubro fortius in malitia, astutia quid subtilius, cui furiae praescriptae compendent, quas omnes vincere eorum est praecipue, quos armat sexus virilis et mens subnixa sapientiae?

P.: An ignoras, ut omittam milia feminarum sub lege vel 5 sub gratia vires hosticas enervantium, quid Iudith in Oloferne, quem dicere possumus totum infernum quasi qui nihil supernum habeat, quid Iahel in Sisara, Madianitarum principe fecerint, quae valentia sexus infirmioris nihil aliud est, nisi quod humilitas semper praevalet superbiae in 10 quacumque sanctorum professione? Quantae in barbaris etiam nationibus feminae virilis audaciae regna bellis domuerunt, hostes suos protriverunt spectabilesque triumphi sui titulos posteritati consignarunt! Quarum nonnullae licet expertae coniugium, sexum tamen mentis nobilitate 15 celabant et tempora nuptiarum infortuniis solitis alternantia lege privata consolabantur. De quibus aliquae ponendae sunt, non ut malitiam mulierum in exemplum proponam, sed quomodo sexus infirmior fortiorem vicerit, ostendam.

Semiramis, regina Babiloniorum Nino, marito suo mortuo 20 successit in regnum et licet habitu et sexu femina vir animo fuerat et XLII annos caedibus gentium rexit imperium et multa regna bellis oppressit et regno Babilonico adiecit. Verum quia gentilis et propriae libertatis erat, quicquid

---

[72] Hier liegt ein etymologisches Spiel mit dem Namen Holofernes vor. Angespielt ist auf das griechische ὅλος (= ganz) und das lateinische *inferna* (= Hölle, Unterwelt).
[73] Der Sieg der *Humilitas* über die *Superbia* ist dargestellt auf Bild 5, unten nach 436.

wer ist dazu geeignet? Was ist stärker an Bosheit als die alte
Schlange, was ist feiner als ihre List, mit der die oben
beschriebenen bösen Dämonen zusammenhängen, die alle
zu besiegen vornehmlich Aufgabe derer ist, die ihr männ-
liches Geschlecht und ein Herz, das sich auf Weisheit gründet, dazu wappnet?

P.: Laß mich übergehen, wie Tausende von Frauen zur
Zeit des Gesetzes oder zur Zeit der Gnade feindliche Kräfte
lahmlegten, oder weißt du etwa nicht, was Judit an
Holofernes getan hat (vgl. Jdt 13, 1–10), den wir die vollkommene Hölle nennen könnten wie einen, der nichts
Höheres an sich hat[72], oder Jaël an Sisera (vgl. Ri 4, 17–21),
dem Fürsten der Midianiter, wobei die Fähigkeit zu dieser
Tat beim schwächeren Geschlecht nichts anderes bedeutet,
als daß Demut immer den Vorrang hat vor Hochmut[73], und
zwar in jedem beliebigen Gelübde von heiligen Personen?
Wie viele Frauen von männlicher Kühnheit haben auch bei
den Völkern der Barbaren Königreiche im Krieg erobert,
ihre Feinde zermalmt und beachtliche Zeichen ihres Triumphs der Nachwelt überliefert! Einige von ihnen, vorausgesetzt, sie hatten Erfahrung in der Ehe gemacht, verheim-
lichten aus vornehmer Gesinnung dennoch ihr Geschlecht,
und nach einem besonderen Brauch beklagten sie untereinander den Zeitpunkt ihrer Hochzeit, als sei ein Unglück
geschehen. Von diesen sollen einige vorgestellt werden,
nicht um die Arglist der Frauen als Beispiel vorzuschlagen,
sondern um zu zeigen, wie das schwache Geschlecht über
das stärkere siegte.

Semiramis, die Königin der Babylonier, folgte Ninos,
ihrem toten Gemahl in der Königsherrschaft, und obwohl
nach Aussehen und Geschlecht eine Frau, war sie doch
ihrem Mut nach ein Mann, regierte zweiundvierzig Jahre
lang mit Völkermord ihr Land, überzog viele Reiche mit
Krieg und verleibte sie der babylonischen Herrschaft ein.
Da sie ja Heidin war und nur unter der Freiheit eigener
Bestimmung und eigenen Beliebens stand, tat sie zu ihrem

libuit, quia deum non timuit nec novit, malo suo sibi licitum fecit.

Thamiris regina Scitharum <erat> viduata marito ac filio per dolum Ciri regis amisso; castra enim sua tirannus plena vino epulisque dimiserat fugamque callide simulans, filium 5 reginae ceterosque hostes castra cum armis intrantes et epulantes ex insperato regressus interfecit. Quo cognito regina filium occisum non lacrimis, sed sanguine parans ulcisci, diffidentia quadam quasi rebus desperatis simulata Cirum cum omni exercitu | suo ad insidias intra montes 10 | 10 duos compositas revocat ipsumque nihil minus sperantem cum ducentis milibus Persarum in vallis angustia trucidat. Porro caput abscisum Ciri necati in utrem sanguine repletum mitti praecepit „satia te", inquiens, „sanguine humano, quem per triginta annos sitisti et adhuc insatiabilis perse- 15 verasti".

Quid amazones in exemplum tuae pigritiae producam, quarum virilis animus naturam debilis sexus in tantum excessit, ut a patria sua profugae Europam et Asiam fortissimasque mundi partes triumphis intrarent, centum fere 20 annis urbes plurimas bellicosissima peritia subverterent, novas conderent et tenerent? Hae pro sola progenie dilatanda mares noverunt, masculos natos necaverunt, feminas studiose nutriunt inustis dexterioribus infantum mamillis, ne pugnantes impedirentur, unde et amazones dictae sunt. 25

---

[74] Vgl. Orosius, *hist.* 1,4 (CSEL 5,42–44; 1,79f Lippold).
[75] Vgl. Orosius, *hist.* 2,7 (CSEL 5,98f; 1,119f Lippold).
[76] Vgl. Orosius, *hist.* 1,15 (CSEL 5,65f; 1,94f Lippold). Orosius benutzt hier eine volksetymologische Herleitung von Amazone: *Alpha privativum* und μαζός (Brust) = ohne Brust / brustlos. Letztlich ist die Etymologie jedoch ungeklärt, vgl. Frisk, *Wörterbuch* 83f.

eigenen Schaden, was sie sich selbst erlaubte, da sie ja Gott nicht fürchtete, weil sie ihn noch nicht kannte.[74]

Thamiris war als Witwe Königin der Skythen, nachdem sie Mann und Sohn durch die List des Königs Kyrus verloren hatte; der Tyrann hatte nämlich sein Lager voll mit Wein und Speisen verlassen, schlau eine Flucht vorgetäuscht und, nachdem er völlig unverhofft wieder zurückgekehrt war, den Sohn der Königin und die übrigen Feinde getötet, die in Waffen in das Lager gekommen waren und dort getafelt hatten. Als dies bekannt wurde, machte sich die Königin daran, den getöteten Sohn nicht mit Tränen, sondern mit Blut zu rächen; nachdem sie sozusagen Besorgnis vorgetäuscht hatte, als sei ihre Lage verzweifelt, lockte sie Kyrus mit seinem gesamten Heer in einen zwischen zwei Bergzügen vorbereiteten Hinterhalt und ließ ihn selbst, der nichts weniger erwartete, zusammen mit zweitausend Persern in der Enge des Bergtals niedermetzeln. Dann ordnete sie an, daß das abgetrennte Haupt des erschlagenen Kyrus in einen Sack geworfen wurde, der mit Blut gefüllt war, wobei sie sprach: ‚Trinke dich satt an Menschenblut, nach dem du dreißig Jahre lang gedürstet und bis heute in deiner Unersättlichkeit ausgehalten hast‘.[75]

Was soll ich deiner Schwerfälligkeit das Beispiel der Amazonen vorführen, deren männlicher Mut so sehr über die natürliche Anlage des schwachen Geschlechts triumphierte, daß sie, aus der eigenen Heimat vertrieben, im Triumph Europa, Asien und die tapfersten Gegenden der Welt durchstreiften und sich nahezu hundert Jahre lang viele Städte in Krieg und Verderben unterwarfen, neue gründeten und in ihrer Gewalt hielten? Diese kannten Männer nur zur Zeugung von Nachkommenschaft, die männlichen Neugeborenen töteten sie, die weiblichen zogen sie mit Eifer auf, wobei sie die Warzen an den rechten Brüsten der Kinder ausbrannten, damit diese sie beim Kampf nicht hindern sollten, weshalb sie auch Amazonen genannt werden.[76]

Reginae duae, Marpesia et Lampheto, regno praeerant
subditasque magna disciplina regebant. Quae agmine in
duas partes diviso curam belli et domus custodiam sortie-
bantur. Verum commisso cum tyrannis extraneis proelio
Marpesia regni titulum cum vita amisit, quamvis cum con- 5
sorte regni magnam partem Europae armis domuerit et
multas Asiae civitates imperio suo subiugaverit. Igitur
Marpesiae, sicut dictum est, occisae filia Sinope succedit in
regnum, singularem virtutis gloriam perpetua virginitate
cumulans. Terror eius omnem finitimam regionem invasit 10
adeo, ut Hercules contra eam missus contracta nobili et
electa iuventute viribus diffideret et congressum metuens
insidiis circumventas nihil minus quam bellum sperantes
evinceret.

Ecce sexus fragilis, hosti insuperabili formidabilis nisi 15
dolis et arte Herculis falleretur, triumphi gratia persecutor
frustraretur. Si feminae, si fragiles | ydolatrae tantum sudo- | 105
ris impendere pro fama, quid Christi virgo pro aeterna
corona? Melius, rectius feliciusque tibi dicitur quam ama-
zonibus, naturae superbis victricibus: „Quae est ista, quae 20
ascendit per desertum", sicut „aurora consurgens, pulchra
ut luna, electa ut sol, terribilis ut castrorum acies ordinata?"

Zwei Königinnen, Marpesia und Lampheto, standen an der Spitze des Reiches und regierten ihre Untertanen mit strenger Zucht. Diese losten, nachdem die Gefolgschaft in zwei Teile geteilt war, die Sorge im Krieg und den Schutz für zu Hause untereinander aus. Schließlich verlor in einem Gefecht mit fremden Herrschern Marpesia mit dem Leben auch den Anspruch auf das Königreich, obwohl sie gemeinsam mit ihrer Gefährtin in der Herrschaft einen großen Teil Europas mit den Waffen bezwungen und viele Städte Asiens ihrer Herrschaft unterworfen hatte. Es wird berichtet, daß der erschlagenen Marpesia nun ihre Tochter Sinope in der Königsherrschaft folgte, und daß diese in andauernder Jungfräulichkeit einzigartigen Ruhm an Tapferkeit aufhäufte. Der Schrecken, der ihr vorausging, breitete sich im ganzen Nachbargebiet so aus, daß Herakles, der gegen sie ausgesandt worden war, seinen Kräften mißtraute, obwohl er eine vornehme und erlesene Schar junger Leute zusammengezogen hatte, und in Furcht vor offenem Zusammenstoß in einem Hinterhalt die Umherziehenden besiegte, die nichts weniger erhofft hatten als offenen Krieg.[77]

Siehst du, wenn das schwache Geschlecht, das sogar für den unbesiegbaren Feind schrecklich war, nicht durch die List und den Kunstgriff des Herakles getäuscht worden wäre, dann wäre der Verfolger um das Geschenk seines Triumphs betrogen worden. Wenn nun Frauen, wenn zerbrechliche Dienerinnen des Aberglaubens so viel an Schweiß für ihren Ruhm aufwenden, was vermag dann die Jungfrau Christi für die ewige Krone? Besser, richtiger, glücklicher als für die Amazonen, diese stolzen Bezwingerinnen ihrer Natur, ist für dich das Wort gesagt: „Wer ist diese, die da emporsteigt durch die Wüste" (Hld 3,6), die sich wie „die Morgenröte erhebt, schön wie der Mond, klar wie die Sonne, gewaltig wie ein Heer, aufgestellt vor dem Lager?" (Hld 6,10).

---

[77] Vgl. OROSIUS, *hist.* 1,15 (CSEL 5,66f; 1,95f LIPPOLD).

Sed plura praescriptis adiciam, ne de sexus infirmitate causeris, quae propter regnum caelorum omnem mundum pro sponso caelesti sprevisse videris.

T.: Gratissimo nobis cursu procedis, qui robur virilis animi femineis cordibus verbis et exemplis adicis.   5

P.: Uxor regis Persarum cum esset avidissima Christianae fidei percipiendae, assumpto comitatu quasi de regni nego-tiis aliquid dispositura clam fugiens Constantinopolim, Graeciae metropolim satisfactura votis suis adiit, patriar-chae, quae animo gerebat, aperuit. Ille vero sanctam femi- 10 nae colligens intentionem officiosissime reginam suscepit et fidei rudimentis mentem veritatis et iustitiae satis avidam imbuere coepit. Rex vero pro discessu uxoris admodum suspectus, per legatos angulos orbis scrutatus, postquam locum, ubi fuerat, et discessionis eius causam accepit, e 15 vestigio consortem thalami cum septuaginta milibus subse-quitur et, ut rediret, minis et precibus in uxorem extenditur. Regina legibus coniugalibus contradicit et reditum prorsus abnuit nisi rex ydolatriae renuntiet et culturam veri dei pari confessione confirmet. Quid multa? Princeps Babilonicus 20 tam veritatis ductus ratione quam uxoris tractus amore crucifixo nostro cervicem inclinavit, fidem Christi suscepit, culturam mutavit et accepta a pontifice benedictione laetus insignia sanctae fidei cum uxore Babiloniam reportavit.

Aber ich will noch mehr zu dem hinzufügen, was ich
oben aufgeschrieben habe, damit du, die du wegen des
Himmelreichs offenbar für deinen himmlischen Bräutigam
die ganze Welt verachtet hast, nicht aus der Schwachheit
des Geschlechts argumentierst.

T.: Du schreitest in einer Richtung voran, die uns sehr
willkommen ist, wenn du die Kraft männlichen Geistes mit
Wort und Beispiel weiblichen Herzen zuschreibst.

P.: Da die Frau eines Perserkönigs außerordentlich begierig war, den christlichen Glauben anzunehmen, reiste sie mit
Gefolge, als hätte sie etwas Geschäftliches für das Königreich zu erledigen, in heimlicher Flucht nach Konstantino-
pel, der Hauptstadt Griechenlands, um ihrem Wunsch Genüge zu tun; dort eröffnete sie dem Patriarchen, was sie im
Sinne hatte. Jener nahm nun, nachdem er die heilige Absicht
der Frau festgestellt hatte, die Königin außerordentlich zu-
vorkommend auf und begann, ihr Gemüt, das nach Wahrheit und Gerechtigkeit dürstete, mit den Anfangsgründen
des Glaubens vertraut zu machen. Inzwischen schöpfte der
König wegen der Abreise seiner Frau Verdacht, ließ durch
Gesandte die Erde bis in die letzten Winkel durchsuchen,
folgte, nachdem er den Ort, wo sie war, und den Grund ihres
Weggangs erfahren hatte, mit siebzigtausend Mann der Gefährtin seines Schlafgemachs auf der Spur und erging sich in
Drohungen und Bitten gegen seine Frau, daß sie zu ihm
zurückkehre. Die Königin entzog sich den ehelichen Pflichten und lehnte geradezu die Heimkehr ab, wenn der König
nicht dem Götzendienst abschwöre und die Verehrung des
wahren Gottes im entsprechenden Bekenntnis fest verspre-
che. Was weiter? Der Herrscher Babylons beugte seinen
Nacken vor unserem Gekreuzigten, ebenso geleitet durch
das Argument der Wahrheit wie gezogen durch die Liebe zu
seiner Frau, nahm den Glauben an Christus an, änderte die
traditionelle Form des Gottesdienstes und brachte zusammen mit seiner Frau froh die Zeichen heiligen Glaubens
heim nach Babylon, nachdem er den Segen des Priesters

Vides, quod „per mulierem fidelem sanctificatur vir infide-
lis", et ubi abundavit iniquitas per excessum Evae lascivi-
entis, abundavit gratia per profectum feminae in Christi
amore sapientis? Quanta strenuitate, gloria et virtute regina
Saba rexerit orientis imperium ex hoc | apparet, quod audita 5 | 10
per famam sapientia Salomonis rei veritatem exploratura
venit cum multo comitatu, cum thesauris vasorum aure-
orum, gemmarum, unionum aromatumque Ierusalemam.
Quae quidem multa dedit et accepit, et excepta mistici
sensus ratione credendum non est, quod postea profanae 10
superstitioni mentem inclinaverit, quae pro sapientiae fonte potando tantum itineris pelagus emensa narratur. Adde
nobilem radicem fructus Christiani matrem Constantini,
Helenam, quanta probitate et prudentia thesaurum incom-
parabilem ecclesiae, id est crucem Christi repererit, quo- 15
modo profanis hostibus in artum deductis et Calvariae loco
fossuris eviscerato lignum et clavos sancto corpori infixos
extraxerit, quantos suo vel verbo vel exemplo ad fidem
adduxerit, qualiter ipsum Iudam primo proditore felicio-
rem, laudatum beati ligni proditione Ierosolimis ordinave- 20
rit episcopum rebusque verbi dispositione rationabili ordi-
natis Romam adierit, ubi inter ecclesiae defensores et hostes
Christi posita cum filio, partibus contrariis ratione vel
auctoritate convictis, intelligentiae cum fide perfecta lumen

---

[78] HELENA, die Mutter KONSTANTINS, soll nach Jerusalem gezogen sein,
um dort nach dem wahren Kreuz Christi zu suchen. Sie fand es trotz großer
Schwierigkeiten aufgrund ihrer Glaubensstärke und Beharrlichkeit, wobei
ihr einer der Juden mit Namen JUDAS, der später Bischof von Jerusalem
wurde, den Fundort offenbarte. Die Verehrung HELENAS und der von ihr
gefundenen Reliquien vom wahren Kreuz Christi haben seit dem frühen
Christentum weite Verbreitung gefunden, vgl. KLEIN, Helena, bes.
367–373; HEID, Helena. Auch im Itinerarium der EGERIA spielt die Legende von der Kreuzauffindung eine Rolle, vgl. dazu RÖWEKAMP, Itinerarium 57 f. Zu weiteren Quellen vgl. VAN OS / JÁSZAI, Kreuzlegende 642 f.

empfangen hatte. Siehst du nun, daß „ein ungläubiger
Mann durch eine gläubige Frau geheiligt wird" (1 Kor 7, 14)
und daß eben dort, wo durch die Übertretung der übermü-
tigen Eva Unrecht im Übermaß vorhanden war, die Gnade
überfloß durch den Erfolg einer Frau, die verständig war
in der Liebe zu Christus? Mit welcher Umsicht, Herrlichkeit und Stärke die Königin von Saba das Reich des Ostens
lenkte, geht daraus hervor, daß sie, nachdem sie gerüchte-
weise von der Weisheit Salomos gehört hatte, nach Jerusalem kam, um die Wahrheit der Angelegenheit zu erforschen, zusammen mit einem großen Gefolge, mit Schätzen
an goldenen Gefäßen, an Edelsteinen, Perlen und Spezerei-
en. Sicherlich schenkte sie vieles und empfing vieles, und
man kann nicht glauben, abgesehen von der Überlegung
des geheimnisvollen Verweises, daß sie ihr Herz später
weltlichem Aberglauben zugeneigt habe, da doch von ihr
berichtet wird, daß sie ein so großes Meer auf ihrer Reise
überquert habe, um aus dem Quell der Weisheit zu trinken
(vgl. 1 Kön 10, 1–13). Nimm als edle Wurzel für christlichen
Fortschritt Helena[78] hinzu, die Mutter Konstantins, mit
welcher Redlichkeit und Klugheit sie einen unermeßlichen
Schatz für die Kirche, nämlich das Kreuz Christi, wieder-
fand, wie sie, nachdem die weltlichen Gegner in die Enge
getrieben waren und obwohl der Ort des Kalvarienbergs
schon von Grabungen leergeschaufelt war, das Holz und die
Nägel ausgegraben hat, die den heiligen Leib durchbohrt
hatten, wie viele Menschen sie durch eigenes Wort und
Beispiel dem Glauben zuführte, wie sie sogar diesen Judas,
der glücklicher war als der erste Verräter und gepriesen, weil
er das Versteck des seligen Holzes preisgab, als Bischof von
Jerusalem einsetzte, dann die Angelegenheiten der Verkündigung des Worts in vernünftiger Ordnung regelte und nach
Rom ging, wo sie in ihrer Stellung zwischen den Verteidi-
gern der Kirche und den Feinden Christi die streitenden
Parteien durch Vernunftgründe oder Ansehen überzeugte
und zusammen mit ihrem Sohn das Licht der Einsicht im

accepit; sicque etiam in sexu fragili tam in dispositione
saecularium quam in executione religiosa spiritalium deus
feminam istam magnum ecclesiae suae decus et augmentum
fidei providit. Quid de Eudoxia, Romani etiam orbis impe-
ratrice referam, quae sceptro virilis animi dominans orbi 5
universo scita Christianae religionis adeo complexatur, ut
quod ipsi apostoli et apostolici viri non poterant, femina
contionatoria subtilitate prudenter efficeret, id est ritum
quendam paganorum ad Christiana tempora deductum no-
vis legibus immutaret honoremque mortali homini dicatum 10
deo stabili testamento consecraret. Debbora prophetes se-
dens sub palma virili virtute rexit Israel et accito Barach
pugnatura processit ad proelium gloriosa facta de triumpho
et magnum ecclesiae praeferens ornamentum et insigne
decus de cantico. Sed cum in infinitum possem procedere 15
sexum fragilem | constantia praeditum commendando, scis- | 107
ne cur istas vel pauci numeri proposuerim?

T.: Ut ostendas, aestimo, quod sexus fragilis non praeiu-
dicat rationi vel virtuti, dum infirmiori fortior persaepe
victus succumbit et sanctae humilitati inflata superbia cedit. 20

---

[79] Es handelt sich offenbar um EUDOXIA AELIA, seit 395 Gemahlin des
oströmischen Kaisers ARCADIUS, der sie zur *Augusta* erhob. EUDOXIA war
germanischer Abkunft und als fromme und wundergläubige Frau sehr
aktiv in jeder Art von Förderung kirchlichen Lebens. Sie wurde zur
maßgeblichen Instanz auf dem Feld der Religionspolitik im ganzen Reich
und veranlaßte strenges Vorgehen gegen Heiden und Häretiker; vgl. HO-
LUM, *Theodosian Empresses* 48–78, bes. 54; BECK, *Eudokia.*

vollkommenen Glauben empfing; und so hat Gott diese
Frau, trotz ihres schwachen Geschlechts, zu einer großen
Zierde seiner Kirche und zur Vermehrung des Glaubens
bestimmt, und zwar sowohl in der Ordnung weltlicher
Angelegenheiten wie in der frommen Ausübung geistlicher. Was soll ich von Eudoxia[79] berichten, der Kaiserin des
römischen Weltreichs, die mit dem Zepter männlichen
Muts den ganzen Erdkreis beherrschte und die Lehrsätze
der christlichen Religion so sehr erfaßte, daß sie als Frau
mit einer Gründlichkeit, die sonst bei Staatsgeschäften
üblich ist, klug das erreichte, was selbst die Apostel und
die Männer der Verkündigung nicht vermocht hatten, daß
sie nämlich die gottesdienstlichen Gewohnheiten der Heiden, die bis in christliche Zeiten angedauert hatten, gegen
neue Vorschriften austauschte und die Würde, die dem
sterblichen Menschen zugesprochen ist, in dauerhaftem
Vermächtnis Gott weihte. Die Prophetin Debora saß unter
einem Dattelbaum und lenkte Israel mit männlicher Entschlossenheit (vgl. Ri 4, 4–6); nachdem Barak herbeigeholt
war, schritt sie zum Kampf voran ins Gefecht, wurde berühmt durch ihren Sieg (vgl. Ri 4, 7–16) und trägt dazu der
Kirche noch einen großen Schmuck und ein besonderes
Ehrenzeichen voran mit ihrem Preislied (vgl. Ri 5).[80] Aber
obwohl ich bis ins Unendliche fortfahren könnte mit dem
Lob des schwachen Geschlechts, das doch mit Standfestig-
keit ausgerüstet ist, frage ich, ob du nicht weißt, warum ich
gerade diese und dazu noch so wenige vorgestellt habe?

T.: Ich denke, um zu zeigen, daß nicht die Schwäche des
Geschlechts eine Vorentscheidung trifft über Vernunft und
Tapferkeit, da sehr häufig der Stärkere besiegt dem Schwächeren unterliegt und der aufgeblasene Stolz vor der heiligen Demut zurückweicht.

---

[80] Das Preislied der Debora (vgl. Ri 5, 2–31) gehörte zu den *Cantica* und
hatte damit seinen Platz in der Liturgie.

P.: Adprime cuncta notasti. Qui enim „omne sublime videt et est rex super universos filios superbiae", persaepe confunditur in membris suis humilis et devotae mentis ratione.

T.: Quandoquidem tam detestabili morbo superbiae bo- 5 num omne dispergitur, quod ex humilitatis gratia colligi posse videtur, annecte, obsecro, quod sit ab hac effugium, quod ad hanc confugium, ut in altero ruina mortis declinetur, in altero status virtutum confirmetur. Speculum enim virginibus Christi proposuisti, unde vel vitanda vel imitan- 10 da queant speculari.

P.: Speculi quidem natura est vultus intuentium in se concludere et formas corporalium rerum ex sui claritate imaginaliter repraesentare, ut considerantis intuitus illic inveniat, quod etiam in se videre natura non poterat. 15 Speculum itaque scripturae sacrae pagina verbi dei efficacia est, cuius purae veritatis perspicuitas profundae rationis mentes studiosorum sic illuminat, ut ibi se recognoscant, ubi se in se ipsis videre non poterant. Scripturam igitur divinam si quasi speculum attenderis, te ipsam 20 repperis et ex ipsa, quid agendum sit, intelligis. „Videmus", inquit apostolus, „nunc per speculum et in aenigmate, tunc autem facie ad faciem." Habes illic fundamenta iustitiae, regulam disciplinae, modum conversandi, ordinem proficiendi, vim spiritalis intelligentiae, lumen aeter- 25 nae sapientiae, gustum intellectualis vitae, contemptum temporalium, amorem aeternorum, virtutum incitamenta,

P.: Du hast dir alles vorzüglich gemerkt! Denn wer „alles
Hohe sieht und König ist über alle Söhne des Hochmuts"
(Ijob 41, 25 Vg.), der wird sehr häufig in seinen Gliedern
zunichte gemacht durch das Bekenntnis eines demütigen
und ergebenen Herzens.

T.: Da ja nun einmal alles Gute, das sich augenscheinlich
aus dem Gnadengeschenk der Demut gewinnen läßt, von
einer so abscheulichen Krankheit wie der des Hochmuts in
alle Winde zerstreut wird, füge hinzu, ich bitte dich sehr,
was für ein Entkommen es aus dieser Krankheit gibt, was
für eine Zuflucht zu jener, damit auf der einen Seite der Sturz
in den Tod vermieden wird, auf der anderen Seite der Stand
der Tugenden gefestigt wird. Denn du hast den Jungfrauen
Christi einen Spiegel vorgehalten, aus dem sie ersehen können, was sie vermeiden, was sie nachahmen müssen.

P.: In der Tat ist es das Wesen des Spiegels, das Antlitz
der Betrachter in sich aufzunehmen und die körperliche
Gestalt mit der ihm eigenen Klarheit bildlich zu vergegen-
wärtigen, so daß der Blick des Betrachters dort das findet,
was seine Natur bis dahin nicht an sich hatte sehen können.
Deshalb ist die heilige Schrift durch die Wirksamkeit des
Wortes Gottes ein Spiegel, dessen Durchsichtigkeit auf die
reine Wahrheit die Herzen derer, die sich um vertiefte
Einsicht bemühen, so erleuchtet, daß sie sich selbst dort
wiedererkennen, wo sie sich in sich selbst nicht sehen
konnten. Wenn du darum auf die heilige Schrift wie auf
einen Spiegel deine Aufmerksamkeit richtest, wirst du dich
selbst wiederfinden und aus ihr erkennen, was zu tun ist.
„Wir sehen jetzt", sagt der Apostel, „wie durch einen Spiegel und im Rätsel, dann aber von Angesicht zu Angesicht"
(1 Kor 13, 12). Dort hast du die Fundamente der Gerechtigkeit, die Richtschnur der Zucht, die Art des Zusammenle-
bens, den Aufbau des Fortschritts, die Kraft geistlicher
Einsicht, das Licht der ewigen Weisheit, den Vorgeschmack
geistigen Lebens, die Verachtung der zeitlichen Dinge, die
Liebe zu den ewigen, den Ansporn zu den Tugenden und

vitiorum detestanda commercia. Quia igitur pudicae animae sponsus verbum dei est, dic, filia, domino tuo, sponso
tuo: „Lucerna pedibus meis verbum tuum et | lumen semitis | 108
meis, quoniam apud te est fons vitae et in lumine tuo
videbimus lumen, quod illuminat omnem hominem veni-   5
entem in hunc mundum." Tu ergo verus sol iustitiae, fons
aeternae sapientiae, da mihi lumen intelligentiae, qua per-
cipitur fructus caelestis disciplinae, qua dicitur: „Discite a
me, quia mitis sum et humilis corde et invenietis requiem
animabus vestris." Vere enim, domine, fidelis anima requi-   10
em in te reperit, quae ex consideratione fragilis naturae suae
pro tuo amore cordis verticem premit. Quae falsa, domine,
insania et falsitas insana colla filiarum Syon in ruinam prae-
cipitem erigit, cum deitatis gloria se ad ima nostra nobis
condescendendo deposuerit nosque sua infirmitate adeo   15
firmaverit et provexerit, ut filios tuos faceres per gratiam
„filios irae per naturam", immo per culpam tibique faceres
„coheredes propriae quidem patriae" versutia serpentis ex-
torres, stabuli vero mundani incolas infelices? Tu lux in-
accessibilis, tu veritas incomprehensibilis, supra omnia,   20
infra et extra omnia, qui caelo terraque non caperis,
domum tuam cor humile facis, mansionem et solium gloriae tuae in abiectis a superbo mundo personis „tanquam
mundi purgamentis" semper gratia praecurrente disponis,

die Verwünschung des Umgangs mit den Lastern. Weil also der Bräutigam einer keuschen Seele das Wort Gottes ist, darum, Tochter, sprich zu deinem Herrn, zu deinem Bräutigam: „Dein Wort ist die Leuchte für meine Füße, das Licht auf meinen Wegen (Ps 119,105: Vg. Ps 118,105), weil bei dir die Quelle des Lebens ist, und in deinem Licht werden wir das Licht sehen (Ps 36,10: Vg. Ps 35,10), das jeden Menschen erleuchtet, der in diese Welt kommt" (Joh 1,9). Darum gib mir, du wahre Sonne der Gerechtigkeit (vgl. Mal 3,20), Quell ewiger Weisheit, das Licht der Einsicht, mit der die Frucht der himmlischen Lehre empfangen wird, von der gesagt ist: „Lernt von mir, weil ich freundlich bin und demütig im Herzen, und ihr werdet Ruhe finden für eure Seelen" (Mt 11,29). Denn wahrlich, Herr, in dir findet die gläubige Seele Ruhe, wenn sie die Schwachheit und Unbeständigkeit der Natur ihres Herzens im Vergleich zu deiner Liebe bedenkt und deshalb ihr Haupt vor dir verneigt. Welch falscher Wahn, Herr, welch wahnsinnige Falschheit hat den Töchtern Zions ihren Nacken aufgerichtet zum jähen Sturz, wo doch die Herrlichkeit der Gottheit bis in unsere Niederungen hinabstieg und sich bei uns niederließ und uns durch ihre eigene Schwachheit so sehr stärkte und emporhob, daß du sogar diejenigen durch Gnade zu deinen Söhnen machtest, die „von Natur aus" — ja sogar durch Verschulden — „Söhne des Zorns " (Eph 2,3) waren, und daß du dir diejenigen „zu Miterben deines eigenen Vaterlandes" (vgl. Röm 8,17) erwählt hast, die durch die Ränke der Schlange zu Verbannten geworden waren, ja zu unseligen Bewohnern des Stalls dieser Welt! Du unzugängliches Licht (vgl. 1 Tim 6,16), du unbegreifliche Wahrheit über allem, in allem und außer allem, der du nicht umfaßt wirst von Himmel und Erde, du machst ein demütiges Herz zu deiner Wohnung, du richtest Herberge und Thron deiner Herrlichkeit bei denen ein, die von der stolzen Welt verstoßen werden, „als wären sie der Welt Unrat" (1 Kor 4,13), wobei immer die Gnade vorangeht!

et magis placet oculis tuae maiestatis humilis paupercula tua
in sacco cilicino quam purpurata regina omni lapide pretioso decorata vel auro! Dic, virgo Christi, regi tuo, virginum
principi: Castitatis amator, domine deus, da nobis, quod
diligis in nobis, nec erit, qui a nobis quod dederis auferat, 5
si gratia quae praevenit donum subsequendo custodiat.
Amor tuus divini custos sit muneris in hac vita, ut summa
tantae custodiae sequatur libertas aeterna. Talibus sponsum
vestrum alloquiis, virgines sanctae, concelebrate et „per
desertum mundi huius quasi virgula fumi ex aromatibus" 10
sancti amoris ad eum conscendite. Semper gaudete de munere, quod accepistis, timete, ne accepta perdatis et tantus
dolor | sit in amissis quantus amor prius in habitis. Habetis | 109
ecce Christum in vobis regnantem, habetis principem virginum Mariam vos praecedentem, angelorum multitudi- 15
nem vobis obsequentem; estote dormiendo securae, vigilando sollicitae, quas non mordet angustia curae matrimonialis,
periculum thori maritalis, amor dividens inter vos et regem
vestrum procreatae sobolis. Collatio inaequalium melioris
iniuria est, et ad ima impetus ad summa gradus tardior est. 20
Siquidem necessitudo coniugalis cura rei familiaris, quo ad
multa distenditur, ad singula vix colligitur.

T.: Patet profecto, quod amor inferiorum mors super-
iorum est.

P.: Audi igitur apostolum: „Virgo", inquit, „domini co- 25
gitat, quae domini sunt." Virgo enim dei praeventa spiritu

Und es gefällt den Augen deiner Hoheit deine arme, demütige Dienerin im rauhen Sackkleid mehr als die Königin im
Purpurgewand, geziert mit allem kostbaren Geschmeide
und Gold. Sprich, du Jungfrau Christi, zu deinem König,
zu dem Gebieter der Jungfrauen: Du Liebhaber der Keuschheit, du Herr und Gott, gib uns, was du liebst an uns, und es
wird niemand geben, der das von uns wegnimmt, was du
gegeben hast, wenn deine Gnade vorangeht und ihr Geschenk
auch in der Folge behütet. Deine Liebe sei der Wächter der
göttlichen Gabe in diesem Leben, damit dem hohen Maß an
Bewachung die höchste Freiheit in Ewigkeit folgt. Preist mit
solcher Anrede, ihr heiligen Jungfrauen, euren Bräutigam
und steigt zu ihm auf „durch die Wüste dieser Welt wie eine
gerade Rauchsäule aus Duftstoffen" (Hld 3,6) heiliger Liebe! Freut euch immer über das Geschenk, das ihr empfangen
habt, und seid furchtsam, damit ihr das Empfangene nicht
verliert und dann so großer Schmerz sich ausbreitet über den
Verlust, wie vorher Freude herrschte über den Besitz! Seht,
ihr habt Christus, der in euch regiert, ihr habt Maria als die
Erste der Jungfrauen, die euch vorangeht, ihr habt die Schar
der Engel, die euch folgt; ihr sollt sicher sein im Schlaf,
aufmerksam im Wachen, da an euch nicht die sorgenvolle
Enge ehelicher Verhältnisse nagt, nicht die Gefahr des ehelichen Schlafgemachs und nicht die Liebe zu den Nachkommen, die sich trennend zwischen euch und euren König
schiebt. Der Vergleich ungleicher Dinge bringt Schaden für
das Bessere, und eine Hinwendung zu den Niederungen
verlangsamt den Schritt zu den Höhen. Denn da nun einmal
die Sorge für das Vermögen eine eheliche Notwendigkeit ist,
damit es sich möglichst vermehre, wird kaum für einzelne
Bereiche gesammelt.

T.: Es leuchtet vollkommen ein, daß die Liebe zu den
niederen Dingen der Tod der höheren ist.

P.: Höre darum den Apostel, der sagt: „Die Jungfrau des
Herrn denkt an die Dinge, die des Herrn sind" (1 Kor 7,34).
Denn eine Jungfrau Gottes, über die zuvor der Geist Got-

dei in amore dei quiescit, cuius amori nihil praeponit, et de
illo semper cogitat, quae semper attendit, quid iubeat. „Super quem requiescit spiritus meus nisi super humilem et
quietum et trementem verba mea?" Haec verba domini in
ancilla sua sic convalescunt, ut sanctae humilitatis et quietis 5
et timoris insignia sancti spiritus in ea manentis dant in-
dicia. Virgo igitur Christi lascivia puellari non facile dissolvitur, ambitioso vestium cultu minime delectatur, fixa
gravitate morum caelesti disciplinae tota innititur, medio-
cribus contenta, sola necessaria necessitati admittit, nihil 10
superfluitati concedit, lutum non vendit alienis oculis placere cupiens ex pulchritudine corporis. Decet Christi virginem mentis stabilitas, morum maturitas, honestas in actu,
pondus et modus in verbo, in habitu verecundia, in opere
modestia, incessus aequalis, vultus gravis, odium mundi, 15
amor ardentissimus dei sui; sit divini verbi audiendi avida,
orationibus semper intenta, quia qui orare negligit, vere
quis sit amor caelestis ignorat, non sit ultra quam expedit
inter alias sorores singularis, ne fiat odibilis, nec sit admodum communis, ne vilescat aliis nota levitatis. Cum sit inter 20
alias sorores virgo Christi maxima vel | magisterio vel artis | 110
scientia sive nobilitatis linea seu virtutum gratia, sit tamen
omnium minima, mente sit omnium ancilla, vilescat in
oculis suis gratiosa et hominibus et angelis, deformitate

tes gekommen ist, ruht in der Liebe Gottes aus; seiner
Liebe zieht sie nichts vor, und die, die immer darauf achtet,
was er befiehlt, denkt immer an ihn. „Auf wem ruht mein
Geist (vgl. Jes 11,2), wenn nicht auf dem Demütigen und
dem Stillen und dem, der vor meinem Wort zittert?" (Jes
66,2). Diese Worte des Herrn erstarken so sehr in seiner
Magd, wie sie Zeichen heiliger Demut und Stille und
Furcht vorweist als Wahrzeichen des heiligen Geistes, der
in ihr wohnt. Eine Jungfrau Christi zerstreut sich nicht
leicht in kindischer Ausgelassenheit, sie erfreut sich auch
keineswegs am eitlen Schmücken mit Kleidern, vollkommen stützt sie sich auf den Ernst der Sitten, der mit himmlischer Zucht verbunden ist, zufrieden mit Mittelmäßi-
gem, läßt sie allein die Dinge zu, die für den notwendigen
Bedarf gebraucht werden; sie erlaubt nichts an Überflüs-
sigem und verkauft nicht fremden Augen Schmutz in dem
Wunsch, aufgrund von körperlicher Schönheit zu gefallen.
Für eine Jungfrau Christi ziemt sich Festigkeit des Geistes, Reife der Sitten, Würde beim Handeln, Gewicht und
Maß im Wort, Zurückhaltung im Auftreten, Bescheidenheit beim Werk, ein angemessener Gang, ein ernster Ge-
sichtsausdruck, Verachtung der Welt und glühende Liebe
zu Gott; sie sei begierig, das Wort Gottes zu hören, immer
aufmerksam beim Gebet, weil einer, der beim Beten nachlässig ist, wirklich nicht weiß, was die himmlische Liebe
ist; sie soll unter den anderen Schwestern nicht über das
erforderliche Maß hinaus einzigartig sein, damit sie nicht
hassenswert wird, und sie soll sich nicht so weit gemein
machen, daß sie gering wird vor den anderen durch den
Makel des Leichtsinns. Wenn eine Jungfrau Christi unter
ihren Mitschwestern die Größte ist, sei es aufgrund eines
Lehramtes, sei es wegen Kunstfertigkeit, vornehmer Abstammung oder durch die Gnade von Tugenden, so soll sie
dennoch die Geringste von allen sein, in ihrer Gesinnung
die Magd aller, wertlos in den eigenen Augen, angenehm
vor Menschen und Engeln; mit der Häßlichkeit ihres

vilis habitus exterius Christum contegat et abscondat interius, et tunc vere se Christi virginem noverit, cum semper
plus boni voluerit quam possit. Quid boni deest in actione,
ubi cordis intentio versatur sanctae voluntatis in cardine?
„Omnis gloria filiae regis ab intus." Quomodo? „In fim- 5
briis aureis", in sententiis doctorum sapientiae nitore prae-
ditorum. Habet enim ista regis filia sapientiam non solum
ratione historica, sed etiam in mistica intelligentia semper
ex scripturarum studio metiens virtutum processum, quia
sponsum pudicae animae suae gerit in pectore dei verbum. 10
Sapientia enim invenietur ab his, qui quaerunt illam,
praeoccupat, qui se concupiscunt, ut illis se priorem osten-
dat. „Qui de luce vigilaverit ad illam, non laborabit, assi-
dentem enim foribus suis illam inveniet. Cogitare de illa
sensus consummatus est, et qui vigilaverit ad illam, cito 15
securus erit."

T.: Quis posset a via veritatis errare, qui regitur Christo
cordis sui praeside? Verum iuxta qualitatem ornamentorum
sive in aureis fimbriis seu in ornatibus superius praetaxatis
coniectare possumus, quod cuncta sensibilia vel insensibi- 20
lia, quibus utitur homo, sicut ei creata sunt ad usum sic ad
exemplum, ut per ea, quae oculis subiacent, informaretur
ad ea quaerenda, quae nondum apparent.

P.: Probabili intellectu superioribus occurris, at nihil ambigui coniecturalis admittas, sed firmissime teneas, quod 25

armen Gewandes soll sie Christus äußerlich bedecken und innerlich verbergen, und erst dann wird sie sich in Wahrheit als Jungfrau Christi erkennen, wenn sie immer an Gutem mehr will, als sie vermag. Was fehlt an Gutem bei einer Handlung, wo sich die Aufmerksamkeit des Herzens auf den heiligen Willen richtet als den Angelpunkt des Handelns? „Alle Herrlichkeit der Königstochter kommt von innen" (Ps 44, 14 Vg.G). Wie das? „In ihren goldverbrämten Gewändern" (Ps 44, 14 Vg.G), das heißt in den Lehren der Kirchenväter, die mit dem Glanz der Weisheit begabt sind. Denn diese Königstochter besitzt Weisheit nicht nur in einem geschichtlichen Verständnis, sondern auch in mystischem Verständnis, wenn sie aufgrund ihrer Beschäftigung mit der heiligen Schrift immer einen Fortschritt in den Tugenden erntet, weil sie das Wort Gottes als den Bräutigam ihrer keuschen Seele im Herzen trägt. Denn Weisheit wird von denen gefunden, die nach ihr suchen, sie ergreift Besitz von denen, die sie begehren, damit sie sich ihnen zuerst zeigt. „Wer vom Morgenlicht an auf sie gewartet hat, der wird keine Mühe haben; denn er wird jene finden, wie sie vor seiner Tür sitzt; es ist vollkommene Klugheit, über jene nachzudenken, und wer auf sie wartet, wird schnell sicher sein" (Weish 6, 14 f).

T.: Wer könnte vom Weg der Wahrheit abirren, der von Christus, dem Beschützer seines Herzens, geführt wird? In der Tat können wir aus der Beschaffenheit des Schmucks, sei es bei den goldverbrämten Gewändern, sei es bei den oben genannten Aussteuerstücken, den Schluß ziehen, daß alle Dinge, die der Mensch benutzt, die sinnlich erfahrbaren und die nicht erfahrbaren, für ihn geschaffen sind sowohl zum Gebrauch wie zum Vorbild, damit er durch das, was ihm vor Augen liegt, befähigt wird, das zu suchen, was sich noch nicht sichtbar zeigt.

P.: Mit gutem Verständnis begegnest du den höheren Dingen, aber du darfst keine zweideutige Vermutung zulassen, sondern mußt ganz eindeutig festhalten, daß alles,

omne, quod in rebus corporalibus summis et imis creatum
est, humanae naturae vel qualitatis descriptio quaedam est,
ex cuius consideratione, usu vel exemplo rerum invisibilium effectus ex rebus pateret visibilibus, et homini creatoris
amor ex intuitu creaturae posset persuaderi, cuius | amo-   5 | 111
vendae caecitati nec ipsa ratio suffecit primum indita homini creaturae rationali.

T.: Velim aliquo, quae dicis, exemplo ostendi, quomodo
corporalia creata sint in quodam exemplari creato homini.

P.: Ut de multis pauca referamus, audi ipsum dominum   10
rebus vilibus regnum caelorum comparantem: „Cui", inquit, „assimilabimus regnum dei? Sicut granum sinapis,
quod cum seminatum fuerit, ascendit", et cetera. Superius
quoque: „Sic est regnum dei, quemadmodum si iaciat homo
sementem in terram et dormiat et exurgat die ac nocte, et   15
semen germinet, ut increscat, dum nescit ille. Ultro enim
fructificat primum herbam, deinde spicam, deinde plenum
frumentum in spica." Et de lilio gloriae Salomonis opposi-
to, de ficulnea quoque et omnibus arboribus aestate vicina
fructum producentibus, de volatilibus quoque et aliis ani-   20
malibus specie differentibus multa repperis in divina pagina
ad hunc sensum pertinentia, quae sicut ad usum hominis sic
ad exemplum sunt creata.

T.: De fimbriis aureis et de aliis ornamentis supradictis
inquisitioni meae satisfecisti, sed procede amodo.   25

was an körperhaften Dingen, den höchsten ebenso wie den niedrigsten, geschaffen wurde, gewissermaßen eine Beschreibung der menschlichen Natur und ihrer Beschaffenheit ist; aus deren Betrachtung, Nutzung oder Beispiel dürfte dann die Wirkung der unsichtbaren Dinge offen zutage treten eben aufgrund der sichtbaren Dinge, und der Mensch könnte aufgrund der Betrachtung der Schöpfung zur Liebe zu seinem Schöpfer überredet werden; denn um seine Blindheit abzuwenden, genügt nicht einmal die vernünftige Einsicht selbst, die dem Menschen als Geschöpf der Vernunft von Anbeginn an eingegeben war.

T.: Ich hätte gerne das, was du sagst, durch irgendein Beispiel belegt, wie nämlich körperhafte Dinge geschaffen sind an irgendeinem Modell, das für den Menschen geschaffen ist.

P.: Um statt vielem weniges zu berichten, höre auf den Herrn selbst, der das Himmelreich mit geringen Dingen vegleicht: „Wem", sagt er, „sollen wir das Reich Gottes vergleichen? Es ist wie ein Senfkorn, das aufgeht, wenn es gesät ist", und so weiter (Mk 4,30–32). Und noch weiter oben: „Das Reich Gottes ist so, wie wenn ein Mensch Samen auf das Land wirft und schläft und steht auf Tag und Nacht, und der Same vermehrt sich, so daß er wächst, und jener weiß nichts davon. Denn von selbst bringt er Frucht, zuerst den Halm, dann die Ähre, schließlich das ganze Getreide in der Ähre" (Mk 4,26–28). Und auch von der Lilie, die mit der Herrlichkeit Salomos verglichen wird (vgl. Lk 12,27), und vom Feigenbaum (vgl. Lk 21,29 f) und allen Bäumen, die Früchte bringen, wenn der Sommer nahe ist, und von den Vögeln und anderen Tieren ganz unterschiedlicher Art findest du vieles in der heiligen Schrift, das sich auf diesen Sinn bezieht und das zum Gebrauch des Menschen ebenso geschaffen ist wie zu seinem Vorbild.

T.: Bezüglich der goldverbrämten Kleider und der anderen, oben genannten Schmuckstücke hast du meiner Frage Genüge getan, aber fahre nur fort!

P.: Visne audire, ad quem finem ornamenta ista referantur, quam spiritali quamque caelesti misterio concludantur?

T.: Ego vero nihil unquam gratius, nihil unquam dulcius audiendum duco.

P.: Nonne habes in apostolo: „Quotquot in Christo bap- 5
tizati estis, Christum induistis"? Fontis gratia vestis ista contexitur, ut homo stola prima amissa in secundo Adam decentius adornetur.

T.: Miror quomodo Christo virgo Christi possit vestiri, quomodo Christus corporalibus membris nostris quasi ve- 10
stis possit aptari.

P.: Spiritualiter haec tunica intuenda est, quia sicut invisibiliter administratur sic invisibiliter accipitur.

T.: Dic ergo.   112

P.: Nonne Christus lux est, iustitia, bonitas, sanctitas, 15
pietas et si quid huius modi bonum vel dici vel excogitari potest?

T.: Plane.

P.: Vide nunc, quo ornatu vestiaris, cum in angelico habitu et sancta conversatione lucis, iustitiae, bonitatis ope- 20
ra agis. Nonne illum induis, a quo est, quod es et quod boni potes? „Gratia", inquit, „salvati estis per fidem et hoc non ex vobis. Dei donum est et non ex operibus, ne quis glorietur." Nonne tunica ista fit incorruptibilis, immutabilis, inscissibilis, stabilis, aeterna, sed per eum, qui habi- 25
tat lumen inaccessibile, qui est immortalis, immutabilis et

P.: Willst du nicht hören, zu welchem Zweck über diese Schmuckstücke berichtet wird und welcher Schluß sich aus ihnen ziehen läßt im geistlichen ebenso wie im himmlischen Geheimnis?

T.: Ich glaube wirklich, daß mir niemals etwas angenehmer, niemals süßer wäre, als dies zu hören.

P.: Hast du nicht bei dem Apostel das Wort: „Denn ihr alle, die ihr auf Christus getauft seid, habt Christus angezogen" (Gal 3,27)? Durch die Gnade des Taufquells wird dieses Kleid gewebt, damit der Mensch, der sein erstes Gewand verloren hat, in dem zweiten Adam um so anmutiger geschmückt wird.

T.: Ich wundere mich, wie eine Jungfrau Christi mit Christus bekleidet werden kann, wie Christus unseren leiblichen Gliedern gleichsam wie ein Kleid angepaßt werden kann.

P.: Dieses Gewand muß in einem geistlichen Sinn betrachtet werden, weil es ebenso unsichtbar bereitgestellt wird, wie es unsichtbar empfangen wird.

T.: Dann sprich!

P.: Weißt du nicht, daß Christus das Licht ist, die Gerechtigkeit, die Güte, die Heiligkeit, die Frömmigkeit und wenn sonst noch etwas Gutes dieser Art benannt oder ausgedacht werden kann?

T.: Ganz genau.

P.: Sieh nun, mit welchem Schmuck du bekleidet bist, wenn du im Gewand der Engel und in heiligem Lebenswandel Werke des Lichts, der Gerechtigkeit und der Güte tust. Ziehst du nicht jenen an, von dem stammt, was du bist und was du an Gutem vermagst? „Aus Gnade seid ihr gerettet worden", sagt er, „durch den Glauben und nicht aus euch selbst. Es ist ein Geschenk Gottes und nicht ein Verdienst der Werke, damit keiner sich rühme" (Eph 2,8f). Wird denn dieses Gewand nicht unvergänglich, unveränderlich, unzerreißbar, fest, ewig werden, aber durch den, der das unzugängliche Licht bewohnt, der unsterblich ist, unveränderlich und

aeternus? Sapientia tunicam istam operatur, quia dilectione,
quae „fortis est ut mors", comparabatur. Adeo te Christus
dilexit, quod pro te mortem gustavit. Responde itaque
tantae dilectioni dilectione, dilige diligentem, sequere praecedentem, attende vocantem, ad omnes ordina caritatem 5
legem et prophetas solam habentem. Per hanc caritatem
enim tunica sancta virtutum illaesa servatur, hac manente
numquam mens sacra nudatur. Quid enim est aliud, quod
apostolus ait: „In caritate radicati et fundati?" Quae est
radix ista caritatis? Vis nosse?   10

T.: Omnibus modis

P.: Radix caritatis flos et fructus est aeternitatis, fundamentum innocentiae, lumen perfectae intelligentiae, decus
et norma spiritalis disciplinae, gloriatio communis sanctorum, quia virtutum omnium quoddam est signaculum. 15
Haec initium omnium benedictionum, consummatio beatitudinum est. Radix ista caritatis rore sancti spiritus semper
infusa sicut floris sui venustatem servat semper immobilem
sic fructum habet indeficientem, quo fructu sanctorum corda aeternitatis appetitu florentia iam praegustant, quod ipsa 20
| caritas, quae deus est, postea exuberanti dulcedine sum- | 113
ministrat. Beata itaque anima, quae tantae virtuti conser-
vandae fundamentum ponit humilitatem, quia sine vera
humilitate numquam ad perfectam pervenit caritatem. Sicut
enim humilitas firmamentum quoddam est caritatis sic ca- 25
ritas merces plena est humilitatis. In altera requies animarum est, sicut ait dominus: „Discite a me, quia mitis sum
et humilis corde, et invenietis requiem animabus vestris",
in altera remissio peccatorum iuxta illud: „Caritas operit

ewig? Die Weisheit bereitet dieses Gewand, weil es von der
Liebe geschaffen ist, „die stark ist wie der Tod" (Hld 8,6).
So sehr hat Christus dich geliebt, daß er für dich den Tod
gekostet hat. Antworte darum einer so großen Liebe mit
Liebe, liebe den Liebenden, folge dem Vorangehenden,
achte auf den Rufenden, aber auf alle richte die tätige Liebe,
die allein das Gesetz und die Propheten umfaßt. Denn
durch diese Liebe wird das heilige Gewand der Tugenden
unversehrt bewahrt, wenn diese ausharrt, wird das heilige
Herz niemals entblößt. Denn was ist das anderes, was der
Apostel sagt: „In Liebe seid ihr verwurzelt und gegründet
worden" (Eph 3,17)? Was ist diese Wurzel der Liebe?
Willst du es wissen?

T.: Auf jeden Fall.

P.: Die Wurzel der Liebe ist die Blüte und die Frucht der
Ewigkeit, das Fundament der Unschuld, das Licht vollkommener Einsicht, Zierde und rechtes Maß für die geistliche Zucht, gemeinsamer Jubel der Heiligen, weil sie gewissermaßen das Kennzeichen aller Tugenden ist. Dies ist
der Beginn aller Segnungen, die Vollendung aller Seligkeiten. Diese Wurzel der Liebe, die stets benetzt wird vom Tau
des heiligen Geistes, bewahrt immer ebenso unveränderlich die Anmut ihrer Blüte, wie sie unablässig Frucht trägt;
die Herzen der Heiligen, die sich hervortun im Verlangen
nach der Ewigkeit, kosten von dieser Frucht schon jetzt im
voraus, was ihnen die Liebe selbst, die Gott ist, später in
süßer Fülle zukommen läßt. Darum glücklich die Seele, die
die Demut zur Grundlage für die Bewahrung einer so
großen Tugend macht, weil sie ohne wahre Demut niemals
zu vollkommener Liebe gelangt! Denn so wie die Demut
gewissermaßen Schutzwall für die Liebe ist, so ist die Liebe
der volle Lohn für die Demut. In dem einen liegt Ruhe für
die Seelen, so wie der Herr sagt: „Lernt von mir, weil ich
sanft bin und demütig im Herzen, und ihr werdet Ruhe
finden für eure Seelen" (Mt 11,29), in dem anderen Vergebung der Sünden nach jenem Wort: „Die Liebe deckt eine

multitudinem peccatorum." Ecce, filia, Christi thalamo consignata habes et hic tunicam, quae operit omne peccatum. „Deus enim est caritas, et qui manet in caritate, in deo manet et deus in eo." Qui igitur deum induerit, quid frigoris, quid confusionis, quid nuditatis iste timebit? 5

T.: O vestis pretiosa, o praeclarissimi decoris tunica, non humani artificii diligentia vel disciplina contexta, sed benigna et aeterna voluntate ad fovendam exiliati hominis nuditatem, immo ad tegendam gravis delicti confusionem praeparata! 10

P.: Audi filia. Vestem istam non arrogantia saecularis disciplinae contexuit nec eam oculis vanitate delusis fucus mentiens coloravit, sed, ut ais, sancti spiritus voluntate et potestate sic contexta cognoscitur, ut duplex in ea coniuncta natura corpus et animam, quem induerit, aeterno decore 15 complectatur. Christus enim deus et homo, geminae quidem substantiae, sed unius personae. Virgo igitur domini, quaecumque es in tanto honore posita, totis medullis exclama: „Gaudens gaudebo in domino et exultabit anima mea in deo meo: Quia induit me vestimento salutis", et cetera. 20

Explicit quartus.

Menge Sünden zu" (1 Petr 4,8). Siehst du, Tochter, die du
für das Brautgemach Christi bestimmt bist, du hast auch
hier ein Gewand, das jede Sünde zudeckt. „Denn Gott ist
Liebe, und wer in der Liebe bleibt, der bleibt in Gott und
Gott in ihm" (1 Joh 4,16b). Wer darum Gott anzieht, was
soll der an Kälte, was an Verwirrung, was an Nacktheit
fürchten?

T.: O kostbares Kleid, o Gewand von herrlichster Zier,
nicht mit dem Fleiß und nach der Vorschrift eines menschlichen Künstlers gewebt, sondern nach gnädigem und ewigem Willen verfertigt, um der Blöße des verstoßenen Menschen Wärme zu geben, ja sogar um die Verstörung durch
das schwere Vergehen zuzudecken!

P.: Höre, Tochter! Dieses Gewand ist nicht gewebt im
Hochmut einer weltlichen Anweisung, und keine trügerische Purpurfarbe hat es eingefärbt für Augen, die von
Eitelkeit verblendet sind, sondern man erkennt, wie du
sagst, daß es nach Willen und Macht des heiligen Geistes so
gewebt ist, daß die in ihm vereinigte, doppelte Natur den
Leib und die Seele, die sie bekleidet hat, mit ewiger Zier
umfängt. Denn Christus ist Gott und Mensch, zwar von
doppelter Wesenheit, aber in einer Person. Darum, du
Jungfrau des Herrn, die du in so hoher Ehre stehst, jauchze
aus tiefstem Innern: „In Freude werde ich mich freuen im
Herrn, und meine Seele wird jubeln in meinem Gott, weil
er mich bekleidet hat mit dem Gewand des Heils" (Jes
61,10) und so weiter.

Es endet das vierte Buch.

Incipit quintus.   114

Huius caelestis amictus exemplum attende matrem domini,
sancti decoris ornamentum, sanctae virginitatis speculum,
in qua geminae virtutis insigne, id est humilitas et virginitas
illum concipere meruit, quem caelum et terra non capit, 5
uteri sui claudens sacrario verbum sine initio a patre pro-
genitum et ad omnium salutem egressum. Haec mater, haec
virgo, mater matrum, virgo virginum, sicut damnum pudoris non incurrit generando sic post partum mansit in integritate perseverando, Maria radix aeterni floris, flos et fruc- 10
tus aeternae benedictionis. Hanc virginum principem, tu
virgo Christi, quantum possibile est, imitare et cum Maria
filium dei videberis spiritualiter parturire.

T.: Quia, pater amande, principem virginum, reginam
caelestium virtutum imitandam proponis, paululum in eius 15
laude deprecor inmoreris. Neque enim possibile est tantae
dominae pedissequas deviare, ubi viderint ex laude praecedentis dominae viam veritatis et puritatis sequentibus
patescere.

P.: Quod quaeris, supra vires nostras est, et sub hoc fasce 20
deprimimur, si pondus verbi de ipsa morosum ut exposcis
levare praesumimus. Temptare nos aliquid de domini matre
loqui magis praesumptionis et temeritatis quam eruditionis
est. Amplitudo enim gratiae Mariae divinitus assignatae
verbi nostri facultatem excedit, quippe quae verbo aeterno 25

---

[81] Vgl. dazu KEHL, *Gewand.*

Es beginnt das fünfte Buch.

Als Beispiel für dieses himmlische Gewand[81] richte nun
deine Aufmerksamkeit auf die Mutter des Herrn, die Zierde heiliger Anmut, den Spiegel reiner Jungfräulichkeit! In
ihr haben es die Zeichen doppelter Tugend, nämlich Demut
und Jungfräulichkeit, verdient, jenen zu empfangen, den
Himmel und Erde nicht umgreifen, indem sie im Heiligtum
ihres Leibes das Wort verschloß, das ohne Anfang vom
Vater gezeugt und zur Rettung aller erschienen ist. So wie
diese Mutter, diese Jungfrau, die Mutter der Mütter, die
Jungfrau der Jungfrauen bei der Zeugung ihre Ehre nicht
verlor, so ist ihr auch nach der Geburt ihre Unversehrtheit
immer bewahrt geblieben, Maria, die Wurzel der ewigen
Blüte, Blüte und Frucht ewigen Segens. Dieser Ersten unter
den Jungfrauen eifere nach, du Jungfrau Christi, soweit es
möglich ist, und dann wirst du als eine erscheinen, die
zusammen mit Maria den Sohn Gottes geistlich gebiert.

T.: Weil du, liebenswerter Vater, vorschlägst, der Ersten
unter den Jungfrauen, der Königin himmlischer Tugenden
nachzueifern, bitte ich sehr darum, daß du dich ein wenig
bei ihrem Lob aufhältst. Denn es ist unmöglich, daß die
Dienerinnen einer so großen Herrin vom Weg abweichen,
wenn sie aus der Verherrlichung der Herrin, die ihnen
voranschreitet, ersehen, daß der Weg zu Wahrheit und
Reinheit für ihre Nachfolgerinnen offensteht.

P.: Was du forderst, geht über unsere Kräfte, und wir
werden von dieser Last niedergedrückt, wenn wir uns an-
maßen, das Gewicht des Wortes über sie, wie du es verlangst, in üblicher Weise zu heben. Wenn wir versuchen,
irgendetwas über die Mutter des Herrn zu sagen, so ist das
eher ein Zeichen von Anmaßung und Unbesonnenheit als
von Bildung. Denn das Ausmaß der Gnade, die Maria vom
Himmel zugeteilt wurde, übersteigt die Möglichkeit unserer Rede, da ihr ja bekanntlich schon vor ihrer Geburt
vorbestimmt war, das ewige Wort zu empfangen, und als

concipiendo, antequam nasceretur, praeordinata cognoscitur, nata vero benedictionum omnium perfectione consummatur. Quamvis igitur scriptum sit: „Altiora te ne quaesie-
ris et fortiora te ne scrutatus fueris, sed quae praecepit tibi
deus, illa cogita semper et in pluribus operibus eius non sis 5
curiosus", non tamen in hac inquisitione tibi deero gratia
divina stilum nostrum regen<te>. Pauca itaque de tanta
patrona potius colloquendo conferamus, de qua loqui, ut
dignum est, nulla ratione valemus.

T.: Gratulanter haec, pater, accipio, quia pia tantae virgi- 10   115
nis memoria virginibus sequellis „via constat et vita".

P.: Per hanc virginem, quam quaeris, divinae misericor-
diae sacramenta completa sunt, caeli propter hanc inclinati
sunt, „fontes aquarum apparuerunt et fundamenta orbis
terrarum revelata sunt", hoc est Christo ex ipsa nascente 15
apostoli electi sunt, per quos orbis quasi fontibus inex-
haustis potaretur et revelata prophetia mundus ad fidem
ducendus fundamento quodam immobili stabiliretur. Haec
igitur aeterni regis sponsa, haec filia, mater et virgo, „columba, soror et amica", unici dei mater unica, in caelis 20
mater filii dei praeordinata, antequam nata, haec angelorum
gaudium et gloria, quia inter summa vel ima ipsa mediatrix
pacifica, haec aurora, sol, luna et stella, aurora quidem
praecedens in ortu suo solem iustitiae, sol vero, „in quo
tabernaculum corporis sui conditor ipse probatur posuisse 25

---

[82] Hier deutet der Verfasser Christus als die wahre Sonne im Blick auf die
übrigen kosmischen Phänomene; vgl. DÖLGER, *Sonne der Gerechtigkeit*.

sie geboren war, wurde sie dann wahrhaftig in der Vollkommenheit aller Segnungen vollendet. Denn obwohl geschrieben steht: „Frage nicht nach Dingen, die höher sind als du,
und forsche nicht nach dem, was stärker ist als du, sondern
bedenke immer jene Dinge, die Gott dir befohlen hat, und
du sollst nicht vorwitzig sein bei seinen vielen Werken" (Sir
3,22 Vg.), will ich mich in dieser Frage dir dennoch nicht
versagen, wenn nur die göttliche Gnade unseren Stift führt.
Deshalb wollen wir lieber im Gespräch einiges Wenige über
die große Herrin zusammentragen, über die angemessen zu
sprechen wir in keiner Weise in der Lage sind.

T.: Gern nehme ich dies an, Vater, weil die fromme
Erinnerung an eine Jungfrau von solcher Größe für die
nachfolgenden Jungfrauen „Leben und Weg" (Joh 14,6)
bedeutet.

P.: In dieser Jungfrau, nach der du fragst, erfüllten sich
die Geheimnisse göttlichen Erbarmens, die Himmel neig-
ten sich ihretwegen, „die Wasserquellen zeigen sich und die
Fundamente des Erdkreises werden enthüllt" (Ps 18,16:
Vg. Ps 17,16); dies meint, daß, weil Christus aus ihr geboren ist, die Apostel auserwählt wurden, durch deren Vermittlung der Erdkreis wie aus unerschöpflichen Quellen
getränkt wurde, und die Welt, die nach Enthüllung der
Prophezeiung zum Glauben geführt werden sollte, sozusagen auf unerschütterlichem Fundament fest gegründet wurde. Diese also ist des ewigen Königs Braut, diese die Tochter,
Mutter und Jungfrau, „Taube, Schwester und Freundin"
(Hld 5,2), des einzigen Gottes einzige Mutter, im Himmel
schon als Mutter des Gottessohnes vorbestimmt, bevor sie
geboren war; diese ist die Freude und Herrlichkeit der
Engel, weil sie die friedenstiftende Mittlerin zwischen dem
Obersten und Untersten ist, sie ist Morgenröte, Sonne,
Mond und Stern, und zwar Morgenröte darum, weil sie in
ihrer Geburt der Sonne der Gerechtigkeit (vgl. Mal 3,20)
voranging, Sonne aber, „in der wahrlich der Schöpfer selbst
das Zelt für seinen Körper aufgeschlagen[82] hat und wie ein

et tamquam sponsus de thalamo suo processisse", luna
etiam radians ex splendore conditoris, mutabilis in hac vita
lege nativae conditionis, stella vero maris, quia via, portus
et vita navigantis in mundanis tenebris. Haec in paradiso
flos et fructus inventa est lignorum opobalsama sudantium 5
et germen omnium aromatum, haec in patriarchis stirps et
radix, de qua semen et flos aeternae benedictionis erupit
omnibus ad vitam praeordinatis, haec quia mater et virgo,
mistica figura monstratur „in rubo ardenti, nec conbusto".
Haec tabernaculi Mosaici tanta varietate vel materia vel arte 10
mirifici summa quaedam „in virga Aaron" et„ aurea urna",
in virga quidem, quae inter ceteras virgas aridas arida floru-
erat, totam humani generis massam, quae peccatis aruerat,
flore vel fructu praeveniens et sine radice vel humore humanae copulae in nucum dulcedinem prorumpens, id est „Chri- 15
stum, dei virtutem et dei sapientiam" pariens, in urna autem
| aurea, quae manna servavit, puritatem mentis et corporis | 116
in auro, in manna vero verbum dei fidelibus omnibus quasi
„cibum angelicum" exhibens. Vides, quod omne negotium
admirabilis tabernaculi et pretiosissimae subpellectilis „in 20
auro videlicet et argento, purpura et bisso, cocco bistincto"
omnique lapide pretioso quatuor ista, id est tabernaculum,
arcam, urnam auream et virgam Aaron respiciebant, in quibus maxime matris et filii sacramenta futuro saeculo nostro

Bräutigam aus dem Brautgemach hervortrat" (Ps 19,5 f: Vg.
Ps 18,6); sie ist auch Mond, weil sie leuchtet aus dem Glanz
ihres Schöpfers, veränderlich in diesem Leben nach dem
Gesetz ihrer natürlichen Erschaffung, schließlich Meeres-
stern, weil sie Weg, Hafen und Leben ist für den, der sein
Schiff in der Finsternis dieser Welt lenkt. Diese trifft man
im Paradies als Blüte und Frucht an den Bäumen, die
köstlichen Balsam absondern, und als Keim aller Düfte,
man findet sie bei den Patriarchen als Stamm und Wurzel,
aus der Samen und Blüte ewigen Segens hervorbrechen für
alle, die schon im voraus zum Leben bestimmt sind, sie
wird, weil Mutter und Jungfrau zugleich, in geheimnisvollem Verweis gezeigt „in dem brennenden Dornbusch, der
nicht verbrennt" (vgl. Ex 3,2). Diese ist sozusagen die
Krönung der mosaischen Stiftshütte von größter Vielfalt,
Material und staunenswerter Kunstfertigkeit, sie zeigt sich
gewissermaßen „im Stab Aarons" (vgl. Num 17,6 Vg.) und
„im goldenen Gefäß" (vgl. Ex 16,33 f), im Stab, der als dürres
Reis unter den anderen dürren Reisern in Blüte ausgeschla-
gen hatte, weil sie der ganzen Menschheit, die verdorrt war
in Sünde, voranging in Blüte und Frucht und ohne Wurzel
und sogar ohne Feuchtigkeit in menschlicher Vereinigung
die Süße des Nußkerns hervorbrechen ließ, das heißt, daß
sie „Christus, Gottes Kraft und Gottes Weisheit" (1 Kor
1,24) gebar; in dem goldenen Gefäß aber, das das Manna
bewahrt hat, ist die Reinheit von Geist und Leib im Gold
gemeint, im Manna allerdings, daß sie das Wort Gottes
„einer Engelsspeise" gleich (vgl. Weish 16,20) allen Gläubigen darreichte. Siehst du nun, daß die ganze Beschäftigung mit dem erstaunlichen Stiftszelt und dem außerordentlich kostbaren Gerät, „natürlich in Gold und Silber, in
Purpur und Leinen, in zweimal gefärbtem Safran" und al-
lerlei kostbarem Gestein auf diese vier Dinge abzielte, nämlich die Stiftshütte, die Bundeslade, das goldene Gefäß und
den Stab Aarons, in denen sich vor allem die Geheimnisse
von Mutter und Sohn vor unserer zukünftigen Welt für die

pro futuro latebant? Tabernaculum enim sinagoga est, arca
ecclesia, urna aurea Maria, manna Christus verbum dei,
florida virga rursus Maria, quae omnia tipicis adumbratio-
nibus involuta et obvelata nostris saeculis luce clarius pa-
tuere per beneficia caelestia. Quid auro rutilantius et hoc 5
metallo quid mundo avaro pretiosius, non substantiae qualitate, sed mercium quantitate, quid manna mentibus cre-
dulis acceptius in figura vel esu quid suavius? Quid fecun-
ditate matris et virginis pulchrius et eius castitate quid
splendidius, quid Christi corpore, quo vescimur, salubrius 10
et delectabilius? Aurea urna collectum olim manna servavit
et erudiendae posteritati quasi quoddam memoriale transmisit, Maria verbum dei, Christum Iesum conceptum et
genitum ecclesiae per hoc nutriendae providit. Porro flos
et fructus aridae virgae mirabilis partus est virginis, insoli- 15
tus omnibus retro saeculis.

T.: Dignum prorsus et spiritale negotium, ut nobiliora
quaeque et profundiora antiquo populo praerogata sacramenta pulchritudinem et decorem Mariae respicerent, a qua
„pulchritudo iustitiae" processit visibiliter, „in quo habitat 20
omnis plenitudo divinitatis corporaliter".

P.: Mariam inter iudices repperis in sicco prius vellere,
sed caelesti postea rore fluenti, invenis eam in stirpe regia
latitantem, | in prophetis multis et mirificis sacramentis | 117
designatam, de quibus Esaias „virginem parituram" pro- 25
clamavit, Ezechiel „portam clausam nec ulli nisi principi

---

[83] Zum patristischen Hintergrund der Identifizierung Marias und der
Kirche vgl. MÜLLER, *Ecclesia — Maria.*

Zukunft verbargen? Denn die Stiftshütte ist die Synagoge,
die Bundeslade die Kirche, das goldene Gefäß ist Maria, das
Manna ist Christus, das Wort Gottes, das blühende Reis
wiederum ist Maria, was alles im Schatten des Vorverweises
verhüllt und verborgen lag und sich nun für unsere Zeit
durch himmlische Wohltaten heller als das Licht offenbart
hat. Was schimmert rötlicher als Gold, und was ist für die
neidische Welt kostbarer als dieses Metall, nicht nach der
Beschaffenheit seiner Substanz, sondern nach der Höhe
seines Preises, was ist für gläubige Herzen willkommener
als das Manna im vorausweisenden Bild oder süßer als diese
Speise? Was ist schöner als die Fruchtbarkeit dieser Mutter
und Jungfrau, und was ist strahlender als ihre Keuschheit,
was ist heilsamer und wohlschmeckender als der Leib
Christi, von dem wir kosten? Das goldene Gefäß hat das
Manna, das vor Zeiten aufgesammelt wurde, bewahrt und
für die Erziehung der Nachkommen gleichsam zur Erinnerung überliefert, Maria hat das Wort Gottes, Jesus Christus, empfangen und geboren und hat dadurch für die
Ernährung der Kirche gesorgt. Schließlich bedeutet die
wunderbare Blüte und Frucht aus einem verdorrten Reis
das Wunder der Jungfrauengeburt, ungewöhnlich für alle
Jahrhunderte zuvor.

T.: Es ist wirklich ein würdiger, geistlicher Vorgang, daß
alle bemerkenswerten und tieferen Geheimnisse, die dem
alten Volk geweissagt waren, auf Mariens Schönheit und
Anmut verweisen, aus der „die Schönheit der Gerechtigkeit" (Jer 31, 23 Vg.) sichtbar hervorging, „in der die ganze
Fülle der Gottheit leibhaftig wohnt" (Kol 2, 9).[83]

P.: Einen Vorverweis auf Maria findest du auch im Buch
der Richter in dem Fell, das zuerst trocken und später von
himmlischem Tau feucht war (vgl. Ri 6, 36–40), du findest
sie im königlichen Stamm verborgen, bei vielen Propheten
und in wunderbaren Geheimnissen bezeichnet, von denen
Jesaja verkündet hat, „daß eine Jungfrau gebären wird" (Jes
7, 14), und Ezechiel „die verschlossene Pforte" gezeigt hat,

aperiendam" monstravit, Daniel „lapidem de monte sine
manibus abscisum" dicit, Ieremias quoque: „Novum", inquit, „dominus faciet in terra, mulier circumdabit virum",
et multa sive in scripturis propheticis seu miraculis matrem
domini clamantia et testantia repperis, quae si a nobis per 5
singula perscrutentur et discutiantur, mutua collatio modum excedere probabitur. Quis enim sermo concludat eam,
quam ante tempora saecularia filius dei in templum sibi
praeviderat, de qua in exordio mundi inter deum et hominem gravis mota est quaestio, quae sola servata est homini 10
redimendo?

Si igitur Mariam subtili quaeris intelligentia, ante creaturam omnem repperis eam in caelo, videbis eam in paradiso, in arca Noe in diluvio, videbis eam inter patriarchas
positam et vagantem cum populo dei in deserto, repperis 15
eam inter iudices et reges de stirpe regum prodeuntem et de
Iudaeis quasi de spinis erumpentem rosam, miraberis eam
in saeculo renovando cum angelis colloquentem, Elisabeth
reginam caeli ministrantem, iuxta praesaepe filii stupida
mente recubantem et postea munus a magis cum prole 20
suscipientem et praedulci spiritu infanti, quem sinu gesta-
bat, iubilantem: „Osculetur me osculo oris sui, dilectus
meus mihi fasciculus mirrae inter ubera mea commorabitur,
ecce tu pulcher es, dilecte mi, et decorus, sicut malum inter

„die auch nicht einem geöffnet werden soll außer dem
Fürsten" (Ez 44,2 f), und Daniel spricht „von dem Stein,
der ohne Hilfe der Hände vom Berg abgeschlagen wurde"
(Dan 2,45), und auch Jeremia sagt: „Der Herr wird Neues
im Land schaffen, eine Frau wird den Mann umgeben" (Jer
31,22), und vieles mehr findest du, sei es in den Schriften
der Propheten, sei es in wunderbaren Ereignissen, das auf
die Mutter des Herrn verweist und sie bezeugt; wenn das
alles von uns im einzelnen untersucht und besprochen
werden sollte, würde es wirklich das Maß unseres Wechsel-
gesprächs sprengen. Denn welche Rede könnte die um-
schließen, die der Sohn Gottes sich vor den Zeiten der Welt
zum Tempel ausersehen hatte, über die am Beginn der Welt
eine schwerwiegende Frage zwischen Gott und dem Menschen zur Erörterung stand, weil sie allein zur Erlösung des
Menschen bewahrt wurde?

Wenn du darum mit Einfühlung und verständigem Sinn
nach Maria fragst, so findest du sie im Himmel vor aller
Schöpfung, du wirst sie im Paradies sehen, bei der Sintflut
in der Arche Noachs, du wirst sehen, daß sie unter die
Patriarchen gestellt ist und mit dem Volk durch die Wüste
zieht, du findest sie unter den Richtern und Königen,
hervorgehend aus dem Stamm der Könige und hervor-
brechend unter den Juden gleich einer Rose unter den
Dornen; du wirst staunen, daß sie in der Welt, die der
Erlösung bedurfte, mit den Engeln sprach, daß die Königin des Himmels Elisabet ihre Aufwartung machte (vgl.
Lk 1,39–56), daß sie sich mit staunendem Herzen über die
Krippe des Sohnes beugte und später zusammen mit ihrem
Kind die Gaben der Weisen empfing (vgl. Lk 2,7.19; Mt
2,9–11), und daß sie ihrem Geliebten im Geist, ihrem
Kind, das sie an ihrer Brust hält, zujubelt: „Er soll mich
küssen mit dem Kuß seines Mundes (Hld 1,2), mein Ge-
liebter ist mir ein Büschel Myrrhen, das zwischen meinen
Brüsten hängt (Hld 1,13), siehe, du bist schön, mein Geliebter, und zierlich (Hld 1,16), wie ein Apfelbaum unter

ligna silvarum sic dilectus meus inter fili<o>s, dilectus
meus mihi et ego illi", et illud: „Inveni, quem diligit anima
mea, tenui eum nec dimittam illum donec introducam illum
in domum matris meae et in cubiculum genitricis meae, ego
murus et | ubera mea sicut turris, ex quo facta sum coram 5 | 11
eo quasi pacem reperiens." Repperis etiam eam cum filio
suo ab ortu usque ad passionem manentem, crucifixo astan-
tem et ex passione dilecti nati dolere quasi gladio transver-
beratam, post cuius ascensionem tempore, quo filio placuit
et quomodo placuit in caelos assumptam.   10

T.: Vere „benedicta inter omnes mulieres", quae ab exordio mundi usque ad finem eius traxit et emisit benedictio-
nes. Sed quod ais, eam ante mundi tempora conceptam et
in caelo manentem non video, vel qualis in creaturarum
exordio de ipsa quaestio facta sit in paradiso.   15

P.: Ipsa pro me tibi respondeat, quae creantem creata
portabat, ipsa pro me loquatur, quae ante constitutionem
mundi mater electa probatur. „Dominus", inquit, „possedit
me in initio viarum suarum, antequam quicquam faceret a
principio. Ab aeterno ordinata sum et ex antiquis, ante-   20
quam terra fieret. Necdum erant abissi et ego iam concepta
eram", et cetera.

T.: Resolve igitur, qualiter haec in eius persona sint accipienda.

P.: Providentia dei, in qua „omnis sapientiae et scientiae 25
thesauri sunt absconditi", continens, complens, ambiens,

---

[84] Im *Liber transitus sanctae Mariae* (95–136 VON TISCHENDORF) wird die
Legende von Mariens Tod im Beisein der Apostel und ihrer Himmelfahrt
berichtet; vgl. WENGER, *L'assomption*.

den wilden Bäumen, so ist mein Freund unter den Söhnen
(Hld 2, 3), mein Geliebter ist mein, und ich bin sein" (Hld
2, 16), und jenes Wort: „Ich habe den gefunden, den meine
Seele sucht, ich hielt ihn und will ihn nicht lassen, bis ich
ihn in meiner Mutter Haus führe und in die Kammer
derer, die mich geboren hat (Hld 3, 4), ich bin eine Mauer
und meine Brüste sind wie Türme, darum bin ich vor ihm
geworden wie eine, die Frieden findet" (Hld 8, 10 Vg.).
Du findest sie aber auch, wie sie bei ihrem Sohn ausharrt
von der Geburt bis zu seinem Leiden, indem sie neben
dem Gekreuzigten steht und wegen des Leidens ihres
geliebten Sohnes wie von einem Schwert durchbohrt
wird (vgl. Joh 19, 25), dann aber nach seiner Himmelfahrt
(vgl. Apg 1, 9) in den Himmel aufgenommen wird zu der
Zeit, wann es dem Sohn gefiel und in der Weise, wie es ihm
gefiel.[84]

T.: Wahrlich, „sie ist gesegnet unter allen Frauen" (Lk
1, 42), die vom Beginn der Welt an bis zu ihrem Ende
Segnungen auf sich gezogen und ausgeteilt hat. Aber was
du sagst, daß sie schon vor den Weltzeitaltern vorgesehen
war und im Himmel verblieb, das sehe ich nicht, insbesondere was es für eine Frage ihretwegen gab im Anbeginn der
Schöpfung im Paradies.

P.: Statt meiner soll sie selbst dir Antwort geben, die den
trug, der die Schöpfung geschaffen hat, sie selbst soll für
mich sprechen, die gewürdigt wurde, vor der Erschaffung
der Welt als Mutter auserwählt zu sein. Sie sagt: „Der Herr
hat mich schon besessen im Anfang seiner Wege, ehe er
irgendetwas schuf von Anbeginn an. Ich bin bestimmt von
Ewigkeit und von alters her, ehe die Erde war. Und die
tiefen Meere gab es noch nicht, und ich war schon geschaffen" (Spr 8, 22–24), und so weiter.

T.: Aber jetzt gib Antwort, wie diese Dinge auf ihre
Person anzuwenden sind.

P.: Die Vorsehung Gottes, in der „alle Schätze der Weisheit
und der Erkenntnis verborgen liegen" (Kol 2, 3), enthält, er-

regens comprehendit omnia simul praeterita, praesentia
futuraque, sed illa praecipue, quorum ratio vel natura sicut
hominum spectat ad aeternitatem, tandem ipsius dono su-
pergressura vel naturae propriae vel temporis omnem in-
stabilitatem. Cum igitur in sapientia verbi dei essent omnia, 5
quae, quomodo, quando natura, modo, ordine, specificis
differentiis explicanda, quomodo mater non erat cum filio,
in cuius conceptu et partu totius rationalis creaturae sanc-
tificandae, coadunandae et pacificandae cardo versabatur,
in qua fundamentum | quoddam aeternae structurae, id est 10 | 1ᵃ
caelestis Ierosolimae aeterna dispositione parabatur? Nonne omnis creatura visibilis propter hominem formata prod-
iit et formandum antecessit, ut per congruentem suae vel
naturae vel dignitati ordinem homini famularetur, propter
quem solum facta videretur? Quomodo igitur ab aeterno 15
ordinata et ex antiquis in sacramenti unitate non erat mater
cum filio, in quibus omnium divinorum operum latuit
invisibiliter principalis origo et aeternae voluntatis sum-
maeque benignitatis tempore praefinito explicandae perfecta plenitudo? Dicit enim scriptura, quod fecerit deus, 20
quae futura sunt, hinc immutabilem ostendens voluntatem,
illinc operis consummationem. Inest enim efficaciae di-

---

[85] Der breit ausgeführte Lobpreis Mariens gipfelt in der Erörterung ihrer
Auserwähltheit von Ewigkeit her und schließt damit unmittelbar an die
mariologischen Schriften des PASCHASIUS RADBERTUS an *(De partu virginis; Exposito in psalmum XLIV)*; vgl. RIPBERGER, *Der Pseudo-Hierony-
mus-Brief IX.*

[86] Die Bedeutungsspanne des Begriffs *sacramentum* und des entsprechenden Lehnworts aus dem Griechischen *mysterium* ist weit. Seit der Zeit der
frühen Kirche werden nicht nur Taufe und Eucharistie s*acramentum/my-
sterium* (Geheimnis) genannt, sondern auch die Heilsordnung Gottes, die
Ereignisse der Heilsgeschichte in Altem und Neuem Testament, Mensch-
werdung, Tod und Auferstehung Jesu, die Sätze der Glaubenslehre, kirch-
liche Riten, Eid, biblische Allegorien, die ganze christliche Religion bzw.
die Kirche. Noch zur Zeit der Abfassung des *Speculum virginum* (12. Jh.)

füllt, umkreist, lenkt und umgreift alles gleichzeitig, die
vergangenen Dinge, die gegenwärtigen und die zukünftigen, in besonderem Maß aber jene, deren vernünftige und
natürliche Anlage, so wie die der Menschen, auf die Ewigkeit abzielt, indem sie schließlich sogar durch sein Geschenk alle Unbeständigkeit der eigenen Natur und Zeit
überschreiten wird. Wenn also in der Weisheit von Gottes
Wort beschlossen liegt, was, wie und wann alles nach Natur, Maß, Ordnung (vgl. Weish 11,20) und besonderen
Unterschieden sich entfalten soll, wie wäre es dann nicht
so bei der Mutter mit ihrem Sohn, in dessen Empfängnis
und Geburt der Angelpunkt von Heiligung, Versöhnung
und Befriedung der gesamten vernünftigen Kreatur liegt,
in der sozusagen das Fundament für den ewigen Bau gelegt
wurde, nämlich das himmlische Jerusalem nach ewiger An-
ordnung?[85] Ist denn nicht die gesamte Schöpfung um des
Menschen willen sichtbar gebildet, hervorgetreten und seiner Erschaffung vorangegangen, damit sie in geordneter
Übereinstimmung mit seiner Natur und Würde ihm diene,
um dessen willen sie anscheinend allein geschaffen wurde?
War darum nicht von Ewigkeit und von alters her die
Mutter mit dem Sohn in einer Einheit des Geheimnisses[86]
eingesetzt, in denen unsichtbar der erste Ursprung aller
göttlichen Werke verborgen lag und die vollkommene Fülle des ewigen Willens und der höchsten Güte, die sich zu
vorherbestimmter Zeit entfalten sollte? Denn die Schrift
sagt, was Gott getan hat und was in Zukunft geschehen
wird, indem sie hier den unabänderlichen Willen zeigt, dort
die Vollendung des Werks. Denn die göttliche Vernunft

---

ist der Sakramentsbegriff nicht genau festgelegt und wird in der gleichen
Bedeutungsvielfalt wie in der Alten Kirche gebraucht. Die ersten syste-
matisierenden Sakramententraktate entstehen erst in der Frühscholastik
bzw. in dieser Zeit; vgl. NOCKE, *Sakramentenlehre* 196–200. Zum Gedanken der Einheit vgl. *Spec. virg.* 10, unten 862,19 – 866,10.

vinae rationis habere simul facta et facienda, nec voluntatem eius vel possibilitatem ullum temporis intervallum
intercidit, cui nihil praeteriti decidit vel futuri accedit.
Quod ergo mater electa est, quod Christus conceptus, natus, mortuus resurrexit, ascendit, ante creaturam omnem 5
disponebatur, et quod futurum suo tempore fuerat, sapientia divina comprehendens simul omne praevenerat. Causa
igitur humanae conditionis ante omnia est et super omnia,
quae tempore adorta sunt et ante tempora ordinata sunt. Si
enim deus omnia fecit propter hominem, causa omnium 10
temporalium homo est. Ipsu<d> vero, propter quod homo
factus est, prius homine est et multo ante omnia, quibus
causaliter prior est.

T.: Profunda sunt haec et supra vires intelligentiae nostrae. Sed responde, obsecro, quid de hoc intelligendum sit, 15
quod quaedam, quae de filio dei possunt specialiter dici,
matri domini vel ecclesiae vel certe cuiuslibet iusti animae
generaliter possunt aptari.

P.: Divinus sermo pro captu ingenii nostri se contem-
perans et nobis condescendens interdum matrem cum fi- 20
lio, nunc sponsam suam ecclesiam, aliquando cuiuslibet
iusti animam in unitate sacramenti sic comprehendit et
concludit, ut quod de singulis dicitur, de omnibus posse
dici videatur. Quamvis vero multa et innumerabilia dicantur de filio, quae singulariter a patre habet per naturam, 25
ad commendandum tamen unitatis sacramentum ecclesiae
| communicat universaliter per gratiam, adeo ut se dicat | 120

entfaltet ihre Wirkung darin, gleichzeitig zu umfassen, was geschehen ist und was noch geschehen muß, und es tritt keinerlei Zeitabschnitt zwischen Wollen und Können dessen, dem nichts Vergangenes entfällt und dem nichts Zukünftiges zuwächst. Daß also die Mutter auserwählt wurde, daß Christus empfangen, geboren, gestorben, wieder auferstanden und gen Himmel gefahren ist, das war vor aller Schöpfung angeordnet, und die göttliche Weisheit, die alles zugleich umfaßt, war dem schon zuvorgekommen, was sich dann als Zukünftiges zu seiner Zeit ereignet hat. Darum liegt der Grund für die menschliche Schöpfung vor allem und über allem, was in der Zeit begonnen und vor der Zeit bestimmt worden ist. Wenn Gott nämlich alles des Menschen wegen geschaffen hat, dann ist der Mensch die Ursache für alle zeitlichen Dinge. Darum ist das, weswegen der Mensch geschaffen wurde, früher als der Mensch und weit vor allen Dingen, denen der Mensch ursächlich vorangeht.

T.: Tiefgründig sind diese Dinge, und sie gehen über unser Fassungsvermögen hinaus. Aber gib mir Antwort, ich bitte dich sehr, was darunter zu verstehen ist, daß Aussagen, die speziell über den Sohn Gottes gemacht werden können, sich auch auf die Mutter des Herrn beziehen lassen oder auf die Kirche oder sogar allgemein auf die Seele eines jeden beliebigen Gerechten.

P.: Die heilige Schrift, die sich unserem geistigen Fassungsvermögen angleicht und zu uns herabsteigt, erfaßt und umschließt bisweilen die Mutter mit dem Sohn, dann seine Braut, die Kirche, schließlich die Seele eines jeden beliebigen Gerechten in der Einheit des Geheimnisses so, daß anscheinend auch von allen gesagt werden kann, was über die einzelnen gesagt wird. Obwohl in der Tat große und zahlreiche Dinge ohne Zahl vom Sohn gesagt werden, die er im besonderen vom Vater von Natur aus hat, teilt er doch der Kirche aus Gnade allgemein davon mit, um das Geheimnis der Einigkeit zu empfehlen, und zwar so sehr, daß er

sponsam et sponsum, illam sponsum et sponsam, ut sicut
coniungitur caput et corpus ita sit in utrisque gratia praecurrente spiritus unus, sicut scriptum est: „Qui adhaeret
domino, spiritus unus est.“ Quo gradu unitatis nihil fir-
mius, nihil sanctius dici vel audiri, sed nec excogitari pot- 5
erit, quia conditor creaturarum propter hoc sacramentum
aeternaliter consummandum omnia creavit. Attende scrip-
turas: „Propter hoc“, ait, „relinquet homo patrem et matrem et adhaerebit uxori suae et erunt duo in carne una.
Sacramentum hoc“, ait apostolus, „magnum est, ego autem 10
dico in Christo et ecclesia.“ Sed quis divinae dispositionis
audeat intrare vel revolvere profundum, praesertim cum
„posuerit deus tenebras latibulum suum“ et vix hoc com-
prehendat scintilla intelligentiae nostrae deum incompre-
hensibilem esse? Maria itaque ab aeterno ordinata erat cum 15
filio, non temporis qualitate, sed divinae praescientiae ratione, non per formam corporalis substantiae, sed per imaginem quandam subsistentiae suo tempore saeculis prae-
ordinato praesentandae.

T.: Inquisitioni meae satisfecisti per omnia, sed restant 20
quaedam in eadem lectione perquirenda.

P.: Dic, quae volueris.

T.: Cur hoc, quod scriptum est: „Dominus possedit me
initio viarum suarum, antequam quicquam faceret a principio“ referri possit ad Mariam, referatur etiam ad aeternam 25
sapientiam, quae sint viarum istarum misticae significa-
tiones in alterutra, id est in dei sapientia vel Maria, adice
praescriptis, obsecro te, de utraque ad profectum utriusque.

sich als Braut und Bräutigam bezeichnet, jene aber als
Bräutigam und Braut, damit ebenso wie Haupt und Glieder
verbunden sind, auch in beiden, wenn die Gnade vorangeht, ein Geist vorhanden sei, so wie geschrieben steht:
„Wer dem Herrn anhängt, ist ein Geist mit ihm" (1 Kor
6, 17). Man könnte nichts Festeres, nichts Heiligeres sagen
oder hören, ja nicht einmal ausdenken als diesen Grad von
Einigkeit, weil der Schöpfer der Schöpfung alles geschaffen
hat, um dieses Geheimnis in Ewigkeit zu vollenden. Achte
auf die Schrift: „Deswegen", sagt sie, „wird der Mensch
Vater und Mutter verlassen und sich an seine Frau binden,
und sie werden zwei sein in einem Fleisch. Dieses Geheimnis", sagt der Apostel, „ist groß, denn ich rede von Christus
und der Kirche" (Eph 5, 31 f). Aber wer könnte wagen, in
die Tiefe des göttlichen Heilsplans einzudringen oder ihn
aufzurollen, zumal „Gott Dunkelheit über sein Versteck
gebreitet hat" (Ps 18, 12: Vg. Ps 17, 12), und der Funke
unserer Einsicht kaum dies begreift, daß Gott unbegreiflich ist? Deshalb ist Maria von Ewigkeit her eingesetzt
zusammen mit ihrem Sohn, nicht nach der Beschaffenheit
der Zeit, sondern nach dem Ratschluß göttlichen Vorwis-
sens, nicht in der Gestalt ihres leiblichen Wesens, sondern
sozusagen im Bild ihrer Substanz, die sich zu der ihr eigenen Zeit, die vorher festgesetzt war, der Welt sichtbar zeigt.

T.: Du hast meiner Frage in jeder Weise Genüge getan,
aber einige Dinge bleiben bei dieser Untersuchung doch
noch zu fragen übrig.

P.: Sag, was du wissen willst.

T.: Warum das Schriftwort „Der Herr hat mich schon
besessen im Anfang seiner Wege, ehe er etwas schuf, von
Anbeginn an" (Spr 8, 22), das auf Maria bezogen werden
kann, sich auch auf die ewige Weisheit bezieht, und was die
mystischen Bedeutungen dieser beiden Wege jeweils sind,
das heißt für die Weisheit Gottes und für Maria; ich bitte
dich sehr, füge das dem hinzu, was wir oben beschrieben
haben, und zwar über beide zum Nutzen aus beiden.

P.: „Verbum dei lucernam tardis pedibus" tuis paras, quae de initio viarum istarum tanta subtilitate percontaris. Simul ergo Christo tenebras nostras illustrante quaeramus. Deus aeternus incomprehen|sibilis maiestate, inaestimabi- | 121 lis deitate numquam sine filio suo, numquam sine sapientia 5 sua fuit. Semper erat, semper est et semper erit, et sicut dictum est: „Sine verbo suo, sine filio suo, sine sapientia sua", quod totum unum est, numquam fuit. Cuius initium viarum fuit ad haec visibilia vel invisibilia, caelestia et terrestria, mutabilia, mobilia quoque formanda inmutabilis 10 quaedam et invisibilis per verbum suum processio et per opera sua motu temporis prodeuntia rationali creaturae quaedam sui ostensio. Dei quippe virtutem et magnitudinem numquam homo cognosceret nisi deus, creator hominis per creaturam homini innotesceret. „Invisibilia enim dei 15 per ea, quae facta sunt, intellecta conspiciuntur" et per creaturam creator cognoscitur. Sicut igitur ait Salomon: „Cum ipsa sapientia sit una, omnia potest et in se permanens innovat omnia et per nationes in animas sanctas se transfert", idque quod est immobiliter retinens divinae 20 intelligentiae reddit animas capaces, „attingens a fine usque ad finem fortiter et disponens omnia suaviter." Itaque deus aeterna bonitate semper voluit et aeterna sapientia disposuit, quod aeterna potestate aliquando fecit. Et erant simul bonitas et sapientia et potentia nec dividi vel separari ab invicem 25 tempore poterant, quae substantialiter semper idem erant.

---

[87] AUGUSTINUS, *trin.* 2,5 (CCL 50,88).

P.: Du schaffst dir „im Wort Gottes eine Leuchte für
deine müden Füße" (Ps 119, 105: Vg. Ps 118, 105), wenn du
mit so großem Scharfsinn nach dem Anfang dieser Wege
fragst. Zugleich wollen wir aber unsere Untersuchung fort-
führen, wenn Christus unserer Dunkelheit Licht gibt. Der
ewige Gott, unbegreiflich in seiner Hoheit, unschätzbar in
seiner Gottheit, ist niemals ohne seinen Sohn, niemals ohne
seine Weisheit gewesen. Immer war er, immer ist er und
immer wird er sein, und so wie gesagt ist, ist er niemals
„ohne sein Wort, ohne seinen Sohn, ohne seine Weisheit"
gewesen[87], was alles eins ist. Der Anfang seiner Wege war
gewissermaßen das unveränderliche und unsichtbare Her-
vorgehen durch sein Wort, um die sichtbaren und unsichtbaren Dinge, die himmlischen und die irdischen und auch
die veränderlichen und beweglichen zu schaffen, und sozusagen die Darstellung seiner selbst durch seine Werke, die
im Lauf der Zeit für die vernünftige Kreatur hervortreten.
Der Mensch würde freilich niemals Gottes Kraft und Größe erkennen, wenn nicht Gott, der Schöpfer des Menschen,
dem Menschen durch die Schöpfung bekannt würde. „Denn
die unsichtbaren Dinge Gottes werden durch das, was geschaffen ist, erkannt und wahrgenommen" (Röm 1, 20 Vg.),
und an der Schöpfung erkennt man den Schöpfer. So wie
darum Salomo sagt: „Obwohl die Weisheit selbst nur eine
einzige ist, vermag sie doch alles und erneuert alles, ohne
sich zu ändern und verströmt sich in die heiligen Seelen bei
den Völkern" (Weish 7, 27), so macht sie auch die Seelen
aufnahmefähig für die Erkenntnis des Göttlichen, indem sie
festhält, was unbeweglich ist, „wobei sie ihre Kraft macht-
voll von einem Ende zum anderen entfaltet und alles gütig
einrichtet" (Weish 8, 1). Deshalb hat Gott immer in ewiger
Güte gewollt und in ewiger Weisheit geordnet, was er einst
mit ewiger Macht geschaffen hat. Und es waren gleichzeitig
Güte und Weisheit und Macht, und sie konnten weder
geteilt noch wechselseitig durch die Zeit voneinander getrennt werden, die ihrem Wesen nach immer dasselbe waren.

Cum sint igitur haec tria in deo, scilicet voluntas, sapientia, potentia, primordiales causae a voluntate quidem divina proficiscuntur, per sapientiam diriguntur, per potestatem producuntur. Voluntas movet, sapientia disponit, potestas explicat. Haec sunt aeterna fundamenta causarum omnium 5 et principium primum, quae sunt ineffabilia et incomprehensibilia omni creaturae. Quamvis enim haec tria in deo sint, potentia, sapientia et voluntas, deo tamen unum sunt posse, scire et velle. Discernit illa ratio, natura non dividit. Et haec quidem de initio viarum dei invisibilis invisibilium, 10 quas vias quodammodo ambulavit, quando invisibiliter, immo inmutabiliter et ineffabiliter ad cuncta creanda filius dei processit; quomodo vero viarum istarum initium ad matrem domini, de qua agimus, referatur, restat nunc ostendere et, quomodo ceperit per eam origo novae creaturae, 15 considerare.

T.: Quod clausum est, expeto reserandum, quaerit enim 122 et hoc ratio consequens misteriorum.

P.: Legisti in psalmo de filio dei: „Exultavit ut gigas ad currendam viam suam", et illud: „De torrente in via bibet"? 20

T.: Legi et horum similia multa.

P.: Viae igitur filii dei sunt in isto loco dispensatio humanitatis, ortus nativitatis, inter homines conversationis, passionis, resurrectionis, ascensionis, quarum viarum ipsa mater domini principalis erat materia, utpote ante vias istas 25 possessa, quia nisi filius dei ab ea nasceretur, vias istas numquam ingrederetur. Mariam itaque dei filius ante initium

---

[88] Die *causae primordiales* sind ein zentraler Begriff des JOHANNES SCOTUS ERIUGENA (vgl. *Periphyseon* 2,529A/B [CCM 162,8]).

Obwohl also diese drei in Gott sind, nämlich Wille, Weisheit und Macht, nehmen die Urprinzipien[88] doch ihren Ausgang vom göttlichen Willen, werden durch die Weisheit gelenkt, durch die Macht hervorgebracht. Der Wille bewegt, die Weisheit ordnet, die Macht bringt zur Entfaltung. Dies sind die ewigen Fundamente für den Anfang aller Dinge und das erste Grundprinzip, was unaussprechlich und unbegreifbar ist für alle Kreatur. Denn obwohl diese drei in Gott sind, nämlich Macht, Weisheit und Wille, ist dennoch für Gott Können, Wissen und Wollen ein einziges. Der Verstand unterscheidet jene, die Natur trennt sie nicht. Soviel nun über den Anfang der unsichtbaren Wege des unsichtbaren Gottes, der diese Wege gewissermaßen gewandelt ist, als er unsichtbar oder besser gesagt unveränderlich und unaussprechlich zur Schöpfung aller Dinge als Sohn Gottes hervorgetreten ist; wie sich aber der Anfang dieser Wege auf die Mutter des Herrn bezieht, von der wir sprechen, das bleibt jetzt noch zu zeigen und zu betrachten, wie die neue Schöpfung durch sie ihren Anfang nahm.

T.: Ich wünsche mir, daß aufgeschlossen wird, was verschlossen ist; denn die folgende Erwägung der Geheimnisse fragt auch danach.

P.: Hast du im Buch der Psalmen vom Sohn Gottes gelesen: „Wie ein Held hat er gejubelt zum Lauf seines Weges" (Ps 19,6: Vg. Ps 18,6), und jenes Wort: „Auf dem Weg wird er vom Bach trinken" (Ps 110,7: Vg. Ps 109,7)?

T.: Ich habe es gelesen und viel Ähnliches dazu.

P.: Es sind also die Wege des Gottessohns an dieser Stelle der Heilsplan in bezug auf die Annahme der menschlichen Natur, den Ursprung in der Geburt, den Aufenthalt unter den Menschen, die Passion, die Auferstehung und die Himmelfahrt; für diese Wege war die Mutter des Herrn selbst die erste Voraussetzung, die ja schon vor diesen Wegen in seinem Besitz war, da der Gottessohn diese Wege niemals hätte gehen können, wenn er nicht von ihr geboren worden wäre. Deshalb hatte der Gottessohn Maria vor dem Anfang

viarum suarum possederat, quia eam, ut ab ipsa nasceretur, in matrem elegerat.

T.: Et hoc qualiter ad eam potest referri, „antequam quicquam faceret a principio"?

P.: Sicut deus invisibiliter manens in filio caelum et ter- 5 ram et omnia, quae in eis sunt, simul et semel omnia forma-vit, sic in fine saeculorum in filio suo per assumptum ho-minem visibiliter apparens, quod formaverat, quia perierat, reformavit. Quando enim corpus animatum assumpsit ho-minem perditum reformando, caelum novum et terram 10 novam quoddammodo creavit. Maius est enim incompara-biliter per misterium incarnati verbi perditum hominem, propter quem visibilia quaeque creata sunt, reparasse quam mundum ipsum creasse. Quid enim mundus cum suis adiectivis prodesset creatus, si homo, propter quem 15 mundus factus est, non esset reparatus? „Sicut in Adam omnes moriuntur, ita et in Christo omnes vivificabuntur." Ubi igitur mors, ibi abolitio creaturae, ibi perit quod fuerat, ubi quod vixerat, vivere cessat. Cum vero vita morti suc-cedit, mors ipsa perit et fit penitus novum, quod erat in- 20 veteratum, immo mortis vetustate deletum. Igitur ante-quam quicquam faceret a principio, Mariam matrem suam filius dei visibiliter possederat, quia antequam sacramentis caelestibus homi|nem, id est mundum minorem lapsum et | 123 perditum fide passionis suae restauraret et quoddammodo 25 conderet, principium huius creationis deus homo factus ab ipsa susceperat. „Ecce", inquit, „ego creo caelos novos et

seiner Wege besessen, weil er sie zur Mutter erwählt hatte, um eben von ihr geboren zu werden.

T.: Und wie kann dies auf sie bezogen werden: „Bevor er etwas schuf von Anbeginn an" (Spr 8,22)?

P.: So wie Gott, der in seinem Sohn noch unsichtbar blieb, Himmel und Erde und alles, was darinnen ist, zugleich und alles auf einmal geschaffen hat, so ist er am Ende der Zeiten in seinem Sohn durch Annahme der menschlichen Gestalt sichtbar erschienen und hat das von neuem geschaffen, was er gemacht hatte, weil es zugrunde gegangen war. Denn indem er einen beseelten Körper annahm, um den gefallenen Menschen wieder zu erneuern, schuf er gewissermaßen einen neuen Himmel und eine neue Erde. Es ist nämlich ein unvergleichlich größeres Wunder, durch das Geheimnis des fleischgewordenen Wortes den gefallenen Menschen, um dessentwillen alle sichtbaren Dinge geschaffen sind, wieder erneuert zu haben als die Welt selbst erschaffen zu haben. Denn was nützte die Erschaffung der Welt mit all ihren wesenlosen Dingen, wenn der Mensch, um dessentwillen die Welt geschaffen wurde, nicht wieder erneuert worden wäre? „So wie in Adam alle sterben, so werden in Christus alle wieder lebendig werden" (1 Kor 15,22). Denn wo Tod ist, dort ist Verwerfung der Schöpfung, dort geht unter, was gewesen war, wo zu leben aufhört, was gelebt hatte. Wenn aber das Leben an die Stelle des Todes tritt, dann geht der Tod selbst zugrunde, und es wird das völlig neu, was veraltet, oder besser gesagt vom Alter des Todes völlig zerstört war. „Bevor er darum irgendetwas erschuf von Anbeginn an" (Spr 8,22), hatte der Gottessohn Maria als seine Mutter sichtbar besessen, weil der menschgewordene Gott den Beginn seiner Erschaffung von ihr empfangen hatte, bevor er durch die himmlischen Geheimnisse den Menschen, das heißt die Welt im Kleinen, die gefallen und verdorben war, durch die Bürgschaft seines Leidens wieder herstellte und gewissermaßen neu gründete. „Siehe", sagt er, „ich schaffe neue Himmel

terram novam", et psalmus: „Verbo domini caeli nimirum
novi firmati sunt et spiritu oris eius omnis virtus eorum",
itemque: „Spiritus domini ornavit caelos", et mille in hunc
modum in divina pagina repperis, ubi vetera transisse videbis et nova omnia facta Christo nato miraberis. Quotiens 5
huius novae creaturae Paulus meminit ut ibi: „Induite novum hominem", et de testamento veteri abolito loquens:
„Quod antiquatur", inquit, „et senescit, prope interitum
est." Iohannes quoque in apocalipsi de eo, qui sedebat in
throno: „Ecce nova", inquit, „facio omnia", in Iob quoque 10
ubi scientia eius discutitur vel ubi fuerit, quando lapis
angularis dimissus est, quando posita sunt fundamenta terrae et de mensura eius et „super quo bases illius solidatae
sunt", et multa, quae sequuntur, in quibus et in aliis divinae
paginae locis ordo et origo nascentis ecclesiae per allegori- 15
cum sensum contexitur, ante quae omnia Christum Maria
possidens vel ab eo possessa probatur.

T.: Viarum istarum initium gemino sensu ita declarasti,
ut ex hoc intelligentiae nostrae nihil resederit ambigui.
Vellem autem a te mistico intellectu cognoscere ea, quae 20
sequuntur in eadem lectione, ut per occasionem memoriae
matris et virginis augeretur in nobis lumen intelligentiae
spiritalis.

P.: Non hoc mihi propositum erat per allegoricos sensus
scripturarum perscrutandos otia nostra terere, sed aliquod 25
exhortationis opusculum ad virgines Christi Christo cudere

und eine neue Erde" (Jes 65, 17), und im Psalm: „Durch das
Wort des Herrn sind wunderbar neu gemacht die Himmel
und ihr ganzes Heer durch den Hauch seines Mundes" (Ps
33, 6: Vg. Ps 32, 6), und ebenso: „Der Geist des Herrn hat
die Himmel geschmückt" (Ijob 26, 13 Vg.), und tausender-
lei Beispiele dieser Art findest du in der heiligen Schrift, wo
du sehen wirst, daß das Alte vergangen ist, und du staunen
wirst, wie durch Christi Geburt alles neu geschaffen ist.
Wie oft hat Paulus an diese neue Schöpfung erinnert, so
auch dort, wo er sagt: „Ziehet an einen neuen Menschen"
(Eph 4, 24), und wenn er von dem Alten Bund spricht, der
vergangen ist, sagt er: „Was aber alt geworden ist und
greisenhaft, das ist nahe dem Untergang" (Hebr 8, 13).
Auch Johannes sagt in der Apokalypse von dem, der auf
dem Thron saß: „Siehe, ich mache alles neu" (Offb 21, 5),
und sogar bei Ijob, wo über seine Einsicht gesprochen
wird, heißt es: „Wo ist er gewesen, als der Eckstein gelegt
wurde, als die Fundamente in die Erde gesetzt wurden und
nach seinem Maß und auf ihm ihre Pfeiler gegründet wurden?" (vgl. Ijob 38, 4–6), und noch vieles mehr, was folgt;
an dieser und an anderen Stellen der heiligen Schrift werden
Aufbau und Ursprung der werdenden Kirche berichtet,
verhüllt in allegorischem Sinn, aber vor diesem allen wird
Maria bestätigt als die, die Christus besessen hat und von
ihm besessen wurde.

T.: Du hast den Anfang dieser Wege in doppeltem Sinn
so erklärt, daß daraus für unser Verständnis kein Zweifel
mehr übrig bleibt. Ich würde aber gerne mit deiner Hilfe
das, was bei unserer Untersuchung folgt, nach seinem mystischen Sinn verstehen, damit aus Anlaß der Erinnerung
an die Mutter und Jungfrau das Licht geistlicher Einsicht
in uns wächst.

P.: Es war nicht mein Vorhaben, unsere Zeit mit der
Erforschung der heiligen Schrift nach ihrem allegorischen
Sinn zu verschwenden, sondern mit Christi Hilfe ein klei-
nes Werk der Ermahnung für die Jungfrauen Christi anzu-

adiuvante. Sunt enim in eadem lectione nonnulla, quorum
misticus sensus magis filium, id est dei verbum respicit
quam matrem, quaedam utrique, sed dissimili ratione miste-
riorum conveniunt, quaedam etiam parti|bus adiunctae crea- | 124
turae typicos sensus includunt. Habes enim ibi „montes et   5
colles, abyssos et fontes, terram, flumina, cardines orbis
terrae, habes illic caelos appensos, terminos maris, terrae
fundamenta", quorum omnium quidem facilis est intellectus
ex aliis scripturarum locis, sed haec indagandi per singula
non est locus huius temporis. Cum enim montis nomine   10
nunc dominus, nunc ecclesia, interdum hostis antiquus, aliquando testamentum dei vel quilibet haereticus, montes
etiam dicantur prophetae et apostoli, interdum et saeculares
potestates, abyssi etiam nomine novum et vetus testamentum, corda hominum et tremendum iudicium, quis per sin-   15
gula revolvere posset omnia, quae texuntur in hac lectione?
Magis igitur attende matris et virginis exhortationem ad
virtutum incitamenta quam mentem occupes per obscura
lectionis huius argumenta. Quid enim ait? „Nunc ergo filii,
audite me. Beati, qui custodiunt vias meas. Audite discipli-   20
nam et estote sapientes", o vos Christi virgines. „Beatus, qui
vigilat ad fores meas cottidie et observat postes ostii mei.
Qui me invenerit, inveniet vitam et hauriet salutem a domino." Firmissime tene, filia, quod salus et vita est homini fide
et castitate inventa Maria. Quae sunt autem viae eius nisi   25

fertigen. Denn es gibt bei eben dieser Untersuchung einige Dinge, deren geheimnisvoller Sinn mehr auf den Sohn, das heißt auf das Wort Gottes, abzielt als auf die Mutter, manches stimmt mit beidem, aber in unterschiedlicher Weise der Geheimnisse überein, wieder anderes schließt einen auf die Schöpfung verweisenden Sinn ein, die mit den (beiden) Teilen verbunden ist. Denn du hast dort „die Berge und die Hügel, die Abgründe des Meeres und die Quellen, das Land, die Flüsse und die Wendepunkte des Erdkreises, du hast dort die Himmel befestigt, die Grenzen des Meeres und die Fundamente der Erde" (vgl. Spr 8,24–29 Vg.); für alle diese Dinge läßt sich in der Tat das Verständnis leicht aus anderen Stellen der heiligen Schrift gewinnen, aber es ist jetzt nicht der Zeitpunkt, dieses im einzelnen zu erforschen. Wenn nämlich unter dem Namen des Berges bald der Herr gemeint ist, bald die Kirche, bisweilen der alte Feind, dann wieder der Bund Gottes oder jeder beliebige Abtrünnige, als Berge sogar die Propheten und Apostel bezeichnet werden, bisweilen auch die weltlichen Gewalten, unter dem Namen des Abgrundes das Neue und das Alte Testament, die Herzen der Menschen und das fürchterliche Letzte Gericht, wer könnte da im einzelnen alles erklären, was in diese Untersuchung verflochten ist? Darum lenke deine Aufmerksamkeit mehr auf die Ermahnung der Mutter und Jungfrau, die zu den Tugenden anspornt, als daß du deinen Verstand mit zweifelhaften Argumenten bei dieser Untersuchung beschwerst. Denn was sagt er? „Darum hört jetzt auf mich, meine Söhne! Glücklich die, die meine Wege einhalten! Hört die Mahnung, und seid weise" (Spr 8,32f), o ihr Jungfrauen Christi. „Glücklich der Mensch, der täglich wacht an meiner Tür und der die Pfosten meiner Tore hütet. Wer mich findet, findet das Leben und wird Heil schöpfen vom Herrn" (Spr 8,34f). Halte ganz fest, Tochter, was Heil und Leben für den Menschen bedeutet, nachdem in Maria Glaube und Keuschheit wiedergefunden wurden. Welches aber sind seine Wege, wenn nicht die

devota humilitas et singularis pudicitiae virginitas quasi
ceterarum virtutum cardines, in quibus ostium illud volvi-
tur, de quo in sequentibus loquitur? Qui ergo vias Mariae
didicerit ambulare, numquam poterit errare. Custodit enim
sancta humilitas virginitatem, pura virginitas exornat hu- 5
militatem. Fugat lenones impuros sanctitatis amica virginitas, virginalis gloriae tutelam ponit humilitas. Porro disciplina et sapientia sancti spiritus testimonia sunt, quarum
altera noxios excursus animae restringit in Christi timore,
altera studiis spiritalibus custodit et auget, quod accepit per 10
amorem Christi in munere. Quod vero aliud est ostium nisi
ille beatus pastor, qui dixit: „Ego sum ostium"? Per hoc
ostium intrant oviculae Christi simplices, innocentes et
humiles, qu<ae> etsi non omnes possunt | esse cum Maria | 125
virgines, fiunt tamen fide et devotione sequaces. Ostium 15
istud in caelesti aedificio inventum Maria primum repperit,
primum ecclesiae aperuit, et in quod meridie inpingebat
caecus Iudaeus, intravit ex fidei splendore pastor et magus.
Huius ostii limina terunt Christi virginum milia praeceden-
te virginum principe Maria, in cuius ortu et partu mirabili 20
pendet omnium salus et vita.

T.: Quomodo virgo beata ab aeterno sit ordinata, quia,
pater, pro posse tuo tetigisti, quid quaestionis de ea facta sit
in paradiso, praescriptis adiunge, sicut promisisti.

P.: Nonne legisti, quod dixerit deus ad serpentem: „In- 25
imicitias ponam inter te et mulierem"? Foedus quoddam

---

[89] Angespielt wird auf Christi Geburt: Hirten *(pastores)* und Sterndeuter
aus dem Morgenland *(magi ab oriente)* waren die ersten, die Christus in
seiner göttlichen Natur erkannten und anbeteten.

ergebene Demut und die Jungfräulichkeit in einzigartiger Keuschheit gleichsam als Angelpunkte der übrigen Tugenden, in denen sich jene Tür dreht, von der im folgenden gesprochen wird? Wer nämlich gelernt hat, die Wege Mariens zu gehen, der wird niemals irren können. Denn die heilige Demut behütet die Jungfräulichkeit, die reine Jungfräulichkeit schmückt die Demut. Die Jungfräulichkeit, die Freundin der Heiligkeit, schlägt die unreinen Kuppler in die Flucht, die Demut pflanzt eine Schutzwehr auf vor der jungfräulichen Herrlichkeit. Weiter sind Zucht und Weisheit Zeugnisse des heiligen Geistes, von denen die eine aus Furcht vor Christus schuldhafte Abwege der Seele einschränkt, die andere durch geistliche Studien das bewahrt und vermehrt, was sie in Liebe zu Christus zum Geschenk erhalten hat. Was ist darum die Tür anderes als jener selige Hirte, der gesagt hat: „Ich bin die Tür" (Joh 10, 9)? Durch diese Tür treten die Lämmer Christi, die einfachen, unschuldigen und schlichten Gemüter ein, die in Glaube und Ergebenheit Marias Gefolgsleute werden, auch wenn sie nicht alle mit ihr zusammen Jungfrauen sein können. Diese Tür, die sich im Himmelsgebäude befindet, hat Maria zuerst wieder aufgefunden, sie hat sie zuerst für die Kirche aufgestoßen, und dort, wo das blinde Judentum zur Mittagszeit nur anklopfte, sind im Glanz des Glaubens Hirte und Sterndeuter (vgl. Lk 2, 8–20; Mt 2, 1–12) eingetreten (vgl. Ez 44, 1–3).[89] Die Schwelle dieser Türe haben Tausende von Jungfrauen Christi überschritten unter dem Vortritt Marias, der Führerin der Jungfrauen, an deren wunderbarer Geburt und Gebären Rettung und Leben aller hängt.

T.: Weil du, lieber Vater, nach deinem Vermögen die Frage aufgenommen hast, wie die selige Jungfrau von Ewigkeit an eingesetzt war, so füge doch bitte, wie du es versprochen hast, an Erörterung zu dem Vorigen hinzu, was mit ihr im Paradies geschehen ist.

P.: Hast du nicht gelesen, was Gott zur Schlange gesagt hat: „Ich will Feindschaft stiften zwischen dir und dem Weib"

detestabilis et inordinatae amicitiae serpentem et feminam
constat habuisse, per quod omnia se sequentia saecula probantur corrupisse. Hostis enim persuasit, illa consensit,
protoplastus in medio sic sociatur in scelere, sicut pericli-
tatur mortis discrimine. Suasus et consensus colubrum et 5
feminam colligavit et natura diversos hinc negligentia, illinc
mors invida confoederavit. Ad quod foedus dissolvendum
Maria praeparatur et haec sola duobus, fallenti et deceptae
opponitur. Ipsa igitur hostem invidum calcat, conterit, ne-
cat, lapsam et fraudibus circumventam adiuvat, cuius Ma- 10
riae potestas in primordio creaturarum verbo dei dedicatur
et ad hosticam malitiam debellandam sexum femineum
deus colubro comminatur. Iam radix nasciturae mundo
rosae in paradiso plantabatur et conterendae spinae, quae
primae feminae florem decusserat, fructus aeternus de Ma- 15
ria praevidebatur et promittebatur. Virgineus igitur cum
hoste veterano congressus mediante divina virtute superior
caput hostile contrivit, quia eius superbam malitiam et
malitiosam superbiam, in qua et de qua initium omnis
peccati, per humilitatem filii sui virgo comminuit. Per ca- 20
put anguis initium adverte omnis peccati, quo nuper plas-
matos coluber infaustus prostravit et summi edicti trans-
gressores | patria florida eliminans in spinas deserti proiecit. | 126

(Gen 3, 15)? Es steht fest, daß zwischen der Schlange und
der Frau gewissermaßen das Band einer abscheulichen und
ungeordneten Verbindung bestanden hat, wodurch offensichtlich alle ihr folgenden Jahrhunderte ins Verderben
stürzten. Denn die Widersacherin führte durch ihre Rede
jene in Versuchung, diese stimmte zu, der erste Mensch
aber in der Mitte dazwischen wurde ebenso zum Teilhaber
der Schuld, wie er mit in Todesnot geriet. Überredung und
Zustimmung haben Schlange und Frau miteinander verbunden, und die Sorglosigkeit hier, die tödliche Bosheit
dort haben die im Bündnis zusammengeschlossen, die von
Natur aus unterschiedliche Wesen waren. Für die Auflösung dieses Bündnisses wurde Maria vorbereitet, und sie
allein wurde den beiden, der Täuschenden und der Ge-
täuschten, gegenübergestellt. Darum tritt sie selbst auf den
neidischen Feind, sie verletzt ihn, sie tötet ihn, sie hilft der
Gefallenen und von Betrug Umgebenen wieder auf; die
Gewalt über sie wurde Maria schon am Beginn der Schöpfung durch das Wort Gottes übertragen, und um die feindliche Bosheit zu zerschlagen, hat Gott das weibliche Geschlecht durch die Schlange bedroht. Aber schon im
Paradies wurde die Wurzel der Rose gepflanzt, die für die
Welt geboren werden sollte, und des Dorns, der niederge-
treten werden mußte, weil er die Blüte der ersten Frau
abgerissen hatte; bereits dort war die ewige Frucht aus
Maria vorgesehen und versprochen. Darum wurde bei dem
Zusammentreffen der Jungfrau mit dem alten Feind das
feindliche Haupt vernichtet, weil die Jungfrau, die durch
Gottes Kraft und Hilfe überlegen war, seine stolze Bosheit
und seinen boshaften Stolz, in dem der Anfang aller Sünde
liegt und von dem er ausgeht, zerschlagen hat durch die
Demut ihres eigenen Sohnes. Im Haupt der Schlange mußt
du den Anfang aller Sünde erkennen, durch die die unselige
Schlange einstmals die Voreltern niederstreckte, und die
Übertreter des höchsten Gesetzes aus der blühenden Heimat vertrieb und in die Dornen der Wüste schickte. Der

Corrupit praedo nefandus primitias novi saeculi suggestione quasi caput erigens veneni latentis effusione, sed contrivit illud virgo fecunda per partum filio adiutore. Posuit ergo deus inimicitias inter virginem et hostem, dissolvens amicitias crudelis pacti, quod ausu temerario pepigerat ma- 5 litia vel praesumptio ad radicem ligni interdicti. Sic Maria repperitur in caelo, sic in paradiso. Maria itaque lucis aeternae porta praefulgida, caelestis aulae gloria, clavis paradisi reserandi, materies saeculi renovandi, singulare sancti spiritus habitaculum, solis aeterni tabernaculum, ipsa amor, 10 decus et forma virginum, totius ecclesiae continens in se sacramentum, orta virga de radice Iesse in terris, ante tempora cuncta praesignata Christi mater in caelis, Syon et Ierusalem filia regali stirpe progenita, Christi ancilla, credentium mater et domina, caelestis militiae regina, reconci- 15 liatrix mundi, sacrarium spiritus sancti, iudicis et sponsi tribunal et secretarium, prolis et domini virginale puerperium, solium regis regum, flos et fructus virginum, fructus florens mulierum, ipsa forma florentis pudicitiae, ipsa vernantis sigillum castimoniae. Maria stella matutina sole 20 et luna splendidior, angelis superior, ipso aethere purior, virtutum operatrix, humani generis amatrix, perditi mundi provisa reparatrix, ipsa in patriarchis occulta, a prophetis ostensa, in sinagoga radix floris, in ecclesia fructus radicis, ipsa gradu vitae speculativae „quasi cedrus exaltata, quasi 25 palma florens et oliva fructifera", ipsa virgo prudens in oleo

---

[90] Der metaphorische Bedeutungshorizont für die Tür ist weit. Hier wird offenbar auf die Tür des Paradieses hingewiesen, die durch den Ungehorsam der Voreltern verschlossen und durch den demütigen Gehorsam Mariens wieder aufgestoßen wurde; vgl. das Bild mit den beiden Türen im sogenannten kostbaren Evangeliar (Inv. Nr. DS 18, 17ʳ) BERNWARDS VON HILDESHEIM um 1015, wo der Bildtitulus ausdrücklich auf die durch die erste Eva verschlossene Tür *(porta clausa)* verweist, die nun durch Maria wieder für alle geöffnet wird *(cunctis patefacta),* vgl. BRANDT, *Bernward von Hildesheim* 2,574; KUNST, *Tor — Tür.*

unsägliche Räuber hat die ersten Menschen der neuen Zeit
durch seine Einflüsterung verdorben, indem er gleichsam
das Haupt erhob, um heimlich Gift zu verspritzen, aber die
fruchtbare Jungfrau hat mit Hilfe ihres Sohnes jenes Gift
in der Geburt zunichte gemacht. Gott hat also Feindschaft
gesetzt zwischen die Jungfrau und den bösen Feind und
damit den unseligen Freundschaftsvertrag aufgelöst, den
Bosheit und Anmaßung in kühner Frechheit an der Wurzel
des verbotenen Holzes festgemacht hatten. So findet man
Maria im Himmel, so im Paradies. Deshalb ist Maria die
strahlende Pforte[90] des ewigen Lichts, die Herrlichkeit des
himmlischen Hofstaats, der Schlüssel, um das Paradies auf-
zuschließen, der Stoff, um die Welt zu erneuern, die einzigartige Wohnstatt des heiligen Geistes, das Zelt der ewigen
Sonne, selbst Liebe, Zierde und Vorbild der Jungfrauen, in
sich das Geheimnis der ganzen Kirche bergend, entstanden
als Reis aus der Wurzel Jesse auf Erden, vor allen Zeiten
vorbestimmt als die Mutter Christi im Himmel, Tochter
Zions und Jerusalems, aus königlichem Stamm entsprossen,
Magd Christi, Mutter und Herrin der Gläubigen, Königin
der himmlischen Streitmacht, Versöhnerin der Welt, heiliger
Raum des heiligen Geistes, Gerichtshof und geheime Kammer des Richters und Bräutigams, jungfräuliches Kindbett
des Sohnes und Herrn, Thron des Königs der Könige, Blüte
und Frucht der Jungfrauen, blühende Frucht der Frauen,
selbst Abbild blühender Keuschheit, selbst Siegel leuchtender Reinheit. Maria, Morgenstern, glänzender als Sonne
und Mond, höher als die Engel, reiner sogar als die Luft,
Vollbringerin der Tugenden, Liebhaberin des Menschenge-
schlechts, vorsorgende Versöhnerin der verlorenen Welt,
selbst verborgen bei den Patriarchen, von den Propheten
gezeigt, in der Synagoge Wurzel der Blüte, in der Kirche
Frucht aus der Wurzel, selbst im Fortschritt betrachtenden
Lebenswandels „hoch gewachsen gleich einer Zeder, wie
eine Palme blühend und Frucht tragend wie ein Ölbaum"
(vgl. Sir 24, 13 f), selbst eine kluge Jungfrau, der nicht in Öl

vel lampade lumen indeficiens totius virginalis vitae, facie
decora, corpore et mente decentissima, lapsis veniale pa-
trocinium, iustis, ne ruant, defensaculum, caeli et terrae
speculum et, ut breviter concludam, totius summa salutis
humanae, causa et gloria benedictionis aeternae. Quid di- 5
ximus? Si volumus immorari Mariae laudibus, ut postulas,
principium mundi vel scripturarum seriem revolvamus et
in linea sanctorum omnium | Christum vel praecedentium | 127
vel subsequentium Mariam invenimus. O pulchritudo caelestis ordinis per virginum chorum Mariam et agnum prae- 10
cedentes subsequentium et canticum novum in iubilo sol-
lemni cantantium! „Canticum enim tale nullus poterit
cantare nec agnum sequi" nisi coniunctus imitando fuerit
Mariae, virginum omnium capiti.

T.: Fige gradum, pater, obsecro, et in his, quibus non 15
parum moveor, quid sentiendum sit edicito.

P.: Quid nam est, quod quaeris?

T.: Scio equidem, quod canticum novum non potest dici
nisi respectu cantici veteris, ad aliquid enim vetus et novum
dicuntur, quae sit inter utrumque differentia, paucis adiun- 20
ge.

P.: Quia breviter tibi responderi postulas: canticum vetus
est secundum carnem sapere, canticum novum secundum
spiritum. Eva canticum vetus hosti et carni consentiendo
praecinuit, Maria spiritu sancto praeventa et angelo creden- 25
do cum filiabus suis in novo cantico Christo mediante
iubilavit.

---

[91] Das Marienlob mit der hymnischen Aufzählung schmückender Epithe-
ta, beginnend mit *Maria itaque lucis* (*Spec. virg.* 5, oben 396,7), wird durch
die Anwendung poetischer Ausdrucksformen noch gesteigert (vokalischer
Endreim: *Spec. virg.* 5, oben 396,7 – 398,5).

oder Lampe das Licht eines ganzen jungfräulichen Lebens
ausgeht, schön von Angesicht, außerordentlich lieblich an
Körper und Geist, Schutz der Vergebung für die Gestrau-
chelten, Hort der Verteidigung für die Gerechten, damit sie
nicht stürzen, Spiegel von Himmel und Erde und, um es
kurz zusammenzufassen, Summe allen menschlichen
Heils, Ursache und Herrlichkeit des ewigen Segens.[91] Was
haben wir gesagt? Wenn wir bei dem Lob Mariens verweilen wollen, wie du es forderst, so laß uns den Anfang der
Welt und die Abfolge der heiligen Schriften durchgehen,
und wir finden Maria in der Reihe aller der Heiligen, die
Christus entweder vorangingen oder ihm nachfolgten. O
Schönheit himmlischer Ordnung derer, die im Chor der
Jungfrauen Maria und dem Lamm folgen, die vorangehen
und die das neue Lied in feierlichem Jubelgesang anstim-
men! „Denn keiner wird ein solches Lied singen und dem
Lamm nachfolgen können" (vgl. Offb 14,3f), wenn er
nicht Maria, dem Haupt aller Jungfrauen, in Nachfolge
verbunden ist.

T.: Hefte deinen Schritt, Vater, ich bitte dich sehr, auch
an diese Dinge, von denen ich sehr bewegt werde, und sage
geradeheraus, was man darüber denken soll.

P.: Was ist es denn, wonach du fragst?

T.: Ich weiß allerdings, daß man von einem neuen Lied
nicht sprechen kann, außer in Beziehung auf ein altes Lied;
darum füge mit wenigen Worten hinzu, was der Unterschied zwischen beiden ist, denn zu irgendeinem Zweck
werden sie doch altes und neues Lied genannt.

P.: Weil du verlangst, daß ich dir kurz antworten soll:
Das alte Lied bedeutet, weise zu sein nach dem Fleisch, das
neue Lied, nach dem Geist. Eva hat das alte Lied vorgesun-
gen in Übereinstimmung mit dem alten Feind und dem
Fleisch, Maria hat, erfüllt vom heiligen Geist und weil sie
dem Engel Glauben schenkte, mit Christi Hilfe zusammen
mit ihren Töchtern im neuen Lied den Jubelgesang ange-
stimmt.

T.: Dic ergo, quid sit hoc canticum novum, ut cantici
veteris obliviscamur et in novo collaetemur.

P.: Attende igitur. Canticum novum gloria virginitatis
est, corona castitatis, decus integritatis, flos incorruptionis,
in quo sicut discernuntur in hoc saeculo virgines et carnem 5
experti, sic in futuro merces ponderatur utriusque profes-
sioni, virginibus quidem et aeternus aspectus ad agnum et
„eundem sequi, quocumque ierit", non quod ipse, quem
caelum et terra capere non potest, spatiis corporalibus huc
et illuc evagetur et eum virginum milia discursibus per 10
diversa sequantur, sed virtus virginitatis, status servatae
incorruptionis, flos incorruptae integritatis sic in utrisque
conveniat, sic in alterutrum singulari quodam splendore
non dissimiliter appareat, sic agni gloriam virginumque
coniungat, ut quod habuit agnus in virginitatis gloria per 15
potestatem et naturam, sequellae virgines | habeant per | 128
gratiam, ait enim dominus: „Non omnes capiunt verbum
istud, sed quibus datum est", carnem vero expertis, etsi
status aeternae immortalitatis, decus incorruptionis, beatitudo communis concedatur, sequi tamen agnum, quocum- 20
que ierit, non datur, quia virginitatis integritas prius non
dabatur nec cantant cum virginibus canticum novum, quia
servatae integritatis suae coram agno non proferunt testimonium. Vis nosse regulam et modum cantici novi etiam in
hac vita, si tamen immaculata es in via?   25

T.: Sag also, was dieses neue Lied ist, damit wir das alte Lied vergessen und uns an dem neuen gemeinsam freuen.

P.: Paß also auf! Das neue Lied ist die Herrlichkeit der Jungfräulichkeit, die Krone der Reinheit, die Zierde der Unversehrtheit, die Blume der Unverderbtheit; so wie in dieser Welt die Keuschen unterschieden werden von denen, die Erfahrung haben im Fleisch, so wird in ihm in Zukunft der Lohn abgewogen werden entsprechend dem Gelübde von jeder von beiden, wobei allerdings den Keuschen sogar der ewige Anblick auf das Lamm gewährt wird und „ihm zu folgen, wohin immer es geht" (Offb 14, 4); nicht daß er selbst, den Himmel und Erde nicht zu fassen vermögen, sich im wirklichen Raum hierhin und dorthin wendete und Tausende von Jungfrauen ihm im Hinundherlaufen in verschiedene Richtungen folgten, sondern die Tugend der Keuschheit, der Zustand bewahrter Unverderbtheit, die Blüte unverderblicher Unversehrtheit trifft bei beiden so zusammen, zeigt sich bei beiden so ähnlich in einzigartigem Glanz, verbindet so die Herrlichkeit des Lamms mit der der Jungfrauen, daß das, was das Lamm an Herrlichkeit der Keuschheit durch Macht und von Natur aus hat, die nachfolgenden Jungfrauen aus Gnade haben. Denn der Herr sagt: „Nicht alle erfassen dieses Wort, sondern die, denen es gegeben ist" (Mt 19, 11); denen aber, die Erfahrung haben im Fleisch, auch wenn ihnen der Zustand ewiger Unsterblichkeit, die Zierde der Unvergänglichkeit und eine allgemeine Seligkeit zugestanden wird, ist es doch nicht gegeben, dem Lamm zu folgen, wohin immer es geht, weil die Unversehrtheit der Jungfräulichkeit ihnen nicht früher gegeben wurde und sie auch nicht zusammen mit den Jungfrauen das neue Lied singen, weil sie nicht vor dem Lamm den Beweis für eigene bewahrte Unversehrtheit vorbringen. Willst du etwa schon in diesem Leben die Regel und die Melodie des neuen Liedes wissen, da du doch ohne Makel bist auf dem Weg?

T.: Quanto desiderio, si conscientia voto suffragaretur et daretur imitari, quod promittitur, si possem, quod amarem, nec amando deficerem! Defectus enim amoris virginei floris interitus est.

P.: Verissime. Canticum novum est et in hoc fragili cor- 5
pore mens et vita pudica, sanctae pudicitiae in mentis humilitate vigilans custodia, coniugalium commerciorum thalamos ignorare, spem procreandae sobolis penitus abdicare, lumen nativae intelligentiae negotiis multiformibus non obscurare et, ut paucis concludam, ad arcendas mortis illec- 10
trices, id est noxias delectationes quinque percitos sensus clave divini amoris semper obserare. Sic agnum sequeris et in hac vita, ubi cor tuum pendet ad vitam aeternam et in hac via.

T.: Videtur mihi, pater, in his turmis virginalibus artissi- 15
ma ad regnum caelorum semita, cui reponitur tantae gloriae corona, quibus speciali gratia datum est non nosse mundum inmundum, ut sequi mererentur agnum conceptu et ortu, vita vere immaculatum et — mundans omnia — mundum. Mundus enim natura et potestate mundos efficit inmundos 20
necessitate, illic gratia condescendens, hic virtute nos erigens.

P.: Sola igitur sacraque virginitas virginem agnum modis et gradibus ineffabilibus sequitur praecedentem, quia corruptelae mo|lestiam evasisse probatur gressum istum 25 | 1

T.: Mit welch heißem Verlangen, wenn nur Wissen und
Wollen den Wunsch unterstützen würden und wenn die
Fähigkeit gegeben würde, dem nachzueifern, was verhei-
ßen ist, wenn ich könnte, was ich liebte und im Lieben nicht
nachlassen würde! Denn das Nachlassen in der Liebe ist der
Untergang der jungfräulichen Blüte.

P.: Sehr wahr! Das neue Lied ist ein keusches Herz in
diesem zerbrechlichen Körper und ein keusches Leben, es
ist die sorgfältige Bewahrung der heiligen Keuschheit in
Demut des Geistes, es bedeutet, das Brautgemach ehelichen
Verkehrs nicht kennenzulernen, sich innerlich loszusagen
von der Hoffnung auf Nachkommenschaft, das Licht der
natürlichen Einsicht nicht durch vielfältige Geschäfte zu
verdunkeln und, um es mit wenigen Worten zusammenzufassen, zur Abwehr der tödlichen Versuchungen, das heißt
der schuldhaften Vergnügungen, die leicht erregbaren fünf
Sinne mit dem Schlüssel göttlicher Liebe immer zu ver-
schließen. So folgst du schon in diesem Leben dem Lamm,
wenn sogar schon auf dem hiesigen Lebensweg dein Herz
am ewigen Leben hängt.

T.: Mir scheint, Vater, daß für diese Schar von Jungfrauen
der Weg zum himmlischen Königreich außerordentlich
schmal ist; für dieses Königreich ist eine Krone von größter
Herrlichkeit denen vorbehalten, denen aus besonderer
Gnade geschenkt wurde, die unreine Welt nicht kennenzulernen, so daß sie verdient haben, dem Lamm zu folgen, das
unbefleckt ist von Empfängnis, Geburt und insbesondere
Lebensführung, und rein, da es alles reinigt. Denn er, der
von Natur aus und durch Machtfülle rein ist, macht die, die
durch den Zwang der Notwendigkeiten unrein wurden,
wieder rein, indem er hier aus Gnade herabsteigt, dort uns
durch Kraft aufrichtet.

P.: Darum folgt also die heilige Jungfrauenschaft als einzige in unaussprechlicher Weise und in unaussprechlichen
Schritten dem keuschen Lamm, das vorangeht, weil sie allein
gewürdigt wurde, der Peinlichkeit der Entehrung zu ent-

impedientem. Itaque cantico novo resultant choreae virginum, quia trahunt ex agni immaculati similitudine,
quicquid novae proferunt melodiae. Sed nosti, unde agnus
dicatur?

T.: Aestimo ab agnoscendo, quia phisico testante matris 5
et agni vicariam cognitionem adeo natura demonstrat, ut
inter mille sui generis et paris coloris se cognoscant sicque
sui notitiam in alterutrum communicent, ut alterum falli
non possit ab altero.

P.: Usitata rerum natura hoc verissime constat nec ad 10
haec scienda opus est phisica ratione, quae docuit ipsa
consuetudo naturae. Quomodo igitur agnus noster agnitus
est a matre? Mater agnoscit filium, ille matrem, Maria
Christum, Christus virginem, quia quod filius electus ex
milibus est, mater vero benedicta super omnes mulieres, 15
dinoscentiam luce aperit clariorem cognitioni mutuae, et
vicaria notitia ex supernae dignitatis privilegio crescebat in
utroque. Novit agnus matrem sicut deus omnem hominem
hoc approbans in ea, quod creando fecerat, et bonum, quod
dederat, agnovit genitrix natum spiritu sancto revelatum et 20
crescebat amor ex scientia dando virtutum incrementa ex
mentis intelligentia. Agnosce et tu, virgo Christi, laudibus
indefectivis matrem et agnum, quia quod matri impenderis,
laus prolis est, quod proli gloria matris est. Sed dic mihi.
Cum aliquid in artificio mirandae venustatis miraris, utrum 25

---

[92] Die Etymologie *agnus ab agnoscendi* findet sich schon bei ISIDOR VON
SEVILLA, *orig.* 12,1,12 (o.S. LINDSAY): *agnus prae ceteris animantibus
matrem agnoscat;* siehe auch CÄSARIUS VON HEISTERBACH, *Libri miraculorum* (1, 97 HILKA).

gehen, die den Schritt der Nachfolge verhindert. Deshalb
klingen die Reigentänze der Jungfrauen im neuen Lied
wider, weil sie aus der Ähnlichkeit mit dem unbefleckten
Lamm an sich ziehen, was sie in der neuen Melodie vortragen. Aber weißt du, warum das Lamm so genannt wird?

T.: Ich nehme an vom Erkennen, weil nach dem Zeugnis
des Naturkundigen die Natur das gegenseitige Erkennen
von Mutter und Lamm so deutlich zeigt[92], daß sie sich unter
Tausenden an der eigenen Art und gleicher Farbe erkennen
und sich einander die gegenseitigen Wesensmerkmale so
mitteilen, daß der eine vom anderen nicht getäuscht werden
kann.

P.: Nach dem natürlichen Lauf der Dinge steht dies
eindeutig fest, und es bedarf keiner naturwissenschaftli-
chen Überlegung, um das zu erkennen, was der Umgang
mit der Natur selbst gelehrt hat. Wie ist nun aber unser
Lamm von seiner Mutter erkannt worden? Die Mutter
erkennt den Sohn, jener die Mutter, Maria erkennt Christus, Christus die Jungfrau, weil die Tatsache, daß der Sohn
auserwählt ist unter Tausenden, die Mutter aber gesegnet
unter allen Frauen, ihrem gegenseitigen Erkennen ein Un-
terscheidungsmerkmal eröffnet, das klarer ist als Licht und
bei beiden die gegenseitige Wahrnehmung wachsen läßt
aufgrund des Privilegs ihrer himmlischen Würde. Das
Lamm hat die Mutter erkannt, so wie Gott einen jeden
Menschen erkannt hat, indem er in ihr bestätigte, was er bei
der Schöpfung getan und was er Gutes gegeben hatte; die
Mutter hat den Sohn erkannt, offenbart vom heiligen Geist,
und ihre Liebe wuchs aus der Erkenntnis, wobei sie noch
einen Zuwachs an Tugenden aus der Einsicht ihres Herzens
hinzufügte. Erkenne auch du, Jungfrau Christi, in unabläs-
sigem Lobpreis die Mutter und das Lamm, weil das, was du
der Mutter zuwendest, Lobpreis des Sohnes ist, und was
du dem Sohn zuwendest, Herrlichkeit für die Mutter.
Aber sag mir: Wenn du irgendetwas von erstaunlicher Anmut an einem Kunstwerk bewunderst, würdest du dann

opus an operantem, artem an artificem dignum laude dixeris?

T.: Utrumque quidem, magis tamen artificem.

P.: Recte omnino. Illi enim totum debetur, quod pulchre
vel decenter in arte factum videtur. Sed Maria perfectum 5
opus et integrum summi artificis est.

T.: Ita videtur.

P.: Omni igitur laude dignissima est, quae domina angelorum, salus hominum, gemma virginum est. Itaque Christiana devotio merito resultat in laudibus virginum, quae 10
labem vetustae corruptio|nis causam exultandi sumunt in | 130
principe virginum. Tunicam quidem beatae immortalitatis
victo protoplasto copula carnalis surripuit, sed indumen-
tum iustitiae virgo spiritu sancto impraegnata restituit. Mater omnium Eva sibilis illectricibus inclinatur ad culpam, 15
regina virtutum Maria affatu angelico erigitur ad gratiam.
Altera mortis introitus omni posteritati, altera vitae materia
omni animae principium suum viis iustitiae repetenti. Prima lineam sui ordinis excedendo divinitatis appetitu nos
exheredatos damnavit exilio, secunda infra ordinem sancti- 20
tatis et nobilitatis suae se humiliando ipsum deum possidere meruit, omne genus hominum ad originem suam revo-
cando. Illa pro floribus et fructibus paradisi spinis deserti
transgressorem oppressit, ista relevando prostratum flore
pudicitiae vestivit et caelo post humum reconsignavit. Hinc 25

das Werk oder den, der es geschaffen hat, das Kunstwerk oder den Künstler für würdig des Lobes halten?

T.: Eigentlich beide, aber den Künstler doch noch mehr.

P.: Vollkommen richtig. Denn jenem muß man alles danken, was an einem Kunstwerk schön und lieblich gemacht ist. Aber Maria ist das vollkommene und unversehrte Werk des allerhöchsten Meisters.

T.: So scheint es.

P.: Darum hat sie am allermeisten jeden Lobpreis verdient, die die Herrin der Engel ist, das Heil der Menschen, das Juwel der Jungfrauen. Deshalb tönt mit Recht christliche Frömmigkeit wider im Lob der Jungfrauen, die den Untergang der alten Sünde in der Königin der Jungfrauen zum Anlaß für ihren Jubel nehmen. Den Mantel seliger Unsterblichkeit hat unstreitig die Vereinigung im Fleisch von dem ersten Menschen weggerissen, als er gefallen war, aber das Kleid der Gerechtigkeit hat die Jungfrau, die vom heiligen Geist schwanger wurde, wiederhergestellt. Eva, die Mutter aller, neigte sich unter dem Zischen der Versuchung hin zur Schuld, Maria, die Königin der Tugenden, richtete sich unter der Anrede des Engels auf zur Gnade. Die eine ist Türe zum Tod für all ihre Nachkommenschaft, die andere Stoff zum Leben für jede Seele, die auf den Wegen der Gerechtigkeit zu ihrem Ursprung zurückstrebt. Die erste hat uns Enterbte zur Verbannung verdammt, weil sie im Verlangen nach Göttlichkeit die Grenze der ihr gesetzten Ordnung überschritt, die zweite hat es innerhalb ihres Standes von Heiligkeit und vornehmer Abstammung verdient, Gott selbst zu besitzen, indem sie sich demütigte und das ganze Menschengeschlecht zu seinem Ursprung zurückrief. Jene hat den Gesetzesübertreter anstelle der Blumen und Früchte im Paradies mit den Dornen der Wüste zu Boden gedrückt, diese hat den Niedergestürzten wieder aufgerichtet, ihn mit der Blume der Keuschheit bekleidet, und danach hat sie die Erde wieder für den Himmel neu versiegelt. Von hier sprießt die

floribunda seges ex divini verbi semine in sacris virginibus
pullulat et ad instar paradisi ecclesiae campum diverso
virtutum flore venustat. Quanto igitur laudis praeconio
sacra virginitas commendetur, quam singulari mercede continentium castitas coronetur, Esaias testatur: „Eunuchis 5
meis", inquit dominus, „dabo in domo mea et muris meis
locum et nomen melius filiis et filiabus", et Iohannes: „Hi
sunt", inquit, „qui cum mulieribus non sunt coinquinati,
virgines enim sunt et sequuntur agnum, quocumque ierit."
Quiddam enim excellentius prae ceteris accipiunt, qui se in 10
hoc mundo perpetuae castitati pro Christi amore devove-
runt. Habent hic Christi virgines in agno, quem Iohannes
ostendit, in matre, de <qua> agnus processit, in Iohanne,
qui contemptis nuptiis agnum virgo sequitur, in Iohanne, a
quo ipse agnus, quem ostendit, baptizatur quasi quadrigam 15
omni venustate pretiosam, cui quadrigae virgines impositae
trahuntur ad thalamum aeterno flore stipatum, ubi decore
numquam marcenti rubet rosa, candent lilia, balsama sudant. Cuius quadrigae forma vel exemplum praesto est.

    T.: Vere felices animae, quae quadrigae huius exemplo a 20   131
terra sublevantur et tam florido thalamo inter angelos po-
sito collocantur. Felices aequae virgines, quae horum
florum odore trahuntur et rotas istas quantum possibile est,

---

[93] Daß Johannes eine geplante Hochzeit aufgab, um Christus nachzu-
folgen, ist ein Motiv aus der apokryphen Johanneslegende, die von mit-
tel-lterlichen Autoren oft benutzt wurde; siehe *Acta Iohannis* 113 (CCA
1,311).

blühende Saat aus dem Samenkorn des göttlichen Wortes in den heiligen Jungfrauen auf und schmückt ganz so wie das Paradies den Acker der Kirche mit dem unterschiedlichen Blumenflor von Tugenden. Mit wieviel Lob schließlich die heilige Jungfräulichkeit besungen wird, mit welch einzigartigem Lohn die Keuschheit der Enthaltsamen gekrönt wird, das bezeugt Jesaja: „Meinen Eunuchen, sagt der Herr, will ich in meinem Haus und in meinen Mauern einen Platz geben und einen Namen, besser als Söhnen und Töchtern" (Jes 56, 4 f); und Johannes sagt: „Diese sind es, die sich mit Frauen nicht befleckt haben, denn sie sind keusch und folgen dem Lamm nach, wohin immer es geht" (Offb 14, 4). Denn die, die sich in dieser Welt um der Liebe zu Christus willen fortgesetzter Keuschheit geweiht haben, empfangen etwas, das ausgezeichnet ist vor den anderen. Hier haben die Jungfrauen Christi in dem Lamm, auf das Johannes gewiesen hat, in der Mutter, aus der das Lamm hervorging, in Johannes, der die Ehe zurückwies[93] und als Keuscher dem Lamm folgte, und in Johannes, von dem das Lamm selbst, auf das er gezeigt hatte, getauft wurde, gewissermaßen eine Quadriga, kostbar vor lauter Anmut; wenn die Jungfrauen sich auf dieser Quadriga niederlassen, werden sie in das Brautgemach gezogen, das von der ewigen Blume erfüllt ist, wo die Rose glüht in niemals welkender Anmut, die Lilien weiß glänzen, duftender Balsam sich verströmt. Von dieser Quadriga soll ein Bild, das auch zum Vorbild dient, hier stehen.[94]

T.: Wahrhaft glücklich die Seelen, die nach dem Vorbild dieser Quadriga von der Erde sich emporheben und dorthin versetzt werden, wo unter Engeln eine außerordentlich liebliche Brautkammer eingerichtet ist! Glücklich ebenso die Jungfrauen, die durch den Duft dieser Blumen angezogen werden und diesen Rädern, soweit es möglich ist,

---

[94] Dieses Bild der Quadriga (Bild 6) findet sich unten nach 436.

imitantur. Pulchre rotas, baptistam et evangelistam virgini
matri et agno praecedentibus coniunxisti, quorum omnium
castitatis exemplo nihil maius, nihil praestantius invenisti.

P.: Certissime. Alter enim a prophetis natus, ab utero
matris sanctificatus conservandi pudoris gratia desertum 5
petiit, ne vel auditu vel visu vel qualibet saecularium com-
manentium macula regem suum offenderet, alter inter ce-
teros Christi discipulos magis dilectus nuptiis carnalibus
dorsum vertit, ne florem pudibundae integritatis perderet.
Ille interdicto „vino et sicera" et omni inmundo ad man- 10
ducandum „locusta et melle silvestri" pascitur, iste ab omnibus vitiis et peccatis abstinens ad dulcedinem verbi divini
sugendam ad Christi pectus inclinatur. Ille „vox clamantis
in deserto" praedicationis sono verbum praecucurrit, quod
in sui aeternitate semper immutabile tempora cuncta prae- 15
cessit et hoc incarnatum digito monstravit, „ipse alter Helias" pro qualitate vel differentia temporum vel pro zelo
ferventissimo de neglectu peccantium, paranimphus „in
gaudio sponso et sponsae congratulatur" et filio dei bap-
tizato totius iustitiae misterialiter implendae minister effi- 20
citur, iste vero tendens ad alta volatum „verbum, quod erat
in principio" videlicet, de secreto tulit patris et posuit in
sinum matris, clamans semper esse sine tempore, quod caro

gleichkommen! Schön hast du die Räder verbunden, den
Täufer und den Evangelisten mit der keuschen Mutter und
dem Lamm, die vorangehen, und du konntest nichts Größeres, nichts Herrlicheres finden als das Vorbild der
Keuschheit bei diesen allen.

P.: Sicherlich. Denn der eine, Sohn von Propheten, schon
im Mutterleib geheiligt (vgl. Lk 1,15), hat die Wüste gesucht (vgl. Mt 3,1–3), um seine Keuschheit zu bewahren,
damit er nicht durch Hören, Sehen oder irgendeinen beliebigen Makel in Gemeinschaft mit der Welt seinen König
beleidigte; der andere, unter den übrigen Jüngern Christi
besonders geliebt, kehrte einer fleischlichen Ehe den Rük-
ken, um nicht die Blüte reiner Keuschheit zu verlieren.
Jener nährte sich, da „Wein und berauschendes Getränk"
(Lk 1,15) und alles Unreine zur Ernährung verboten ist,
„von Heuschrecken und wildem Honig" (Mt 3,4), dieser
entsagte aller Laster und Sünden und lehnte sich an Christi
Brust (vgl. Joh 13,23; vgl. 21,20), um von da die Süße des
göttlichen Wortes zu trinken. Jener ist als „Stimme des
Rufers in der Wüste" (Mt 3,3) durch den Ruf seiner Predigt
dem Wort vorangeeilt, das in seiner ewigen Dauer immer
unveränderlich allen Zeiten vorangegangen ist, und er hat
auf dieses Wort mit dem Finger verwiesen, als es Fleisch
geworden war, „er selbst ein zweiter Elija" (vgl. Mt 11,14)
in Entsprechung zu seinem Wesen und dem Zeitunter-
schied, aber auch in Entsprechung zu seinem glühenden
Eifer gegenüber der Sorglosigkeit der Sünder, ein Brautführer, „der sich freut in der Freude mit Bräutigam und
Braut" (vgl. Joh 3,29) und zum Diener bestellt wird, um
für den getauften Gottessohn die ganze Gerechtigkeit in
geheimnisvollem Sinn zu erfüllen. Dieser dagegen bemühte
sich um das Wort, das zu den Höhen geflogen war, natürlich „das Wort, das am Anfang war" (Joh 1,1), und er hob
es auf aus der Abgeschiedenheit des Vaters und legte es in
den Schoß der Mutter, wobei er verkündete, daß das immer
ohne Zeit sei, was gewürdigt wurde, in fleischgewordener

factum dignatum est in tempore pro nobis processisse,
amore singulari cunctis praefertur, cui virgini virgo committitur, doctrinam verbi divini quasi paradisi fluenta profudit | et floribundo saeculo gloriam unigeniti maius ceteris | 132
evangelistis patefecit. Baptista nivei pudoris custodiendi 5
anxius, sapientiae luce repletus domus curam, familiaritatem amantium et amandorum parentum abiecit et contempsit, secretum quaerit solitudinis, in quo sibi et aliis
verbo laborat et exemplo ad fructum aeternitatis, maximus
prophetarum et heremita victu, vestitu, baptismo misteria 10
divina concelebrat et tandem omnium virtutum suarum
insignia passionis testamento consummat, evangelista vero
indissociabilis comes veritatis Christo astrictus, se suaque
omnia, leve pectus coniugis respuit, amoris privilegio Christo cohaesit, pro fidei assertione tandem veneno quasi mo 15
riturus impotionatur, vitam tranquilla pace finivit regemque suum sigillo dilectionis inconvulso amodo regnaturus
adivit.
T.: Pulchro cursu fertur haec quadriga, cui praesidet
agnus, „idem currus et currus auriga". Quo enim rotae istae 20
currerent, si auriga talis non praecederet nec subsequeretur
et excurrentium agilitate gratia regentis commendaretur?

---

[95] Die Giftprobe, die Johannes vor dem heidnischen Priester Aristodimus
bestehen mußte, gehörte wie das Motiv der geplanten Hochzeit und die
Erzählung von seinem wunderbaren Tod zur apokryphen Johanneslegende, die im Mittelalter viel zitiert wurde; siehe *Virtutes Iohannis* 8 (CCA
2, 823–827).
[96] Das Bild von Christus als Wagenlenker *(auriga)* — zunächst natürlich
Zitat nach 2 Kön 2,12 — wird auch von PASCHASIUS RADBERTUS benutzt
(*in ps.* 1, 210 [CCM 94, 7]). Es zeigt einmal mehr den engen Zusammenhang
gerade dieser Schrift in Aufbau, Thematik und Wortwahl mit dem *Speculum virginum.*

Gestalt in der Zeit für uns zu erscheinen; an einzigartiger Liebe wird er, dem als Keuschem die keusche Jungfrau anvertraut wird (vgl. Joh 19, 26 f), allen vorgezogen; er hat die Lehre vom göttlichen Wort gleich den Flüssen des Paradieses verströmen lassen und hat mehr als die übrigen Evangelisten einer blühenden Zeit die Herrlichkeit des Eingeborenen eröffnet. Der Täufer, bemüht die strahlende Keuschheit zu bewahren und erfüllt vom Licht der Weisheit, hat die Sorge um das Hauswesen, die Vertrautheit mit den liebenden und zu liebenden Eltern von sich geworfen und geringgeachtet, hat die Abgeschiedenheit der Einsamkeit gesucht, in der er sich für sich und für andere um das Wort und um das Beispiel bis zur Frucht der Ewigkeit mühte; als größter unter den Propheten und Einsiedler nach Lebensführung und Kleidung feierte er in der Taufe die göttlichen Geheimnisse und brachte schließlich die Zeichen aller seiner Tugenden durch den Bund des Leidens zur Vollendung. Der Evangelist dagegen, der unzertrennliche Freund der Wahrheit, verband sich und all das Seinige mit Christus, wies die zarte Brust einer Ehegefährtin zurück, hing mit dem Vorrecht der Liebe an Christus, trank schließlich zur ausdrücklichen Bestätigung seines Glaubens das Gift wie um zu sterben[95], beendete dann sein Leben in ruhigem Frieden und ging unter dem unzerstörten Siegel der Liebe zu seinem König ein, um von nun an mit ihm zu herrschen.

T.: In schöner Fahrt kommt diese Quadriga daher, deren Vorsitz das Lamm hat, „Wagen und Lenker" (2 Kön 2, 12) in einer Person.[96] Denn wohin würden diese Räder laufen[97], wenn nicht ein solcher Wagenlenker voranginge und zugleich nachfolgte und sich die Gnade des Lenkers nicht an der Beweglichkeit der Laufenden erweisen würde?

---

[97] Das Bild von der Quadriga, dargestellt allein durch die vier Räder, läßt sich mehrfach in der Kunst des 12. Jahrhunderts nachweisen, etwa an Tragaltären oder Schreinen.

P.: Bene intelligis. Virgines enim Christi blandientis
saeculi virulentias, immo quod sunt, numquam vincerent,
si victor mundi agnus pugnantibus non adesset, exhibendo
floribundis tyrunculis suis per gratiam, quod habuit ipse
per naturam. Apparens enim „in similitudine carnis pecca- 5
ti", non peccator sola potestate, quibus voluit, permisit
cursum iustitiae et supergredi etiam ipsa iura naturae.
Quicquid igitur Maria in flore virginitatis boni fecit, deus
dedit, et hoc homo potuit, quod deus voluit.

Quod Maria flos aeternitatis, quod Iohannes uterque 10
flos integritatis bene cucurrerunt, ab agno immaculato acceperunt, et extra metas sacri propositi rotae omnium agi-
tarentur nisi frenis gratiae praemissus auriga currum | et | 133
cursum eorum moderaretur. „Quid habes", filia, „quod
non accepisti? Si autem accepisti, quid gloriaris, quasi non 15
acceperis?" Quod es, quod virgo es et hoc diligendo custodis, donum hoc illi ascribe, qui dedit, ut quadrigam istam
gressibus disciplinatis imiteris. Agnus enim immaculatus
gratiam istam virginibus sacris dispertit, ut domus dei mun-
ditiae prato floreat, quam ipsa gratia etiam voluntate 20
praecurrens proficien<d>i possibilitatem administrat. Unde
Iohannes ‚gratia dei' sive ‚in quo est gratia' nominatur, ut
in hoc fundamento, quisquis splendore virginitatis quasi
lapide pretioso superaedificatur, architecti voluntariae dili-
gentiae tribuatur. Quaecumque igitur, virgines Christi, agni 25

---

[98] Diese Erläuterung des Namens Johannes findet sich bereits bei HIERO-
NYMUS, *nom. hebr.*, de actibus apostolorum (CCL 72, 146).

P.: Das verstehst du richtig! Denn die Jungfrauen Christi würden niemals über das Gift weltlicher Schmeichelei, denn das ist es wirklich, den Sieg davontragen, wenn nicht der Sieger über die Welt, das Lamm, den Kämpfenden zu Hilfe käme, indem es aus Gnade seinen jungen Anhängern von dem mitteilt, was es selbst von Natur aus hat. Denn indem er „in der Gestalt des sündigen Fleischs" (Röm 8, 3), aber nicht als Sünder erschien, eröffnete er allein aufgrund seiner Macht seinen Auserwählten den Weg der Gerechtigkeit, und er erlaubte ihnen sogar, die Grenzen der Natur zu überschreiten. Was also immer Maria in der Blüte ihrer Jungfräulichkeit an Gutem getan hat, das hat Gott gegeben, und der Mensch hat das vermocht, was Gott gewollt hat.

Daß Maria, die Blüte in Ewigkeit, daß die beiden Johannes, jeder eine Blüte an Unversehrtheit, gut zusammen laufen, das haben sie von dem unbefleckten Lamm empfangen, und die Räder aller würden außerhalb der Zielsäulen heiligen Vorsatzes aus der Bahn geworfen, wenn nicht der Wagenlenker vorne weg mit den Zügeln der Gnade den Wagen und seinen Lauf lenkte. „Was hast du, Tochter, was du nicht empfangen hättest? Wenn du es aber empfangen hast, was rühmst du dich, als habest du es nicht empfangen?" (1 Kor 4, 7). Daß du bist, daß du Jungfrau bist und dies in Liebe bewahrst, dieses Geschenk schreibe jenem zu, der es gegeben hat, damit du in geordneten Schritten dieser Quadriga nachfolgst. Denn das unbefleckte Lamm teilt den heiligen Jungfrauen diese Gnade zu, damit das Haus Gottes auf der Wiese der Reinheit blühe, welche Möglichkeit die Gnade sogar selbst freiwillig schafft, indem sie dem Vorwärtsschreitenden noch voraneilt. Deshalb wird Johannes ja auch ‚Gnade Gottes' genannt oder ‚der, in dem die Gnade ist'[98], damit ein jeder, der auf diesem Fundament im Glanz der Keuschheit wie ein kostbarer Stein obenauf gesetzt wird, dies des Architekten Sorgfalt aus freiem Willen zuschreibe. Darum, ihr Jungfrauen Christi, die ihr die Blüte

huius, sponsi vestri sponsalia suscepistis, quae voto virginei
floris ad fructum aeternitatis aspiratis, non solum quocumque agnus ierit, sed qualiter virgines subsequentes praeces-
serit, considerare debetis. Si enim quomodo mundus eum
in se intrantem susceperit, quanta amaritudine utpote hac- 5
tenus incognitum tenuerit, quanta acerbitate iniuriatum
dimiserit, vobis patuerit, qualiter agnus sequendus sit, facile patebit. Regem regum natum panni viles involvunt,
latitantem in praesepi bruta animalia inveniunt, teneros
artus lignum durum collidit, fugientem Aegiptus suscipit et 10
remittit, inde ter denis annis lege servitutis dominus servis
subicitur, postremo plagis, sputis oblitus, clavis confossus
ad mortem urgetur. Prius igitur, virgo Christi, sequere dominum per obprobria et, quocunque agnus victa morte
perrexerit, sequeris corona<ta>. „Si conpatimur, et con- 15
regnabimus." Regis tui „regnum de hoc mundo non erat",
ideoque quasi peregrinus laborabat.

Quid mater domini? Quomodo sequenda est? Quomodo vixit, ut speculum quoddam agni sequellis obice-
ret, quo inspecto viam dominae praecedentis agnoscerent 20
nec errarent? Forsitan deliciis affluentissimis utpote re-
gum filia corpus|culum enutrivit, molliore strato teneros | 134
artus confovit et composuit, indisciplinatis discursibus,
lascivia puellari trita verecundia plateas circuivit? Non.

eurer Jungfräulichkeit geweiht habt und nun der Frucht der
Ewigkeit entgegenseufzt: Welche Hochzeitsgaben auch
immer ihr von diesem Lamm, eurem Bräutigam, empfangen habt, ihr müßt nicht nur darauf achten, wohin das
Lamm gegangen ist, sondern auch wie es den nachfolgenden Jungfrauen vorangeschritten ist. Wenn euch nämlich
klar wird, wie die Welt ihn empfing, als er in sie eintrat, mit
welcher Bitterkeit sie ihn, der bis dahin doch noch unbekannt war, behandelte, mit welcher Härte sie Unrecht an
ihm verübte und ihn entließ, dann wird schnell deutlich
werden, auf welche Weise man dem Lamm folgen muß.
Den König der Könige umhüllen nach seiner Geburt arm-
selige Windeln, der Atem der Tiere findet ihn verborgen in
einer Krippe, das harte Holz stößt die zarten Glieder,
Ägypten nimmt den Fliehenden auf und weist ihn wieder
aus; von da an ist der Herr dreimal zehn Jahre lang nach
dem Gesetz der Knechtschaft Knechten unterworfen,
schließlich wird er mit Schlägen und Speichel besudelt, von
Nägeln durchbohrt in den Tod getrieben. Darum, du Jungfrau Christi, folge zuerst deinem Herrn in der Schmach
nach, und du wirst als Gekrönte dem Lamm folgen, wohin
immer es sich wenden wird nach dem Sieg über den Tod.
„Wenn wir mitleiden, so werden wir auch als Könige mit-
herrschen" (vgl. Röm 8,17). Deines Königs „Reich war
nicht von dieser Welt" (Joh 18,36), und deshalb mühte er
sich auch wie ein Fremdling.

Was ist mit der Mutter des Herrn? Wie soll man ihr
folgen? Wie hat sie gelebt, daß sie den Nachfolgerinnen des
Lamms gewissermaßen einen Spiegel vorhielt, aus dem diese,
wenn sie hineinsehen, den Weg der voranschreitenden Herrin
erkennen und nicht irren? Hat sie vielleicht, da sie ja Tochter
von Königen war, den zierlichen Körper mit köstlichem
Überfluß ernährt, mit möglichst weichem Tuch die zarten
Glieder gewärmt und gewickelt, ist sie etwa, indem sie alle
Schüchternheit abgelegt hatte, in kindischer Ausgelassenheit zu liederlichen Ausflügen auf den Gassen herumspa-

Sed quid? A primis cunabulis spiritus sancti praeventa
muneribus templum summo principi caelestibus disciplinis
a se nascituro praeparavit, quia rationi et sapientiae subegit,
quicquid inordinatum spiritui adversari cognovit. Sicut
enim secretum diligens nusquam per diversa motu vaga- 5
bundo ferebatur sic quinque sensuum officiis non ad vo-
luptatem, sed ad necessitatem utebatur. Verum quid in infinitum virtutum insignia enarrando procedam, cum ex sola
humilitate benedictionem meruerit omnium generationum
utriusque hominis, commanentiam angelorum? Et omnium 10
gradibus exaltata virtutum, iam nova creatura facta creantem, innovantem, regentem omnia suscepit in se, regem
caelorum et hominum? Hanc si volueris imitari, conceptu
et partu spiritali eris mater Christi.

In virgine vero baptista, quo „maior inter natos mu- 15
lierum nemo est", quid Christi virginibus imitandum proponam nisi modis omnibus fugere consortia saecularium,
asperitate cultus et habitus baptismi dedicare sacramentum sicque virginalis propositi tueri ornamentum? Quis
sanctorum umquam cultu deformior, quis habitu Iohanne 20
despicabilior victu artiore iura naturae ita perdomuit, quis
in esca, potu, humilitate florem datae ex utero matris gratiae sic custodivit? Christus putabatur Iohannes ex prae-
rogativa sanctitatis, quomodo Christus mundum intraverit, se scire negat ex custodia humilitatis. Celebratur ab 25

---

[99] Im *Protevangelium Iacobi* 12,2 wird berichtet, daß „Maria sich vor den
Söhnen Israels verbarg" (FC 18,117). Auch ihr Aufenthalt bei Elisabet (Lk
1,56) wird als Zurückziehen aus der Welt gedeutet.

ziert? Nein! Aber was dann? Von der Wiege an vorgesehen
für die Gaben des heiligen Geistes, hat sie den Tempel für
den höchsten König, der von ihr geboren werden sollte, in
himmlischer Zucht vorbereitet, weil sie der Vernunft und
der Weisheit das unterordnete, was sie als ungeordnet und
dem Geist entgegengesetzt erkannte. Denn so wie berichtet
wird, daß sie die Abgeschiedenheit liebte und niemals in
der Gegend umherschlenderte, so gebrauchte sie auch den
Dienst der fünf Sinne nicht zum Vergnügen, sondern für
die notwendigen Bedürfnisse.[99] Aber was soll ich ins Unendliche gehen, indem ich die Merkmale ihrer Tugenden
aufzähle, wenn sie allein aufgrund ihrer Demut den Lobpreis eines jeden Menschen aller Generationen verdiente
und die Gemeinschaft mit den Engeln? Erhöht auf der
Stufenleiter aller Tugenden und schon zur neuen Schöpfung geworden, empfing sie in sich den Schöpfer, den Erneuerer, den Lenker aller Dinge, den König des Himmels
und der Menschen. Wenn du dieser nacheifern willst, wirst
du in geistlicher Empfängnis und geistlicher Geburt Mutter Christi sein.

Bei dem keuschen Täufer aber, im Vergleich zu dem
„keiner unter den vom Weibe Geborenen größer ist" (Lk
7,28), was soll ich da den Jungfrauen Christi zur Nachah-
mung vorschlagen, wenn nicht auf jede Weise die Gemeinschaft mit der Welt zu fliehen, in der Rauheit von Lebensweise
und Kleidung das Geheimnis der Taufe zu weihen und so den
Schmuck ihres Keuschheitsgelübdes zu verteidigen? Wer von
den Heiligen war jemals häßlicher aufgrund seiner Lebensweise, wer verächtlicher in seinem Aussehen als Johannes,
wer hat durch allzu geringe Ernährung die Rechte der Natur
so niedergezwungen, wer hat in Speise, Trank und Demut
die Blüte der Gnade, die ihm schon im Mutterleib verliehen
war, so bewahrt? Johannes wurde für Christus gehalten
wegen seiner überragenden Heiligkeit (vgl. Joh 1,19–27),
und aus Demut erklärte er, er wisse nicht, wie Christus in
die Welt eingetreten sei (vgl. Joh 1,32 f). Er wurde gefeiert

omni Iudaea populis concurrentibus ad eius baptismum,
propheta confitetur se per hoc officium veri baptismi a
domino dandi praevenire misterium. Pascitur silvestri
dulcedine et volatili non ideo, ut sanctior videretur ab aliis,
sed ut per humilem et peregrinum cibum custodiret virtu- 5
tem nomenque sanctitatis. To|tum divinis laudibus obtulit, | 135
quod sursum acceperat, ut honor debitus sequeretur labo-
rem, quia labor voluntarius in virtutum cultura praevenit
honorem. Quid postea? Capitur, iniuriatur, incarceratur,
venditus tandem saltibus meretriciis ferro a mortalibus 10
absumitur. Hic cursus, hoc studium maximi prophetarum,
primi heremitarum, virginis et martiris, cui omne viluerat,
quod Christus non erat vel quod in fide Christi profectum
non habebat. Attendat igitur virgo Christi tanti prophetae
rigorem, maximum candidi pudoris custodem et, si vult 15
particeps fieri praemii et honoris, virtutem praelibet agonis.

T.: Magnus Christi praecursor donum magnum acceperat, quod magno rerum contemptu custodiebat, sed ut posset, quod volebat, ab illo accepit, qui omnia potuit.

P.: Audite virgines Christi, quibus data vel danda sunt 20
magna munera Christi. Sancti, qui nos praecesserunt, thesaurum istum virginitatis circumspecta diligentia obsera-
runt, ne semel incaute perderent, quem perditum numquam
repararent. Cum enim perdit homo bonum inrecuperabile,

von ganz Judäa, als das Volk zusammenlief zu seiner Taufe
(vgl. Lk 3, 7), aber der Prophet bekannte, daß er in diesem
Amt nur dem Geheimnis der wahren Taufe vorangehe, die
vom Herrn gestiftet werden müsse (vgl. Lk 3, 16 f). Er
nährte sich vom süßen Honig des Waldes und den Insekten
nicht deshalb (vgl. Mt 3, 4), damit er vor den anderen
heiliger erscheine, sondern um mit Hilfe der geringen und
unüblichen Speise Kraft und Namen der Heiligkeit zu
bewahren. Alles, was er vom Himmel empfangen hatte,
opferte er im Gotteslob, damit der Anstrengung der ge-
schuldete Ehrenerweis folge, weil die freiwillige Anstrengung bei der Ausübung der Tugenden der Ehrerweisung
vorangeht. Was geschah später? Er wurde ergriffen, ange-
klagt, ins Gefängnis geworfen und schließlich, verkauft für
den Tanz einer Hure, mit dem Schwert von den Sterblichen
hinweggenommen (vgl. Mk 6, 17–29). Dies war der Lebenslauf, dies das Bemühen des Größten unter den Propheten,
des Ersten unter den Einsiedlern, eines keuschen Mannes
und Märtyrers, dem alles wertlos geworden war, was nicht
Christus war oder was nicht Fortschritt brachte im Glauben an Christus. Darum soll die Jungfrau Christi auf die
Unbeugsamkeit dieses großen Propheten achten, auf den
mächtigsten Hüter strahlender Keuschheit und soll, wenn
sie der Belohnung und der Ehre teilhaftig werden will,
vorher die Entschlossenheit zum Kampf aufbringen.

T.: Der große Vorläufer Christi hatte ein großes Geschenk empfangen, das er in großer Verachtung der weltlichen Güter bewahrte, aber daß er vermochte, was er wollte,
das hat er von jenem empfangen, der alles vermag.

P.: Hört, ihr Jungfrauen Christi, denen große Geschenke
von Christus gegeben sind oder gegeben werden sollen! Die
Heiligen, die uns vorangegangen sind, haben diesen Schatz
der Keuschheit mit umsichtiger Sorgfalt verschlossen, damit
sie ihn nicht in einem Augenblick des Unbedachts verlören,
weil sie den einmal verlorenen niemals wieder zurückge-
winnen würden. Wenn nämlich ein Mensch unwiederbring-

id est donum sanctae virginitatis, tam dolendum est ei de neglecta custodia quam de amissa pudici floris gratia, quam prudenter quidem retinere posset, si negligentia non subintrasset. Cogitur ergo amissa iam frustra quaerere, qui bene possessa noluit custodire. Heu malum inrecuperabile! Ca- 5 stitatis virtutem lapsa quidem virgo consequi poterit, sed quod virgo fuit, ultra non reparabit. Sta super custodiam tuam, virgo, carne et spiritu, porta „splendens margaritum in fictili vase tuo", quia si thesaurum istum inter geminos hostes custodis, perditum non invenis.   10

T.: Qui sunt, oro, tam geminati hostes discriminis, tam avidi nostrae perditionis?

P.: Pessimi corruptores corporum et animarum, amato- 136 res illecebrarum carnalium, quos carnis foetor delectat nec ulla gratia spiritalis illuminat, quos obiectu formae cor- 15 poralis illectos et deceptos umbra caeci appetitus in ima praecipitat, quia divinae imaginis invisibile decus ignorant. Ut ergo thesaurus iste inviolabilis servetur, amator carnis, hostis spiritus spiritu dei in virgine Christi exsuffletur. Alter hostis impugnat interius latens in quinque 20 sensibus, quia: „Videmus aliam legem in membris nostris, repugnantem legi mentis nostrae et captivos nos ducentem in lege peccati, quae est in membris nostris." Qui hostis saepe nostro vitio suscitatur, dum concupiscentiae aut voluptatis frena laxantur et victualium superfluitate 25

liches Gut, nämlich das Geschenk der heiligen Jungfräulichkeit, verliert, dann muß er ebenso Schmerz empfinden
über seine Nachlässigkeit bei der Bewachung wie über den
Verlust des Gnadengeschenks der keuschen Blüte, das er mit
Klugheit allerdings hätte festhalten können, wenn nicht
Sorglosigkeit bei ihm Eingang gefunden hätte. Darum muß
derjenige jetzt vergeblich das Verlorene suchen, der nicht
bewachen wollte, was er zum Segen besessen hatte. Was für
ein unwiederbringlicher Verlust! Eine Jungfrau, die gefallen
ist, wird zwar die Tugend der Enthaltsamkeit wieder erreichen können, aber daß sie Jungfrau war, das wird sie in
Zukunft nicht wiederherstellen. Bleib auf deinem Wach-
posten, Jungfrau, im Fleisch und im Geist, trage „die strahlende Perle in deinem zerbrechlichen Gefäß" (vgl. 2 Kor
4,7), weil du sie nicht mehr findest, wenn sie verloren ist,
zumal du diesen Schatz zwischen doppelten Feinden hütest.

T.: Wer sind denn, ich bitte dich, diese Feinde von einer
so doppelten Gefahr, die so begierig auf unser Verderben
sind?

P.: Es sind die schlimmsten Verderber von Leib und
Seele, die Liebhaber fleischlicher Vergnügungen, die der
Gestank des Fleisches erfreut und nicht irgendeine geistliche Gnade erleuchtet, die die Begegnung mit körperlicher
Schönheit verlockt und täuscht, bis sie der Schatten blinden
Verlangens in die tiefsten Tiefen stürzt, weil sie die unsichtbare Anmut des göttlichen Bildes nicht erkennen. Damit
also dieser Schatz unangetastet bewahrt wird, soll der Liebhaber des Fleisches, der Feind des Geistes durch den Geist
Gottes in der Jungfrau erstickt werden. Der andere Feind
greift innerlich an, verborgen in den fünf Sinnen, weil „wir
ein anderes Gesetz in unseren Gliedern sehen, das gegen
das Gesetz unseres Geistes kämpft und uns zu Gefangenen
im Gesetz der Sünde macht, das in unseren Gliedern ist"
(Röm 7,23). Dieser Feind wird häufig durch unser eigenes
Verschulden wachgerüttelt, indem die Zügel von Begierde
und Lust lockergelassen und durch übermäßigen Genuß

stimuli latentes excitantur. Cur enim sermo divinus sancto
dei, de quo agimus, „vinum et siceram interdixerit", si
attendis quale periculum in his lateat exsoluta potantis
indulgentia, videbis.

T.: Cum „omnia munda mundis" lectio divina loquatur, 5
miror, cur ista vel aliqua ad usum hominum creata sanctis
interdicantur. Quamvis enim dicat apostolus: „Nolite inebriari vino, in quo est luxuria", non puto naturae vini
aliquod huiusmodi vitium inesse, sed noxium fieri ex potantis superfluitate.   10

P.: Verissime. Omnis quippe natura victualis pro qualitate sumentis vim nativam exercere videtur, nec debet
quicquam imputari sumptae naturae, sed abutentis stultitiae. Verum multis sanctorum lex huius abstinentiae
praescribitur, non ut creaturae ad usum hominum sancti- 15
ficatae detrahatur, sed ut humana fragilitas a domini servitute non impediatur.

T.: Da de his rationem.

P.: An ignoras, quod „vinum apostatare facit etiam sapientes", et iuxta prophetam: „Sicut superbia delusum hominem 20
in casum impellit, sic vinum potantem decipit", et: „Qui
amat vinum et pinguia, non | ditabitur", et multa in hunc | 137
modum reperis damnantia merobibulos, gratia naturae su-
perfluo usos? Vinum enim et sicera, id est quavis potione,

von Speisen verborgene Triebe geweckt werden. Warum nämlich die heilige Schrift dem heiligen Mann Gottes, über den wir reden, „Wein und berauschendes Getränk untersagt hat" (Lk 1,15), das wirst du sehen, wenn du darauf achtest, welche Gefahr in diesen verborgen liegt, sobald die Beherrschung des Trinkenden nachläßt.

T.: Ich wundere mich, warum diese und einige andere Dinge, die zum Gebrauch für den Menschen geschaffen wurden, den Heiligen verboten sind, da doch die heilige Schrift sagt, daß „für die Reinen alles rein sei" (Tit 1,15). Denn auch wenn der Apostel sagt: „Betrinkt euch nicht am Wein, in dem Vergnügungssucht liegt" (Eph 5,18), glaube ich doch nicht, daß irgendein Fehler dieser Art in der Natur des Weines liegt, sondern der Schaden aus der Unmäßigkeit des Trinkenden entsteht.

P.: Vollkommen wahr! In der Tat scheint jeder Stoff, der dem Lebensunterhalt dient, seine eingeborene Kraft entsprechend der Wesensart des Verbrauchers zu erproben, aber man darf nicht der Natur, die man nutzt, irgendetwas zur Last legen, sondern der Torheit mißbräuchlicher Nutzung. Vielen Heiligen wird wirklich diese Enthaltsamkeit im Gesetz vorgeschrieben, nicht damit der Schöpfung, die der Nutzung durch die Menschen geweiht ist, irgendwie Abbruch getan wird, sondern damit der Mensch in seiner Gebrechlichkeit nicht am Dienst für den Herrn gehindert wird.

T.: Darüber gib Rechenschaft!

P.: Weißt du nicht, daß „Wein sogar Weise abtrünnig macht" (Sir 19,2 Vg.) entsprechend dem Wort des Propheten: „So wie der Hochmut den Menschen verhöhnt und in den Untergang treibt, so täuscht der Wein den Trinkenden" (vgl. Hab 2,5 Vg.), und: „Wer den Wein liebt und das Salböl, der wird nicht reich" (Spr 21,17), und vieles dieser Art findest du, das die Trinker verdammt, die das Geschenk der Natur ohne Maß nutzen? Denn Wein und berauschendes Getränk, das heißt jedes Getränk, von dem

unde potest inebriari homo, si abutatur sumentis concupiscentia, sensum confundit, mentem distendit, latebras
latentium stimulorum aperit, naturalium vitiorum fomenta
suscitat et nutrit, quibus malis anima delusa et se ipsam
motibus inconcinnis excedens, quod erat in statu discipli- 5
nae suae, etiam interdum reluctans obliviscitur et cadendo
naturae vini violentiam experitur. Audi scripturam: „Luxu-
riosa res est vinum et tumultuosa ebrietas. Quicumque in
his delectabitur, sapiens non erit." Et illud: „Noli esse in
conviviis potatorum nec in commessationibus eorum, qui 10
carnes ad vescendum conferunt. Ne intuearis vinum, quando flavescit, cum splenduerit in vitro color eius. Ingreditur
blande et in novissimo mordebit sicut coluber." Si enim
vinum inmodice sumptum de sapiente facit apostatam,
quanto magis insipientem et fragilem deludit animam? 15
Quanti utriusque sexus homines altioris propositi ordinem
ingressi potationibus et non ad necessitatem, sed ad voluntatem utuntur et concepto immo duplicato calore carnis et
mentis solis interdum cogitationum volutabris insidunt,
adeo ut disciplina et gravitas locum in eis non habeat et 20
gestus corporis dissolutae mentis archana revolvat. Quid
ergo? Quae creavit deus ad usum sibi famulantium interdi-
cimus? Non, sed modum et mensuram persuademus.

T.: Scimus pro certo, quia omne, quod modum suum
excesserit, exitu bono carebit.   25

P.: Merito igitur amicus magni sponsi ab omnibus absti-
nuit, in quibus castimoniae periculum incurrere potuit.

der Mensch trunken werden kann, wenn es der Verbraucher in seiner Begierde im Übermaß genießt, trübt die Wahrnehmung, verwirrt den Geist, öffnet die Schlupfwinkel geheimer Triebe, facht den Zündstoff angeborener Laster an und gibt ihm Nahrung; durch dieses Übel wird die Seele verhöhnt und tritt in plumpen Bewegungen über ihre eigenen Grenzen hinaus, und sie vergißt, indem sie sich bisweilen sogar widersetzt, was sie im Zustand der Ordnung war, und im Sturz erfährt sie, welche Gewalt dem Wein von Natur aus eigen ist. Höre auf die Schrift: „Der Wein ist eine zuchtlose Sache, und Trunkenheit ist wild. Wer sich daran ergötzt, wird niemals weise sein" (Spr 20,1 Vg.). Und jenes Wort: „Nimm nicht teil an den Gelagen der Trinker und an den Umzügen derer, die Fleisch zum Verzehr zusammentragen" (Spr 23,20 Vg.). „Sieh den Wein nicht an, wie er goldgelb wird, wenn seine Farbe im Glas glitzert. Denn weich geht er ein, und zuletzt wird er beißen wie eine Schlange" (Spr 23,31 f Vg.). Wenn nämlich Wein, im Übermaß genossen, aus einem Weisen einen Abtrünnigen macht, um wieviel mehr verhöhnt er dann eine unverständige und schwache Seele? Wie viele Menschen beiderlei Geschlechts, die ein höheres Ziel haben und in einen Orden eingetreten sind, nutzen die Getränke nicht nach dem Bedarf, sondern nach ihrer Lust und sitzen dann, nachdem sich in der Tat die empfangene Hitze in Fleisch und Geist verdoppelt hat, allein im Schweinestall ihrer Gedanken, und zwar so sehr, daß Ordnung und Würde keinen Platz mehr bei ihnen hat, und die Haltung des Körpers die Geheimnisse ihres aufgelösten Gemüts offenlegt. Was also? Verbieten wir, was Gott geschaffen hat zum Nutzen derer, die ihm dienen? Nein, vielmehr raten wir zu Maß und Ziel.

T.: Wir wissen genau, daß alles, was über sein Maß hinausgeht, kein gutes Ende nehmen wird.

P.: Mit Recht hat sich darum der Freund des großen Bräutigams aller Dinge enthalten, bei denen seine Keuschheit hätte in Gefahr geraten können. Denn in der Enthalt-

Abstinentia enim ab illicitis et noxiis maximus est profectus sapientis.

T.: Certum est sanctum dei habitu victuque insolito cor-   138
pus cruciasse, sed multis venit in dubium, utrum vere locustam, cuius motus non tam in volatu quam in saltu est, in   5
cibum sumpserit. Dicunt enim tanti praeconii virum hoc
communi cibo potius inquinari quam refici.

P.: Num menti tuae excidit lectio divina: „Non quod
intrat in os, coinquinat hominem, sed quod exit ex ore
eius"? Qua re locusta in cibos sumpta macularet Iohannem,   10
cum carnes per corvos allatae non minuerint Heliae sanctitatem? Ambo tempore distincti, spiritu coniuncti, diversi
in persona, non diversi iustitia, qua licet singulare meritum
et dominicum testimonium praeferret Heliae Iohannem,
praecursus tamen utriusque adventus domini, primi scilicet   15
et secundi causa contulit utrisque sanctitatem. Augustinus:
„Non minus", ait, „sanctiores erant Iohannes et Helias, qui
carnes comedebant." Equidem animal hoc digitale est,
quod a vicino mari vento arreptum per campos dispergitur
et collectum a peregrinis coctumque oleo cibus gratus effi-   20
citur.

---

[100] Vgl. etwa AUGUSTINUS, conf. 10,31 (CCL 27,180).
[101] In den Scholien zu PRUDENTIUS, der cath. 7,69 (CCL 126,37) auf das strenge Fasten des Täufers hinweist, heißt es von der Heuschrecke: *cum oleo coquitur, pauperes eo cibo utuntur;* vgl. BURNAM, *Glossemata de Prudentio* 30. Auch ADAMNANUS, *de locis sanctis* 2,23,2 (217 BIELER), und (abhängig von ihm) BEDA VENERABILIS, *de locis sanctis* 13 (274 FRAIPONT),

samkeit von Verlockungen und Vergehen liegt der größte
Fortschritt für den Weisen.

T.: Es ist gewiß, daß der Heilige Gottes in ungewöhnli-
cher Kleidung und Lebensweise seinen Körper abgehärtet
hat (vgl. Mt 3,4), aber vielen kommen Zweifel, ob er wirklich Heuschrecken, deren Fortbewegung sich weniger im
Flug als im Sprung vollzieht, zur Speise nahm. Denn sie
sagen, daß ein Mann von solchem Talent zur Verkündigung
durch diese gemeine Speise eher beschmutzt als erquickt
werde.

P.: Ist deinem Sinn etwa die Stelle aus der heiligen Schrift
entfallen: „Nicht, was in den Mund hineingeht, besudelt
den Menschen, sondern was aus seinem Mund heraus-
kommt" (Mt 15,11)? Warum sollte die als Speise verzehrte
Heuschrecke den Johannes besudeln, wenn das von Raben
beigebrachte Fleisch die Heiligkeit des Elija nicht minderte
(vgl. 1 Kön 17,6)? Beide waren in der Zeit getrennt, im
Geist vereint, unterschieden in der Person, nicht unterschieden in ihrer Gerechtigkeit, wobei allerdings das einzigartige Verdienst und die Bezeugung des Herrn dem
Johannes noch den Vorzug vor Elija gibt; dennoch brachte
das Auftreten beider, weil es ja der Ankunft des Herrn
voranging, natürlich in bezug auf die erste und zweite
Ankunft, beiden den Ruf der Heiligkeit ein. Augustinus
sagt: „Nicht weniger heilig waren Johannes und Elija, weil
sie Fleisch aßen." [100] Übrigens ist dieses Tier (sc. die
Heuschrecke) fingerdick. Durch den Wind vom benach-
barten Meer her in die Luft gehoben, wird es auf den
Feldern verteilt. Fremde sammeln es auf, und in Öl gekocht
ist es eine angenehme Speise. [101]

---

berichten von der Speise des Johannes, insbesondere den in Öl gekochten
Heuschrecken, die vor allem Fremden (peregrini hier im Sinn von ‚Arme')
zur Nahrung dienten.

T.: Non pigeat, oro, te locustam istam, si quid misterii occultatur in ea, repetere, quae non frustra crediderim tantum prophetam in cibos istam sumpsisse.

P.: Moris solet esse tui similium, Christum „florem campi et lilium convallium" in pectore suo portantium floribus 5 delectari scripturarum, quorum odor agnitio veritatis est et salutis introitus est. Audi igitur. Locustae circa litus maris positae, vento levatae et in Iudaeam proiectae gentilitas est, primo quidem circa fluctus mundi vitiorum procellis aestuantis posita et a vento sancti spiritus sublevata Iudaeam, 10 id est locum obtinuit sinagoge, ubi in campo scripturarum inventa et a gratia dei collecta per oleum misericordiae divinae in igne passionis frigitur et Christo domino, pro nobis peregrino cibus | gratissimus efficitur. Ait enim do- | 139 minus: „Meus cibus est, ut faciam voluntatem patris mei." 15 Sicut enim paternae voluntati parere cibus est Christi, sic cibi eius sunt, quorum oboedientia versatur in mandatis Christi.

Vides igitur, quomodo paranimphus noster et quanta cautela, quod sursum acceperat, servaverit et in omnibus 20 occasionem tam peccati quam peccandi aspectu vigilantissimo vitaverit? Formam igitur servandae pudicitiae suscipe Iohannis victu, asperitate et vestitu, cuius rigor et robur animi, si vel semel a solito lentesceret, quid tantum temporis et vitae spatium cucurrisse prodesset? Et de baptista 25

T.: Es soll dich nicht verdrießen, ich bitte dich darum, nochmals auf diese Heuschrecke zurückzukommen, ob irgendein geheimnisvoller Sinn in ihr verborgen liegt, weil ich nicht glauben möchte, daß ein so großer Prophet diese umsonst als Speise zu sich genommen hat.

P.: Es ist die Gewohnheit derer, die dir ähnlich sind und die Christus, „die Blüte des Feldes und die Lilie im Tal" (Hld 2,1), in ihrem Herzen tragen, daß sie sich ergötzen an den Blumen der heiligen Schrift, deren Duft Erkenntnis der Wahrheit und Zugang zum Heil ist. Höre also! Die Heuschrecken, die sich entlang dem Ufer des Meeres niedergelassen haben und vom Wind aufgehoben und nach Judäa getragen werden, sind das Heidentum, das zuerst in die Fluten der Welt, die von den Stürmen der Laster wogte, gestellt war, dann vom Wind des heiligen Geistes aufgehoben und nach Judäa getragen wurde, das heißt, den Platz für die Synagoge einnahm, wo es im Feld der heiligen Schrift aufgefunden, dann von der Gnade Gottes aufgesammelt, im Öl des göttlichen Erbarmens gekocht und schließlich im Feuer der Passion gegart wurde, und für Christus, den Herrn, der für uns zum Fremden wurde, eine außerordentlich angenehme Speise ergab. Denn der Herr sagt: „Meine Speise ist, daß ich den Willen meines Vaters tue" (Joh 4,34). Denn so wie es die Speise Christi ist, dem väterlichen Willen zu gehorchen, so sind seine Speise die, deren Gehorsam sich in der Befolgung von Christi Geboten erfüllt.

Siehst du also, wie und mit welcher Sorgfalt unser Brautführer das bewahrte, was er vom Himmel empfangen hatte, und in allen Dingen mit äußerster Sorgfalt jede Gelegenheit zum Irrtum wie zur Sünde vermied? Übernimm also das Vorbild zur Bewahrung der Keuschheit in der Lebensweise, der Rauheit und der Kleidung des Johannes, die man bewahren muß; wenn die Härte und Kraft seines Geistes auch nur einmal abgelassen hätte vom Gewohnten, was hätte es dann genutzt, einen so großen Abschnitt an Zeit und Leben durchlaufen zu haben? Dies soll nun genügen

domini ista sufficiant. Numquid et illum censes imitandum,
cui Christi amoris gratia singularis divinitatis suae secreta
adeo patefecit, ut hoc solus dei consecretalis aspiceret, quo
enarrando nec primum similem nec sequentem haberet? Si
ergo delectat te Iohannem imitari, festina Iohanni per labo- 5
rem et meritum assimilari, quia si cessaverint in te laborum
exercitia pro virtutum gradu consequendo, frustra quod
non habes, miraris in altero. Labor, fructus et meritum
Iohannis palmae cedroque multiplicatae conparatur, ut
scriptum est: „Iustus ut palma florebit, ut cedrus Libani 10
multiplicabitur", quorum alterum, id est palma primis annis suis in trunco deformis et nodosa nihil in se futurae
fertilitatis ostendit, processu vero temporis foliis et fructibus et frondibus mira venustate dilatatur, cedrus vero na-
turali proceritate in alta porrigitur fructuque gratissimo 15
sursum onustatur. Sic de Iohanne intellige. Primo sinago-
gae filius, in circumcisione sub lege positus, piscator tenuis,
rebus pauper et meritis, despectio magna abundantibus et
superbis, electus vero gratia vocante Christi, quanto fructu
caelestis doctrinae fide et opere processerit, non angulus 20
perfidae Iudaeae, sed tota mundi latitudo depromit.

Quis um|quam sanctorum tam veteris quam novi instru- | 140
menti tantum accepit lumen intelligentiae, ut ad aeternitatem verbi, ad „lucem inaccessibilem" radium mentis tra-

als Erörterung über den Täufer des Herrn. Du bist doch
wohl der Ansicht, daß man auch jenem nacheifern muß,
dem das Gnadengeschenk von Christi Liebe das Geheimnis
seiner einzigartigen Gottheit so weit offenbarte, daß er als
einzig Eingeweihter Gottes dessen ansichtig wurde, wodurch es weder am Anfang noch in der Folge jemand gab,
der im Erzählen ihm vergleichbar gewesen wäre? Wenn es
dich also freut, Johannes nachzuahmen, dann beeile dich,
daß du dich Johannes in Mühe und Verdienst angleichst;
denn vergeblich bewunderst du beim anderen, was du nicht
hast, wenn bei dir die Übung in der Arbeit nachläßt, um
einen Fortschritt in der Tugend zu erzielen. Frucht und
Verdienst des Johannes werden einer Palme und einer Zeder von üppigem Wuchs verglichen, so wie geschrieben
steht: „Der Gerechte wird wie eine Palme blühen, wie eine
Zeder des Libanon wird er wachsen" (Ps 92, 13: Vg. 91, 13);
von denen ist die eine, nämlich die Palme, in ihren ersten
Jahren im Stamm häßlich und knotig, und nichts an ihr
verweist auf ihre künftige Fruchtbarkeit, im Fortgang der
Zeit aber breitet sie sich aus mit Blättern, Früchten und
Laubwerk von wunderbarer Anmut; die Zeder dagegen
reckt sich in natürlicher Schlankheit hoch und ist in der
Höhe mit außerordentlich angenehmen Früchten schwer
beladen. Das verstehe in bezug auf Johannes! Nicht der
letzte Winkel des ungetreuen Judäa, sondern die Weite der
ganzen Welt verkündete, mit welcher Frucht himmlischer
Lehre er in Glauben und Werk voranschritt, er, der zuerst
ein Sohn der Synagoge war, in der Beschneidung unter das
Gesetz gestellt, ein bescheidener Fischer, arm an Mitteln
und Verdienst, für die Reichen und Stolzen ein Gegenstand
großer Verachtung, dann aber auserwählt, da die Gnade
Christi ihn berief.

Wer von den Heiligen, sowohl des Alten wie des Neuen
Bundes, hat jemals ein so großes Licht an Einsicht empfan-
gen, daß er den Strahl seines Geistes bis zur Ewigkeit des
Wortes gelangen ließ, bis zum „unzugänglichen Licht"

iceret, quam scire comprehendi non posse, non parvus
gradus est intelligentiae nostrae? Equidem secundum initium et finem divinae aeternitatis et aeternae divinitatis, quae
omnia, quae sunt, antecedit, quae cuncta, quae futura sunt,
excedit, de qua ipse loquitur, de quo loquimur: „Ego sum 5
alfa et ω, primus et novissimus"; cum se mentis acies exten-
derit, neque profunditatem principii verbi dei, ubi figere
gradum possit, invenit et finem, qui nullus est, praecurrere,
si quaerit, frustrato intuitu retro recedit nec ultra progredi
valebit.   10

Quis sanctorum mentis ardore sic incanduit, qui tanta de
dei caritate dissereret et tantam vim caritatis in ecclesia
accenderet, immo in cordibus hominum poneret deum et
vicissitudine mirabili hominem aeque deo imponeret di-
cens: „Deus caritas est et qui manet in caritate, in deo manet 15
et deus in eo"? Nisi enim deo plenus esset, tanta de dei
plenitudine quomodo calamo peraaret? Suxit ergo de pectore Christi, quod de caritate dixerat Christi, quod de
inseparabili patris et filii substantia, quod de dignatione
supernae clementiae gratuita, quorum omnium summa est 20
salus et humana reformatio et ad statum naevo parentum
subtractum reparatio. In reverberatis igitur oculis mentis
haustam de aeternitate lucem humanis tenebris scriptis suis
infudit, quae pro captu internae intelligentiae cordi suo
resplenduit. Sed aliqua verborum eius ad caritatis incita- 25

---

[102] Gemeint ist Johannes, der Lieblingsjünger, der als vermeintlicher Autor von Evangelium, Apokalypse und den Johannesbriefen die besondere
Tiefe seiner Aussage dem Umstand verdankt, daß er aus der Brust Christi
als Quelle schöpfte; vgl. BENTLER, *Johannes.* Der Autor des *Speculum
virginum* stellt im Bild der Quadriga nach Maria beide Johannes als
Tugendvorbilder vor und läßt dem eine Charakterisierung im Wort folgen:
Johannes der Täufer wird zuerst (oben 418, 15 – 432, 1) in seiner aske-
tischen Lebensweise beschrieben, dann folgt eine Beschreibung von Johannes dem Lieblingsjünger (oben 432, 1 – unten 444, 13).

(1 Tim 6,16), von dem zu wissen, daß es nicht begriffen werden kann, kein kleiner Schritt auf dem Weg unserer Erkenntnis ist? Dies allerdings geschieht gemäß dem Anfang und dem Ende der göttlichen Ewigkeit und der ewigen Göttlichkeit, die allem, was ist, vorangeht, die über alles, was kommen wird, hinausgeht, über die er selbst, von dem wir sprechen, gesagt hat: „Ich bin das Alpha und das Omega, der Erste und der Letzte" (Offb 22,13); auch wenn die Schärfe des Geistes sich auf das höchste anspannt, findet sie doch nicht die Tiefe des Urgrunds des göttlichen Worts, wo sie den Schritt festmachen könnte, und wenn sie versucht, dem Ende, das keines ist, voranzulaufen, weicht sie nach vergeblicher Ausschau wieder zurück und wird nicht in der Lage sein, weiter voranzuschreiten.

Wer von den Heiligen erglühte so im Feuer seines Herzens, daß er so große Dinge über die Liebe Gottes erörterte und eine so große Kraft der Liebe in der Kirche entzündete, ja geradezu Gott einen Platz in den Herzen der Gläubigen gab und in wunderbarem Wechsel ebenso den Menschen Gott auferlegte, indem er sagte: „Gott ist Liebe, und wer in der Liebe bleibt, der bleibt in Gott und Gott in ihm" (1 Joh 4,16)? Wenn er nicht voll von Gott gewesen wäre, wie hätte er dann mit seinem Griffel ein so weites Feld von der Fülle Gottes durchpflügt? Denn von der Brust Christi hat er gesaugt[102], was er über die Liebe Christi gesagt hat, was über das unteilbare Wesen von Vater und Sohn, was über die unentgeltliche Gunst der himmlischen Gnade; von allen diesen Dingen ist aber die Erneuerung des Menschen und die Wiederherstellung des Zustandes, der durch den Makel der Voreltern verloren war, das größte Heil. Denn mit den geblendeten Augen des Geistes hat er das Licht aus der Ewigkeit geschöpft und durch seine Schriften in die menschliche Finsternis fließen lassen, das Licht, das entsprechend dem Fassungsvermögen seiner inneren Einsicht in seinem Herzen wieder aufleuchtete. Aber wir wollen einige seiner Worte, die zur Liebe auffordern, als

menta ponamus exempla, ut ex scriptorum eius efficacia
perfecti amoris elucescant argumenta. Ait ergo: „Nolite
diligere mundum neque ea, quae in mundo sunt, quia si quis
diligit mundum, non est caritas patris in eo." Qua re?
„Quoniam omne, quod est in mundo, concupiscentia est et 5
concupiscentia oculorum et superbia vitae." Et | infra: | 141
„Mundus transit et concupiscentia eius, qui autem facit
voluntatem patris, manet in aeternum." Itaque amor vitae
praesentis excludit amorem aeternitatis et filius per errorem
maligni amoris ad se paternum non admittit affectum, quia 10
detrectavit implere paternae voluntatis effectum. Denique
concupiscentia mala et superbia relatione vicaria se respici-
unt, quia qui caduca vel aliud quam deus est videtur con-
cupiscere, contra deum probatur superbire, qui vero super-
bit, supra ordinem suum aliquid concupiscit. Igitur cuius 15
amor in mundo nunc figitur, ubi tunc stabit, quando mundus recedit?

T.: Necesse est fabricam periclitari, cuius fundamentum
videtur aliquo motu quassari, sic cum recedit decepta mens
quod amavit, locus ultra non erit amoris, quia quod transiit, 20
amor erat erroris.

P.: Recte igitur diligit, qui res, quibus in hac vita utitur,
deo non praeponit. Sequitur Iohannes: „Carissimi, si sic
deus dilexit nos, ut filium suum unigenitum daret, et nos
invicem debemus diligere. Deum nemo vidit umquam. Si 25
diligamus invicem, deus in nobis manet et caritas eius in
nobis perfecta est." Hic attende, utrum maius sit deum in
hac vita videre quam in corde habere, interius possidere an
exterius attingere. Alterum quidem horum impossibile est

ualentia sexus infirmioris nihil aliud e̅ n q̅d humilitas
s̅e̅p p̅ualet su̅pbie̅ in q̅cu̅q: scd̅m p̅fessione

Bild 5: Demut und Stolz

ni deserti ingessere oppssā. ista relenido. pstū flore pudicie uestigiū.
v eo p̄ lumū resignau. Hinc floribunda sege excluum ūbi semi
ne insaei unginib; pululat. v adinstar paradisi eccle capū dūi
so uirtutū flore uenustat. Q̄uo ḡ laude p̄conio sē ugintū cūnde.
quī singtari micede cnnenntū castitā coronet. esaias testat. Lunu
chis meis ungt dūs dabo indomo mea y murr mei loca v noni
mei filii v filiab; v nob. In se ingt quā mulierib; n̄ se cōiqui ung
eū se v sequnt aḡ q̄cq; ierit. Q̄dā enī excellenī pectis accipiunt.
q̄ se in hoc mundo ppter castitan. p v amore deuouei. Habet hic
v ungine in agno q̄ 10hs ostendit. nimare dq̄ agni pcessit. uohe
q̄ etepus nupiis agnū uingo seipt. uohe aq̄ ipse agni q̄ ostēdit bap
tizat. q̄si q̄driga ō uestate petosū. cū q̄drige ugine iposite thū
v ad thalamū. Q̄uo flore spiatū u decore nūq̄. marcenti rubet
rosa. eandem lilia balsama sudant. sui q̄drige format exem
plum p̄stō ē.

Bild 6: Quadriga

Bild 7: Kluge und törichte Jungfrauen

Beispiel vorstellen, damit aus der Wirkung seiner Schriften der Beweis für die vollkommene Liebe aufleuchtet. Er sagt also: „Liebt nicht die Welt und die Dinge, die in der Welt sind, weil wenn einer die Welt liebt, dann ist nicht die Liebe des Vaters in ihm." Warum? „Weil alles, was in der Welt ist, Begierde ist und Begehrlichkeit der Augen und ein hochmütiges Leben" (1 Joh 2, 15 f). Und weiter unten: „Die Welt geht vorüber und ihre Begierde, wer aber den Willen des Vaters tut, der bleibt in Ewigkeit" (1 Joh 2, 17). Deshalb schließt Liebe zum gegenwärtigen Leben die Liebe zum ewigen Leben aus, und der Sohn läßt auf dem Irrweg verderblicher Eigenliebe eine Beziehung zum Vater nicht zu, weil sie die Erfüllung des väterlichen Willens verweigert hat. Schließlich beziehen sich schlimme Begierde und Stolz in wechselndem Bezug aufeinander, weil derjenige, der hinfällige Dinge begehrt oder überhaupt irgendetwas, was nicht Gott ist, offensichtlich hochmütig gegen Gott ist; und wer hochmütig ist, begehrt etwas, das über seine Stellung hinausgeht. Wer darum seine Liebe jetzt in der Welt festnagelt, wo wird der dann stehen, wenn die Welt vergangen ist?

T.: Notwendigerweise muß ein Bauwerk in Gefahr geraten, dessen Fundament von einem Stoß erschüttert wird, so wird, wenn ein betrogenes Herz von dem zurückschreckt, was es geliebt hat, kein Platz mehr für die Liebe sein, weil das, was vorbeigegangen ist, Liebe zum Irrtum war.

P.: Darum liebt der in richtiger Weise, der nicht Gott die Dinge vorzieht, die er in diesem Leben braucht. Es folgt bei Johannes: „Ihr Lieben, wenn Gott uns so geliebt hat, daß er seinen eingeborenen Sohn gab, so sollen wir uns auch untereinander lieben. Niemand hat jemals Gott gesehen. Wenn wir uns untereinander lieben, so bleibt Gott in uns, und seine Liebe ist vollkommen in uns" (1 Joh 4, 9.11 f). Jetzt paß auf, ob es wichtiger ist, Gott in diesem Leben zu sehen als ihn im Herzen zu haben, ihn innerlich zu besitzen als ihn äußerlich zu berühren. Das eine von diesen beiden Dingen ist nun allerdings unmöglich für den

homini in carne viventi, alterum possibile in futura vita et
praesenti. Itaque si dilexeris diligentem, sola dilectio colligit ad te deum, animae tuae possessorem, ut quem videre
naturis repugnantibus non poteras, caritate mediante pos-
sidentem possideas. Siquidem sine deo deum non diligis, sic 5
sine ipso adiuvante mandata vitae non custodis. Igitur ex
eius gratiae fonte propinatur, quod homo et bene vult et
recte operatur. Odium mundi amorem excitat dei. Fac dei
voluntatem et manebis in aeternum, quia transeuntibus,
quae videntur, cultor pietatis perducitur ad ea, quae non 10
videntur. Quod enim videt, quis quid sperat? „Omne igitur,
quod natum est ex deo, vincit | mundum. Et haec est victo- | 142
ria, quae vincit mundum, fides nostra." Vis scire, quomodo
fides vincit?

T.: Etiam. 15

P.: Si „Christus habitat in corde tuo per fidem", te
tacente senties eum in te contra mundum pugnantem et
victricem coronantem. Quis igitur de victoria in duello
diffidat, quando Christus, qui est auctor et causa certami-
nis, contra rabiem hosticam pugnat? Tyrranidem saecularis 20
potentiae non formidabis, si quem dominum habeas, virgo
Christi, memor fueris. Regi tuo innitere, et omnis munda-
nus terror aut vitiorum tela videbuntur araneae. A quo si
oculos reflexeris, metu vano concussa statu recto carebis.
Quanta de caritate Iohannes dixerit, manens spiritus dei in 25
eo ostendit. Habet enim proprium hoc natura mentium
humanarum vel lingua vel alio corporis gestu aperire, quo

Menschen, der im Fleisch lebt, das andere ist möglich im
zukünftigen Leben und im gegenwärtigen. Denn wenn du
den Liebenden geliebt hast, dann zieht allein die Liebe
Gott, den Besitzer deiner Seele, zu dir hin, so daß du den
Besitzenden durch Vermittlung der Liebe besitzest, den du,
da die Natur dem entgegensteht, nicht sehen konntest.
Wenn du allerdings Gott ohne Gott nicht liebst, so befolgst
du ohne seine Hilfe auch nicht die Aufträge des Lebens.
Deshalb wird aus dem Quell seiner Gnade das zum Trank
gereicht, was der Mensch gut will und richtig vollbringt.
Abneigung gegen die Welt fördert die Liebe zu Gott. Er-
fülle den Willen Gottes, und du wirst in Ewigkeit bleiben,
weil der, der die Frömmigkeit bewahrt, durch die vergänglichen Dinge, die man sehen kann, zu dem geführt wird,
was man nicht sehen kann. Denn wer erhofft etwas, was er
sieht? „Darum besiegt alles, was von Gott geboren ist, die
Welt. Und unser Glaube ist dieser Sieg, der die Welt über-
windet" (1 Joh 5, 4). Willst du wissen, auf welche Weise der
Glaube siegt?

T.: Ja sicher.

P.: Wenn „Christus durch den Glauben in deinem Herzen wohnt" (Eph 3, 17), dann fühlst du, wenn du still bist,
wie er in dir gegen die Welt kämpft und die Siegerin krönt.
Wer könnte darum an dem Sieg im Zweikampf zweifeln, da
doch Christus, der Urheber und Anlaß des Streites ist,
gegen die feindliche Raserei kämpft? Die Tyrannei weltlicher Macht wirst du, Jungfrau Christi, nicht mehr fürchten,
wenn du dich erinnerst, welchen Herrn du hast. Stütze dich
auf deinen König, und aller Schrecken der Welt und alle
Pfeile der Laster werden wie Spinngewebe erscheinen.
Wenn du von ihm die Augen abwendest, dann wirst du von
leerer Furcht erschüttert und keinen festen Stand mehr
haben. Über welch große Liebe Johannes gesprochen hat,
das zeigt der Geist Gottes, der in ihm blieb. Denn es ist eine
Eigentümlichkeit der menschlichen Natur, durch die Sprache oder Gestik des Körpers zu offenbaren, wovon der

movetur in interiori homine. Quia ergo theologus noster
idem Iohannes ex haustu divinitatis gustum senserat caritatis, aliter loqui non poterat quam interius didicerat. In
mente calamum tinxerat, ideoque spiritus officium expone-
bat. Sunt autem in Iohanne tria consideranda, virtus con- 5
templationis, flamma perfectae dilectionis, formula sanctae
castitatis, quibus ordinem suum servantibus inmobilem
totum, quod in se carnaliter vivebat, spiritu praevalente
necaverat. „Mortui estis", ait apostolus, „et vita vestra
abscondita est cum Christo in deo." Puritas enim mentis 10
capax est divinae contemplationis, in contemplatione vero
versatur cardo divinae caritatis.

T.: Hoc apertius exponas, obsecro.

P.: An ignoras appetitum aeternorum mortem quandam
esse concupiscentiarum temporalium? Mors vero terrenae 15
cupiditatis gradus quidam est ad ignem divinae caritatis.
„Deus caritas est", in cuius amorem si coeperis anhelare,
omnis affectus et actio tua fervet semper caritate. Porro
locus divinae lucis illic est, ubi amor dei et | proximi est, | 143
versa vero vice tenebris mens confunditur, ubi caritati locus 20
non relinquitur. „Qui diligit", inquit, „fratrem suum, in
lumine manet et scandalum in eo non est. Qui autem odit
fratrem suum, in tenebris est et in tenebris ambulat et
nescit, quo vadat, quoniam tenebrae excaecaverunt oculos
eius." Crede filia, in cuiuscumque rei vel amore vel ambi- 25
tione mens tua sine deo figitur, procul dubio lux interior,
quae verae dilectionis testimonium est, in te minoratur.
„Deus enim lux est et tenebrae in eo non sunt ullae. Si

Mensch innerlich bewegt wird. Weil aber unser Theologe, eben dieser Johannes, den Geschmack der Liebe aus dem Quell der Gottheit gekostet hatte (vgl. Joh 13,23), konnte er nicht anders reden, als er es innerlich gelernt hatte. Im Geist hatte er seine Feder eingetaucht, und deshalb konnte er die Aufgabe des Geistes erläutern. Es gibt aber drei Dinge bei Johannes zu bedenken, die Fähigkeit zur inneren Einkehr, das Feuer vollkommener Liebe und das Vorbild heiliger Keuschheit; da diese Eigenschaften seine Bestimmung vollkommen und unverrückbar bewahrten, tötete er mit der Kraft des Geistes alles ab, was an Fleischlichem in ihm lebte. „Ihr seid gestorben", sagt der Apostel, „aber euer Leben ist mit Christus geborgen in Gott" (Kol 3,3). Denn die Reinheit des Geistes ist zur Betrachtung Gottes fähig, in der Betrachtung aber liegt der Angelpunkt göttlicher Liebe.

T.: Das sollst du deutlicher erklären, ich bitte dich sehr.

P.: Weißt du nicht, daß das Streben nach den ewigen Dingen sozusagen der Tod weltlicher Begierden ist? Der Tod irdischer Leidenschaft ist gewissermaßen ein Schritt zum Feuer göttlicher Liebe. „Gott ist Liebe" (1 Joh 4,8), und wenn du anfangen wirst, nach seiner Liebe zu lechzen, dann glüht jeder Wunsch und jede Handlung von dir immer vor Liebe. Weiter ist dort der Ort göttlichen Lichts, wo die Liebe zu Gott auch die Liebe zum Nächsten ist, und umgekehrt wird dort der Geist in Finsternis gestürzt, wo für die Liebe kein Platz mehr ist. „Wer seinen Bruder liebt", sagt er, „der bleibt im Licht, und an ihm ist kein Ärgernis. Wer aber seinen Bruder haßt, der ist in der Finsternis und wandelt in der Finsternis und weiß nicht, wohin er geht, weil die Finsternis seine Augen verdunkelt" (1 Joh 2,10f). Glaube mir, Tochter, das innere Licht, das das Zeugnis wahrer Liebe ist, wird ohne Zweifel in dir vermindert, wenn du dein Herz in Liebe oder Eifer an irgendeine beliebige Sache ohne Gott hängst. „Denn Gott ist Licht, und es ist nicht irgendeine Finsternis in ihm. Wenn wir aber

dixerimus quoniam societatem habemus cum illo et in tenebris ambulamus, mentimur", et cetera usque: „Sanguis
filii eius emundat nos ab omni peccato." Vides, quod caritatis perfectio peccatorum emundatio est, caritas vero lucis
interioris ortus in Christo? Vere felix anima, quae meretur 5
radium aeterni splendoris ex virtute gemini amoris, deum
clausum habens in se, qui omnia complet et ambit ex divi-
nitate. Non frustra igitur dicitur in cena super pectus domini recubuisse, qui tanta de caritate, quae deus est, probatur eructuasse, sine qua numquam proficit, qui deum 10
quaerere incipit.

T.: Licet locus iste, quo famulus super pectus domini
recubuit, plenus deliciarum sit, miror, si ulla tipici sensus
nube velatus sit.

P.: Immo permaximo, quia in hoc recubitu totum gaudi- 15
um significatur, quod sponsa cum sponso, ecclesia cum
Christo perhenni dulcedine laetabitur.

T.: Ne tardes, pater, in amore Christi proferre, quod
permultum virginibus Christi constat scire prodesse.

P.: Sicut typus est Iohannes in hoc loco ecclesiae iam cum 20
Christo regnantis et sine pressura vel passione sollemnizan-
tis, sic typum constat eundem esse eiusdem ecclesiae corpore et spiritu sine fine cum Christo regnaturae. In cena illa,
qua Iohannes super pectus cari | magistri recubuit, in pane | 144
et vino, id est in corpore et sanguine Christi celebratur 25
misterium redemptionis humanae, in illa cena ultimae resur-

sagen, daß wir Gemeinschaft mit ihm haben, und wandern
in der Finsternis, so lügen wir" (1 Joh 1, 5 f), und so weiter
bis zu der Stelle: „Das Blut seines Sohnes hat uns von aller
Sünde rein gewaschen" (1 Joh 1, 7). Siehst du, daß vollkommene Liebe Reinigung von Sünden ist, die Liebe aber der
Ursprung des inneren Lichts in Christus? Wahrhaft glücklich die Seele, die den Strahl ewigen Glanzes aus der Tugend
doppelter Liebe verdient, weil sie Gott verschlossen in sich
trägt, der aufgrund seiner Göttlichkeit alles erfüllt und alles
umschließt! Nicht umsonst wird darum berichtet, daß er
während des Mahls an der Brust des Herrn ruhte (vgl. Joh
13, 23), er, der gewürdigt wurde, so große Dinge über die
Liebe zu verkünden, die Gott ist (vgl. 1 Joh 4, 8) und ohne
die keiner jemals Fortschritte machen kann, der anfängt,
Gott zu suchen.

T.: Zugegeben, daß dieser Ort, an dem der Jünger an der
Brust seines Herrn ruhte, ein Ort voll von Freuden ist,
wundere ich mich doch, ob er nicht noch von irgendeiner
Wolke geheimnisvollen Sinns verhüllt ist.

P.: In der Tat durch eine gewaltige, da ja in diesem
Ausruhen die ganze Freude insgesamt bezeichnet wird, an
der sich die Braut mit dem Bräutigam, die Kirche mit
Christus in dauernder Wonne erfreuen.

T.: Zögere nicht, du Vater in der Liebe zu Christus, das
vorzutragen, was zu wissen für die Jungfrauen Christi ohne
Zweifel von großem Nutzen ist.

P.: So wie Johannes an dieser Stelle Vorbild für die
Kirche ist, die schon jetzt mit Christus herrscht und ohne
Bedrängnis oder Leiden feierlich ihre Feste begeht, so
steht fest, daß eben dieser auch Vorbild für dieselbe Kirche ist, die mit Leib und Geist ohne Ende in der Zukunft
mit Christus zusammen herrschen wird. Bei jenem Mahl,
bei dem Johannes an der Brust des geliebten Lehrers ruhte, wird in Brot und Wein, das heißt in Leib und Blut
Christi, das Geheimnis der menschlichen Erlösung gefeiert; bei jenem Mahl der letzten Auferstehung und der

rectionis et sanctorum glorificationis sponsa Christi per
Iohannem significata super pectus domini sui recumbet in
requie sempiternae iustitiae, bibens a pectore domini sui
perfectam pro suo modulo divinitatis agnitionem et internae dilectionis dulcedinem. Quod igitur in prima cena per 5
sacramentum dominicae passionis agebatur, hoc in secunda
per effectum resurrectionis omnium beatorum agetur,
quando sancti vocati et electi caput ad Christi pectus in-
clinant, id est mentem suscipiendae deitati coaptant, com-
edentes profunda divinitatis, sugentes a pectore Christi 10
fontem beatae perhennitatis et sempiternae beatitudinis,
bibentes archanum ab antiquis saeculis cultoribus pietatis
repromissum, sicut ipse praedixerat, qui haec omnia con-
summanda promittebat: „Vos estis", inquit, „qui perman-
sistis mecum in temptationibus meis et ego dispono vobis 15
sicut disposuit mihi pater, ut edatis et bibatis super men-
sam meam in regno meo", et Paulus: „Cum venerit", inquit, „quod perfectum est, evacuabitur, quod ex parte est.
Videmus nunc per speculum et in aenigmate, tunc autem
facie ad faciem. Nunc cognosco ex parte, tunc cognoscam, 20
sicut et cognitus sum." Et theologus noster: „Carissimi",
inquit, „filii dei sumus et nondum apparuit, quid erimus.
Scimus quoniam cum apparuerit similes ei erimus, quoniam videbimus eum, sicuti est." Ecce filia, formam habes
quadrigae, quam ascendere poteris in agno, in Maria, in 25
utroque Iohanne, quorum ut exemplo proficere queas,
ardentissima supplicatione divinum auxilium quaeras. Ubi
enim orare cessaveris, ibi meritum virginis, ibi fructus et

Verherrlichung der Heiligen wird die Braut Christi, auf die
durch Johannes verwiesen ist, sich an die Brust ihres Herrn
zurücklehnen in der Ruhe immerwährender Gerechtigkeit
und dabei von der Brust ihres Herrn nach eigenem Rhyth-
mus vollkommene Erkenntnis der Göttlichkeit und süße
Liebe trinken. Was also beim ersten Mahl durch das Geheimnis der Passion des Herrn geschah, das wird beim
zweiten Mahl bewirkt durch die Auferstehung aller Seligen, wenn die berufenen und auserwählten Heiligen ihr
Haupt an Christi Brust lehnen, das heißt ihr Herz zur
Aufnahme der Gottheit bereit machen, indem sie die tiefen
Gründe der Gottheit verzehren und von der Brust Christi
aus der Quelle glückseliger Dauer und dauernder Glückseligkeit schlürfen und das Geheimnis trinken, das von ural-
ten Zeiten her denen verheißen war, die die Frömmigkeit
bewahren, so wie er selbst es vorausgesagt hatte, der ver-
sprach, daß alle diese Dinge sich vollenden müßten: „Ihr
seid es", sagt er, „die mit mir ausgehalten haben in meinen
Versuchungen, und ich will für euch so sorgen, wie mein
Vater für mich gesorgt hat, daß ihr eßt und trinkt an meinem Tisch in meinem Reich" (Lk 22,28–30); und Paulus
sagt: „Wenn kommen wird, was vollkommen ist, dann wird
entleert werden, was Stückwerk ist. Jetzt sehen wir durch
einen Spiegel und im Rätsel, dann aber von Angesicht zu
Angesicht. Jetzt erkenne ich stückweise, dann aber werde
ich erkennen, wie auch ich erkannt bin" (1 Kor 13,10.12).
Und unser Theologe sagt: „Meine Liebsten, wir sind Kinder
Gottes, und es ist noch nicht erschienen, was wir sein werden. Wir wissen aber, daß wir, wenn es erschienen ist, ihm
ähnlich sein werden, da wir ja ihn sehen werden, wie er
ist"(1 Joh 3,2). Siehe, Tochter, hier hast du nun das Bild der
Quadriga, die du besteigen kannst im Lamm, in Maria und
in den beiden Johannes, damit du durch ihr Beispiel Fortschritte machen kannst, indem du mit heißem Flehen die
göttliche Hilfe suchst. Wo du nämlich aufhörst zu beten,
dort wird auch das Verdienst der Jungfrau, dort wird Frucht

virtus cessabit virginitatis. Amor te facit orantem, oratio
facit amorem Christi in te vigilantem.

T.: Ascensum quidem sanctae virginitati admirandum, 145
sed nostrae staturae admodum imparem, pater venerande,
promittis, cuius orbitas, si copia daretur attendere, tarde 5
subsequenti crediderim posse sufficere.

P.: Adiciam et alia virginum exempla eiusdem numeri,
sed imparis meriti, quas non modo splendor vernantis pudicitiae, verum etiam animi nobilis et constantis insigne
reddit imitabiles; Agnam dico, Luciam, Ceciliam, Agatham, 10
quae mundum immundum munda mente vicerunt et abiectis
victisque sponsis carnalibus et tyrannis agnum vitae praecurrentem secutae sunt.

Quarum prima quidem annos puellares ingressa, scola-
ribus disciplinis intenta pulchritudinis forma vesanum ho- 15
stem in amorem sui nesciens excitavit, praesumptuosae
temeritatis impudentiam hoste suo suffocato coercuit et
facto lupanari oratorio eundem per verum sponsum vitae
restituit et precibus igne disiecto ferroque transverberata
quasi rosula spina decerpta in odorem aeternae suavitatis 20
victrix mundi munda migravit.

---

[103] Die Zusammenstellung von heiligen Jungfrauen in verschiedenen
Gruppierungen kommt in Literatur und Kunst immer wieder vor. Sehr
beliebt war z.B. die Dreiergruppe KATHARINA, BARBARA und MARGARE-
TE, doch auch AGATHA und LUCIA als sizilianische Heilige. Die vier vom
Autor des *Speculum virginum* zitierten Jungfrauen kommen in vielen
einschlägigen Schriften vor (z.B. ALDHELM VON MALMESBURY, *De virginitate*) und stehen auch im römischen Meßkanon, siehe JUNGMANN, *Mis-
sarum sollemnia* 2, 313–318. Sie gehören alle in die Frühzeit des Christentums bzw. noch in die Zeit der Verfolgung, werden in Martyrologien und
Hymnen (AMBROSIUS) gefeiert und sind schon sehr früh auch auf bildli-
chen Darstellungen nachweisbar (S. Apollinare Nuovo, Ravenna; Cäcili-
entympanon, Köln; Zwiefaltener Passionale).
[104] Die Legende von AGNES, einer vornehmen Römerin, geht in die Zeit
der Christenverfolgungen unter DIOKLETIAN († 316) zurück. Sie widerstand um ihres Glaubens willen dem Werben des Präfekten von Rom und
fand nach verschiedenen Folterungen den Märtyrertod durch das Schwert.

und Tugend der Keuschheit aufhören. Die Liebe bringt dich zum Beten, und das Gebet erzeugt die Liebe zu Christus, die in dir wacht.

T.: Verehrter Vater, du versprichst in der Tat der heiligen Jungfrauenschaft einen bewundernswerten Aufstieg, dem wir allerdings in unserem augenblicklichen Zustand noch nicht gewachsen sind; ich möchte meinen, daß es für den zaghaft Folgenden schon genügen könnte, auf die Spuren jenes Wagens zu achten, wenn nur die Möglichkeit dazu gegeben ist.

P.: Ich will noch andere Beispiele von Jungfrauen anführen, gleich an Zahl, aber ungleich an Verdienst, die nicht nur der Glanz blühender Keuschheit, sondern auch das Kennzeichen vornehmer und standhafter Gesinnung als nachahmenswert erweist. Ich meine Agnes, Lucia, Cäcilia und Agatha[103], die die unreine Welt durch ein reines Herz besiegten und die dem voraneilenden Lamm des Lebens gefolgt sind, nachdem sie Bräutigame im Fleisch und Tyrannen von sich gewiesen und besiegt hatten.

Die erste von ihnen (sc. Agnes)[104] war gerade in die Jahre ihrer Mädchenblüte gekommen, gab sich eifrig den Wissenschaften hin und entfachte, ohne es zu wissen, durch ihre schöne Gestalt die Liebe des rasenden Feindes. Nachdem der eigene Feind erstickt war, wies sie die Schamlosigkeit und prahlerische Unverfrorenheit in die Schranken, verwandelte das Bordell in ein Bethaus und gewann mit Hilfe des wahren Bräutigams eben diesen Menschen dem Leben zurück; nachdem durch ihre Bitten das Feuer ausgetreten war, ging sie, durchbohrt vom Schwert wie eine Rose ohne Dornen als Siegerin über die Welt rein in den Duft ewiger Süße ein.

In etymologischer Ausdeutung ihres Namens wird sie mit dem Lamm dargestellt und dadurch zugleich ihre Verlobung mit Christus, dem Lamm Gottes, symbolisiert; vgl. STRITZKY, *Agnes*.

T.: Vere virilis constantiae puella, cui geminae virtutis
victoria virtutis hostem confudit, confusum prostravit,
prostratum pia mente levavit.
P.: Audi filia. Nihil homini magnum videri debet nisi
deus. Qui igitur non nisi deum habet super se, homo maior 5
omni creatura magno animo despiciat, quicquid est in crea-
turis infra se. Dilige, filia, creatorem tuum et quicquid est
infra ipsum quasi adversarium magis est virtutis tuae testimonium quam casus argumentum.

Secunda vero Lucia tyranno instigante ad deludendum 10
trahenda, multis boum paribus tracta nec mota spectacu-
lum non solum praesentibus, sed et omnibus retro saeculis
et futuris transmisit venerandum; viscera tiranni punientis
constantia puellae distraxit, mentem eius iracundiae furore
ferventem distendit, oleo ferventi | piccisque perfusa li- 15 | 14
quoribus nec laesa spiritum tandem reddidit domino, ferro
in viscera merso.

Quid de tertia dixerim, Cecilia, vera veri domini sequel-
la, sedula Christi pauperum ministra, cuius argumenta
sermonum suasibilia sponsum cum fratre fidei Christi sub- 20
iugarunt, cuius responsa constantiae plena, sapientiae sale
condita profanum hostem Almachium confutarunt, cui

---

[105] Nach der Legende soll LUCIA zur Zeit der Diokletianischen Christenverfolgung (3./4. Jahrhundert) von Syrakus eine Wallfahrt zum Grab der
heiligen AGATHA unternommen und dort die Weissagung ihres Martyriums
erhalten haben. Sie verweigert die Ehe, wird in ein Bordell gebracht und
kann auch unter schwersten Mißhandlungen nicht getötet werden. Erst als
man ihr die Hostie reicht, stirbt sie, nachdem sie das baldige Ende der
Christenverfolgungen vorausgesagt hat; vgl. STRITZKY, *Lucia.*
[106] CÄCILIA war eine römische Märtyrin des 3. Jahrhunderts. Sie gewann
ihren Gatten VALERIAN und dessen Bruder für das Christentum und wurde
mit ihrem Haus und Vermögen eine Stütze für ihre Glaubensgenossen
während der Christenverfolgungen. Ihr Keuschheitsgelübde wurde belohnt
von Engeln, die ihr aus dem Paradies Kränze von Rosen und Lilien brach-

T.: Da hat wirklich ein Mädchen von männlicher Standhaftigkeit, für die ein doppelter Sieg in der Tugend den
Feind der Tugend verwirrte, den Verwirrten niedergewor-
fen und den Niedergeworfenen mit frommem Sinn wieder
aufgerichtet.

P.: Höre, Tochter! Nichts soll dem Menschen groß erscheinen außer Gott. Denn wer nichts über sich hat außer
Gott, der soll, da er als Mensch größer ist als alle Kreatur,
mit festem Sinn auf das herabblicken, was an Kreatürli-
chem unter ihm ist. Liebe deinen Schöpfer, Tochter, und
das, was unter ihm ist, ist wie etwas Feindliches mehr
Prüfstein für deine Tugend als Grund für deinen Fall.

Die zweite ist nun Lucia[105], die auf Betreiben des Tyrannen zur öffentlichen Verspottung gezerrt werden sollte; sie
wurde von mehreren Rinderpaaren geschleift, aber nicht
erschüttert, und bot nicht nur ihren Zeitgenossen, sondern
allen vergangenen Jahrhunderten ebenso wie den zukünftigen ein Schauspiel, das Verehrung verdient. Die Standhaftigkeit des Mädchens zerriß dem Tyrannen, der die Strafe
verhängte, die Eingeweide und folterte seinen Sinn, der vor
Wut und Zorn kochte; er ließ das Mädchen mit siedendem
Öl und flüssigem Pech übergießen, sie blieb dennoch un-
verletzt und gab schließlich, vom Schwert in die Eingeweide getroffen, ihren Geist dem Herrn zurück.

Was soll ich von der dritten, Cäcilia[106], berichten, der
wahren Nachfolgerin des wahren Herrn, einer eifrigen Dienerin der Armen in Christus? Ihre Argumente aus der heiligen Schrift waren so überzeugend, daß Bräutigam und
Bruder sich dem Glauben an Christus beugten. Ihre Antworten voller Standhaftigkeit, die mit dem Salz der Weisheit
gewürzt waren, widerlegten Almachius[107], den weltlichen

---

ten. Nach ihrem Märtyrertod wurde ihr Leichnam unversehrt ins Paradies
gebracht; vgl. STRITZKY, *Caecilia*.
[107] ALMACHIUS leitete als römischer Präfekt die Verfolgung CÄCILIAS und
ihrer Anhänger.

angeli collocuti sunt et floridas de paradiso coronas floribundis Christi tirunculis detulerunt? Tandem vigiliis et
abstinentia fructum sanctae eruditionis et exemplorum
transmittens ad omnium virginum tempora Christum quae-
rentium et agnum cursu indefectivo sequentium, gladio cae- 5
sa virgineum domino florem dedicavit sicque caelos Christo conregnatura penetravit.

Quis cursum et agonem virginis et martiris Agathae
digno concelebret praeconio, cui convivia gratissima pro-
ductior pro Christo poena ministravit membrorumque de- 10
fectus vigilanti spiritui robur adiecit? Eculeo distenditur,
incarcerata ferreis uncinis laceratur, testulae mucronibus
praeacutis volutatur, abscisa mamilla medicinam apostoli-
cam meretur sicque post mortem vitam ingressa tortionum
suarum incentorem aquis praefocatum misit ad inferna. 15
Hanc licet linea nobilitatis efferret, nomen et officium ancillae devota suscepit humilitate, quia fervebat nobilissimi
regis sui caritate.

His virginibus virgines adde, saeculis omnibus celebran-
dum acervum testimonii XI milia virginum cum undenis 20
principibus suis, sponso carnali deluso, thalamum caele-

---

[108] AGATHA war eine fromme Christin aus einer vornehmen sizilianischen
Familie, die zu den bekanntesten Heiligen zur Zeit der Christenverfolgung
unter Kaiser DECIUS (249–251) gehört. Sie schwor trotz schwerster Fol-
tern, etwa das Abschneiden der Brüste, ihrem Glauben nicht ab und erlitt
schließlich den Märtyrertod durch glühende Kohlen. Wohl daher stammt
die Legende, daß zuerst am Jahrestag ihres Todes der Ätna ausbrach und
sie bis in jüngste Zeit als Schutzheilige gegen den Ausbruch des Vulkans
verehrt wird; vgl. STRITZKY, Agatha.
[109] Die Legende von URSULA — die im Text selbst aber nicht genannt wird,
sondern nur die 11 000 Jungfrauen —, der schönen britannischen Königstochter, die nach einer Pilgerfahrt nach Rom zusammen mit 11 000 Jungfrauen in Köln den Märtyrertod findet, läßt sich in lokaler Tradition bis

Feind. Mit ihr sprachen die Engel und überbrachten blühende Kränze aus dem Paradies für die jungen, gerade erblühenden Anhänger Christi. Schließlich übermittelte sie die Frucht von heiliger Erziehung und Beispielen, die sie in Wachen und Enthaltsamkeit gewonnen hatte, hin zu allen späteren Zeiten, in denen Jungfrauen Christus suchen und dem Lamm folgen in ununterbrochenem Lauf; vom Schwert erschlagen, weihte sie dem Herrn die Blüte ihrer Keuschheit und ging so in den Himmel ein, um mit Christus zu herrschen.

Wer könnte Lebenslauf und Kampf der Jungfrau und Märtyrin Agatha[108] in würdigem Ton feiern, für die ein verlängertes Leiden um Christi willen gleichbedeutend war mit dem üppigsten Gastmahl, und der Verlust ihrer Glieder fügte nur ihrem wachen Geist neue Kraft hinzu? Bei der Pferdefolter wird sie nach allen Seiten auseinandergezerrt, dann in den Kerker geworfen, mit eisernen Widerhaken zerfleischt und in vorne angespitzten Scherben gewälzt; schließlich verdient sie, nachdem ihr noch die Brust abgeschnitten war, himmlische Medizin und geht so nach ihrem Tod in das Leben ein, nachdem sie zuvor den Anstifter ihrer Qualen, der im Wasser ertrunken war, zur Hölle geschickt hatte. Obwohl ihre vornehme Abkunft ihr eine gehobene Stellung hätte verschaffen können, nahm sie in frommer Demut Namen und Stellung einer Magd an, weil sie brannte in Liebe zu ihrem König, dem vornehmsten überhaupt.

Zu diesen Jungfrauen füge weitere Jungfrauen hinzu, nämlich eine Schar der Zeugenschaft, die zu allen Zeiten verehrt werden sollte, die elftausend Jungfrauen mit ihren elf fürstlichen Anführerinnen[109]; sie verschmähten den Bräutigam im Fleisch, ergriffen stattdessen vom himmlischen

ins 5. Jahrhundert zurückverfolgen (Inschrift in der Kirche St. Ursula zu Köln). In einer Passio von 975 für Erzbischof GERO VON KÖLN wird URSULA erstmals als Anführerin der Schar genannt; vgl. ZEHNDER, *Sankt Ursula.*

stem apprehendentium et spiritu sancto ductore mundo
victricibus aquilis insultantium. Navalibus praeludiis pa-
laestrizantes carnis amatores deludunt, cuneos hostiles
subterfugiunt et evadunt, expletoque sancti cursus ordine
quasi nivei velleris agni lupos inmanes incidunt, quorum 5
grassanti crudelitate laceratae caelestia flores floribus aeternis laureandae conscendunt.

Verum si virginum exempla virginibus sacris quasi
speculum per singula praebere velimus, adbreviati verbi
regulam excurrimus, cum sub lege etiam et sub gratia 10
agnum praecurrentem tanta virginum utriusque sexus
| multitudo subsecuta sit, ut ad haec explicanda vix diserti | 147
sermonis lingua suffecerit, quarum quidem aliae per coronas liliis albentes caput ornavere, aliae rosis purpureis dex-
tram simul et verticem decoravere.　　　　　　　　　　　 15

T.: Cur flores istos distinguas an ad meritum diversum
species diversas referas, non satis elucet.

P.: Lilia comparantur in pace purae virginitati, rosae
passioni, quae tamen ad invicem ita complectuntur, ut
possis habere in pace ecclesiae rosas sine sanguinis effusi- 20
one rubentes, in persecutione lilia in pace Christi canden-
tia. Ait enim dominus: „In mundo pressuram habebitis, in
me pacem habete." In sanguinis igitur effusione rosea
corona virgo Christi decoratur exterius, in pace mentis
liliis interius, versa vero vice sine gladio persequente si 25
bella pectus depascunt nec superant, rosa menti debetur,

---

[110] *Sub lege — sub gratia:* Im Rahmen der Periodisierung der Weltge-
schichte in *aetates mundi* war das gängigste Konzept der mittelalterlichen
Theologen die Zweiteilung der Heilsgeschichte in *sub lege* und *sub gratia.*
Dem folgt die Praxis typologischer Exegese, die die Ereignisse des Neuen
Testaments im Alten Testament präfiguriert sieht; vgl. Schmidt, *Aetates
Mundi;* Kötting/Geerlings, *Aetas.*

Brautgemach Besitz und verhöhnten unter Führung des heiligen Geistes mit den Feldzeichen des Triumphes die Welt. Indem sie zum Auftakt mit den Schiffen nautische Übungen durchführten, narrten sie die weltlichen Liebhaber, entkamen dann den feindlichen Heerhaufen, setzten sich ab und fielen, nachdem sie die Bestimmung ihrer heiligen Fahrt erfüllt hatten, wie Lämmer im weißen Fell in die Klauen der wütenden Wölfe; von deren ungestümer Grausamkeit wurden sie verwundet und erklommen schließlich die himmlischen Gefilde, wahrlich Blumen, die man mit ewigen Blumen bekränzen muß.

Wenn wir wirklich den heiligen Jungfrauen das Beispiel von Jungfrauen im einzelnen wie einen Spiegel vorhalten wollten, dann würden wir das Gebot des kurz gefaßten Wortes übertreten, da sowohl zur Zeit des Gesetzes wie zur Zeit der Gnade eine so große Menge keuscher Menschen beiderlei Geschlechts dem voraneilenden Lamm gefolgt ist[110], daß kaum eine Rede in wohlgesetzter Sprache genügen würde, um diese Dinge darzulegen; einige von diesen nämlich haben ihr Haupt mit Kränzen aus weiß glänzenden Lilien geschmückt, andere haben Hand und Nacken mit purpurroten Rosen verziert.

T.: Warum du diese Blumen unterscheidest und unterschiedliche Arten unterschiedlichem Verdienst zuordnest, leuchtet eigentlich nicht ein.

P.: Die Lilien werden der reinen Keuschheit im Frieden verglichen, die Rosen dem Leiden in der Passion; allerdings sind sie wechselseitig so verbunden, daß du im Frieden der Kirche rote Rosen ohne Blutvergießen haben kannst, in der Verfolgung weiße Lilien, die im Frieden Christi schimmern. Denn der Herr sagt: „In der Welt werdet ihr Not haben, habt Frieden in mir" (Joh 16,33 Vg.). Darum wird die Jungfrau Christi im Blutvergießen mit der Krone aus Rosen äußerlich geschmückt, im Frieden des Herzens mit den Lilien innerlich; allerdings gebührt auch umgekehrt ohne Verfolgung durch das Schwert dem Herzen die Rose,

casto corpori lilium. Cum enim igne libidinis vel alio quo-
libet vitio temptatur anima nec tamen carni consentit ad
illicita corpus servans immaculatum, hortum facit deo totum rosam et lilium. Cum ergo de terra carnis nostrae, quae
spinas vitiorum novit germinare, flores castitatis erumpunt, 5
candoris et rubedinis nexam coronam summo capiti nostro
faciunt. Visne perpaucis floribus tibi texam coronam?

T.: Quibusnam floribus?

P.: Liliis, rosis et violis, id est castitate, caritate et humilitate, quibus si species una defuerit, nexae coronae pulchri- 10
tudo non stabit. Tolle caritatem castitati vel humilitatem
utrisque, tolle humilitati utramque et marcescunt simul
omnia, quae videbantur singulariter esse venusta. Quid
castitate pulchrius, quae hominem fragilem mundum vas
efficit, de semine inmundo conceptum, de hoste domesti- 15
cum et de homine quodammodo facit angelum? Angelo
castitatis virtus naturalis est, homini causa virtutis et gloriae
secutu|rae, respondens gratia floris? „Haec est", ait apo- | 148
stolus, „sanctificatio vestra, ut abstineatis vos a fornicati-
one, ut sciat unusquisque vestrum suum vas possidere in 20
sanctificatione et honore, non in passione desiderii, sicut
et gentes, quae ignorant deum." Porro nisi diligas, nec
pretium nec meritum habet tua castitas. Quid enim boni
habet pudicitia, si non adiuvetur dilectione perfecta? Castitas sine caritate lampas sine oleo est. Aufer liquorem et 25

dem reinen Körper die Lilie, wenn Kämpfe die Brust zer-
fressen, aber nicht siegen. Wenn nämlich durch das Feuer
der Begierde oder ein anderes beliebiges Laster die Seele in
Versuchung geführt wird, aber dennoch dem Fleisch in
bezug auf die Verlockungen nicht nachgibt, sondern ihren
Körper unbefleckt bewahrt, dann legt sie für Gott einen
Garten an, der ganz aus Rosen und Lilien besteht. Wenn
also aus der Erde unseres Fleisches, das vermag, Dornen-
büsche von Lastern wachsen zu lassen, Blumen der
Keuschheit hervorbrechen, dann flechten diese für den
Scheitel unseres Hauptes einen Kranz aus Weiß und Rot.
Willst du, daß ich dir mit einigen wenigen Blumen einen
Kranz flechte?

T.: Aus welchen Blumen denn?

P.: Aus Lilien, Rosen und Veilchen, das heißt aus Keuschheit, Liebe und Demut, wenn eine dieser Arten fehlt, dann
wird die Schönheit der geflochtenen Krone keinen Bestand
haben. Nimm der Keuschheit die Liebe oder beiden die
Demut, nimm der Demut beide, und alle zugleich werden
welken, die doch einzeln so lieblich erschienen. Was ist
schöner als die Keuschheit, die aus dem unbeständigen
Menschen, der aus unreinem Samen empfangen ist, ein reines Gefäß macht, aus dem Feind einen Hausgenossen, aus
dem Menschen gewissermaßen einen Engel? Denn für den
Engel ist Keuschheit eine angeborene Tugend, für den Menschen ist sie Beweggrund für die Tugend, und sie antwortet
der folgenden Herrlichkeit durch die Gnade der Blume.
„Dies ist eure Heiligung", sagt der Apostel, „daß ihr euch
fernhaltet von der Unzucht, daß ein jeder sein eigenes
Gefäß zu besitzen weiß in Heiligung und Ehrerbietung,
nicht in leidenschaftlicher Lust wie die Heiden, die Gott
nicht kennen" (1 Thess 4, 3–5). Weiter wenn du nicht liebst,
dann hat deine Keuschheit weder Preis noch Verdienst. Was
besitzt die Keuschheit Gutes, wenn sie nicht durch vollkommene Liebe unterstützt wird? Keuschheit ohne Liebe
ist eine Lampe ohne Öl. Nimm die Flüssigkeit weg, und du

extinxisti lampadem. Sed est admirandi splendoris gratia et
geminatae gratiae lucerna sic Christi virginem castitati stu-
dere, ut noverit sponsum suum ante omnes et omnia et in
ipso, quos amat, diligere.

T.: O pulchritudo virginalis coronae super omne regiae 5
dignitatis pretiosum!

P.: Audi filia. Vita pudica inter aculeos temptationum
omni tempore delicias habet rosarum et liliorum. Et certe si
virginum exempla ad incitamenta profectus tui minus sup-
peterent, viduarum sanctarum milia vel etiam coniugatarum 10
vita diligenter inspecta per gloriam continentiae et thori
immaculati Christi virginem ad agnum sequendum urge-
rent. Ex quibus omnibus, ut ordini tuo digniori duas inferiores apponam, occurrunt Iudith et Susanna, quarum altera
victrix pudica tyrannum invincibilem, castitatis hostem, di- 15
vinitati rebellem, moechum libidonosum proprio pugione
trucidavit, altera presbiteros impudicos, sub agnino vellere
lupos exsufflavit, mortem potius castimonia servata eligen-
do quam se ipsam et dei timorem negligendo. Si enim beata
femina, victrix impudentiae et impudicitiae matrimonialis 20
fidei thalamum receptis adulteris violasset, si iudicio accusantium perterrita alienae libidini locum dedisset, mortis
quidem peccatum incurreret et sempiterni praeconii laude
cum triumpho caruisset nec hostes Israel mortis sententia
iure plectendos detexisset. Metuendus est locus iste | virgi- 25 | 1
nibus Christi, immo turbo iste gravissimus floribus paradisi,

hast die Lampe ausgelöscht. Aber es ist eine Gnade von
wunderbarem Glanz und ein Leuchten von doppelter Gnade, wenn eine Jungfrau Christi sich so um die Keuschheit
bemüht, daß sie lernt, vor allen und allem ihren Bräutigam
zu lieben und in ihm die, die er liebt.

T.: O Schönheit jungfräulicher Krone, über aller Pracht
königlicher Würde!

P.: Höre, Tochter! Ein keusches Leben zwischen den
Stacheln der Versuchung besitzt zu jeder Zeit die Wonnen
von Rosen und Lilien. Und sicherlich, falls die Beispiele
von Jungfrauen als Anreiz für deinen Fortschritt nicht
genügten, würden bei sorgfältiger Betrachtung ihres Lebens Tausende von heiligen Witwen und sogar Ehefrauen
durch den Ruhm ihrer Enthaltsamkeit und keuschen Ehe
die Jungfrau Christi zur Nachfolge des Lamms drängen.
Um von diesen allen zwei anzuführen, die unter der Würde deines Standes stehen, kommen hier Judit (vgl. Jdt
12, 10 – 13, 10) und Susanna (vgl. Dan 13, 1–64); die eine
von ihnen hat als keusche Siegerin den unbesiegbaren
Tyrannen, den Feind der Keuschheit, den Empörer gegen
die Gottheit, den lüsternen Ehebrecher mit dem eigenen
Dolch niedergestochen, die andere die beiden schamlosen
Alten, Wölfe im Schafspelz, abblitzen lassen, indem sie
unter Bewahrung ihrer Keuschheit lieber den Tod wählte,
als sich selbst und die Ehrfurcht vor Gott aufzugeben.
Denn wenn die selige Frau, Siegerin über Unzucht und
Schamlosigkeit, das Gemach ehelicher Treue durch die
Aufnahme der Ehebrecher verletzt hätte, wenn sie, einge-
schüchtert durch die richterliche Untersuchung aufgrund
der Anklage, fremder Begierde Raum gegeben hätte, dann
wäre sie allerdings in eine Todsünde gerannt, hätte den Ruf
ewigen Ruhms und Triumphes entbehren müssen und hätte nicht die Feinde Israels entlarvt, die mit Recht der
Todesstrafe verfallen mußten (vgl. Dan 13). Diesen Ort
müssen die Jungfrauen Christi fürchten, ja dies ist in der
Tat der schwerste Sturm für die Blumen des Paradieses, daß

ne pastores Christi ancillarum lupi rapaces sint animarum, ne quas pascunt verbo veritatis, occidant incontinentiae gladiis. Quid mali, quid vitii tanto malo valet umquam assimilari, quae mors huic morti potest comparari, ubi magister Christi virginum, custos vasorum aeternorum, 5 doctor et paedagogus filiarum Syon et caelestium sponsarum divini timoris et amoris oblitus adeo libidinis umbra obcaecatur, ut filiam suam illicito amore respiciat, pro cuius pudicitia conservanda ipse mori debuerat? Quid, rogo, detestabilius vel audiri vel dici poterit, quod senior ecclesiae 10 sponsus, Christi vicarius excessu iuvenilis lasciviae dissolvitur, quod devius a iustitia et veritate carnis putredine delectatur? Vere semen Chanaan et non Iuda, quem species decipit et fantasticus error illiciti aestus ad insanias falsas inflectit, ut illud impleatur, quod dominus de hoste vetera- 15 no loquitur ad Iob: „Sternet sibi aurum quasi lutum", et illud: „Tunc stellae cadent de caelo", et illud: „Factus est sol sicut saccus cilicinus", et multa his similia, in quibus perfidis et foedis magistris nota proprii dedecoris inuritur, ex quibus scandala oriuntur.   20

T.: De auro in lutum verso, de ruina stellarum vel de sole mutato licet intellectum nostrum satis instruat ipsa dissimilium collatio, pateat tamen, obsecro te, sensu allegorico.

nicht die Hirten der Mägde Christi räuberische Wölfe ihrer
Seelen sind, daß sie nicht diejenigen, die sie mit dem Wort
der Wahrheit weiden, mit Schwertern der Unzucht töten.
Was an Bösem, was an Laster kann jemals einem so großen
Übel verglichen werden, welcher Tod kann diesem Tod an
die Seite gestellt werden, wenn ein Lehrer der Jungfrauen
Christi, der Hüter der himmlischen Gefäße, der Gelehrte
und Erzieher der Töchter Zion und der himmlischen Bräute, Gottesfurcht und Liebe vergißt und sich so sehr vom
Schatten der Begierde blenden läßt, daß er die eigene Tochter mit unerlaubter Liebe betrachtet, für die er doch selbst
hätte sterben sollen, um ihre Reinheit zu bewahren? Was,
so frage ich, könnte überhaupt Abscheulicheres gehört
oder gesagt werden, als daß ein Greis, ein Geweihter der
Kirche, Stellvertreter Christi, sich in der Ausschweifung
jugendlicher Wollust verliert, daß er abkommt vom Weg
der Gerechtigkeit und Wahrheit und sich an der Fäulnis des
Fleisches ergötzt? Es ist wahrlich der Samen Kanaans und
nicht Judas, den schönes Aussehen blendet und den der
eingebildete Liebeswahn heißer Verlockung in irrsinnige
Raserei treibt, so daß jenes Wort sich erfüllt, das der Herr
zu Ijob über den alten Feind gesagt hat: „Er breitet sich
das Gold hin wie Dreck" (Ijob 41,21 Vg.), und jenes:
„Dann werden die Sterne vom Himmel fallen" (Mt 24,29),
und jenes: „Und die Sonne ist wie ein schwarzer Sack
geworden" (Offb 6,12), und noch vieles, was dem ähnlich
ist, womit das Zeichen der eigenen Schande den ungetreu-
en und verächtlichen Lehrern ein-gebrannt wird, von denen das Ärgernis seinen Anfang nimmt.

T.: Es mag nun in der Tat dieser Vergleich ungleicher
Dinge mit dem Beispiel vom Gold, das zu Dreck wurde,
von dem Fall der Sterne und der Verwandlung der Sonne
unserer Einsicht genug aufgeholfen haben; dennoch steht
noch offen, ich bitte dich, die Erklärung nach dem allegorischen Sinn.

P.: Aurum in lutum vertitur, quando intellectus et sapientia doctoris ad foedum amorem carnis inclinatur, stella
cadit, quando lux virtutum eius umbra vitiorum obscura-
tur. Porro sacci cilicini formam ostendit, cum splendida
fide et opere anima nube temptationis excaecatur et radios 5
divinae caritatis amittendo gravis peccati squalore foedatur.
Multi virginum sacrarum probantur esse magistri quasi ad
disciplinam, sed non ad custodiam, sicut ait Paulus: „Si
decem milia paedagogorum habeatis, sed non multos pa-
tres." Dilexit | enim, quos in Christo genuit.   10 | 15
Me miserum, quanta monasteria virginum nostris temporibus ex hac pestilentia nutari videntur, eo quod antiqui
saeculi iudices et presbiteri repraesentari probantur, quorum sensu libidinis perverso aestibus virgines sacrae delu-
duntur et merentur ab eis obprobrium sempiternum et 15
poenam, a quorum doctrina vel exemplo sperare debuerant
lucis gratiam et gloriam. Quia igitur par amor noxius in
sexu diverso, mors utrosque concludit interitu uno. O
gemendus omni ecclesiae casus, ubi gradus in omnibus
ecclesiae gradibus altiores in profundum praecipitantur, 20
iuvenis et senex scandalizantur, nomen dei blasphematur, et
totum corpus ecclesiae ruina detestabili concutitur. Vae
magistro caeco et profano, per quem hoc scandalum venit.
„Melius illi erat, si natus non fuisset. Manet enim angelus
dei, ut secet eum medium", ut nec inveniatur in sinagoga 25
electorum nec in ecclesia gentium, nec sit ei locus in ordine

---

[111] Die hier beginnende Passage (von 460,11 – 472,8) stammt wohl aus
anderem Zusammenhang und ist an dieser Stelle in den Text integriert. Es
ist nicht nur über eine längere Strecke auf die Dialogform verzichtet, die
Anrede an *servus dei/Christi* (unten 464,2; 466,10; 470,4f), *miles Christi*
(unten 464,24), *ductor sacrae militiae* (unten 466,8) richtet sich an einen
imaginären Geistlichen in seelsorgerischen Pflichten und Gefahren.

P.: Gold verwandelt sich in Schmutz, wenn Einsicht und
Weisheit des Lehrers sich zu verwerflicher Liebe des Fleisches hinneigt, der Stern fällt, wenn das Licht seiner Tugenden vom Schatten der Laster verdunkelt wird. Weiter bietet
er das Bild eines schwarzen Sackes, wenn seine Seele, strahlend in Glauben und Werk, von der Wolke der Versuchung
verdunkelt wird und nach Verlust der Strahlen göttlicher
Liebe im Schmutz schwerer Sünde entstellt ist. Viele werden als Lehrer heiliger Jungfrauen auf die Probe gestellt,
gewissermaßen zur Prüfung ihrer Grundsätze, nicht zur
Bewachung, so wie Paulus sagt: „Wenn ihr auch zehntau-
send Erzieher habt, so habt ihr doch nicht viele Väter"
(1 Kor 4,15). Er hat nämlich diejenigen geliebt, die er in
Christus gezeugt hat.

Weh mir Armem![111] Wie viele Jungfrauenklöster unserer
Zeit scheinen aufgrund dieser stinkenden Seuche keinen
festen Halt mehr zu haben, weil sich diejenigen als Richter
und Älteste der alten Zeit erweisen, durch deren Glut in
verkehrter Begierde die heiligen Jungfrauen verspottet werden und sich ewige Schande und Strafe von denen verdie-
nen, von deren Weisheit und Vorbild sie sich die Gnade des
Lichts und die Herrlichkeit hätten erhoffen sollen. Weil nun
aber die Schuld an der Liebe zu gleichen Teilen bei beiden
Geschlechtern liegt, so schließt auch der Tod beide zusammen in einem einzigen Untergang. O über diesen Sturz, der
in der ganzen Kirche zu beklagen ist, wo die höheren Wür-
denträger in allen Ständen der Kirche in die Tiefe stürzen,
der Jüngling und der Greis zum Ärgernis werden, der Name
Gottes gelästert wird und der ganze Leib der Kirche von
abscheulichem Verfall erschüttert wird! Wehe dem verblendeten und gottlosen Lehrer, durch den dieses Ärgernis entsteht! „Besser wäre ihm, wenn er nicht geboren wäre (Mt
26,24). Denn der Engel Gottes bleibt da, damit er ihn
mitten durchhaue" (Dan 13,59), damit man ihn weder in
der Synagoge der Erwählten noch in der Kirche der Heiden
findet, und ihm auch kein Platz gewährt wird im Stand der

coniugatorum nec in linea continentium. „Fiant dies eius in
hoc crimine pauci et episcopatum eius accipiat alter." Qua
re? Quia „qui templum dei violaverit, destruet illum deus.
Fugite", inquit apostolus, „fornicationem! Omne peccatum, quodcumque fecerit homo, extra corpus est; qui au- 5
tem fornicatur, in corpus suum peccat. An nescitis, quoniam membra vestra templum est spiritus sancti, qui in vobis
est, quem habetis a deo et non estis vestri?" Nonne „qui
adhaeret domino, unus spiritus est"?

Attende nunc, qui diceris custos vasorum domini, qui 10
stas in loco pastoris et factus es Christi virginibus magister
erroris. Cum homo statum superioris naturae suae prava
delectatione foedaverit, statim divini mandati oblivione
rationabiles animae sensus confundit, sicque neglectus iustitiae fomitem cupidinum nutrit, cupido maligna ruinam 15
et mortem adducit. | „Edidit terra eorum ranas in penetra- | 151
libus regum ipsorum", id est, qui regere ad castitatem alios
debuerant, ipsi interius inmunditia, quae per ranas significatur, squalebant. Heu caecitas umbrosa rationalis creaturae, quae sic in te lumen aeternae sapientiae concupiscen- 20
tiarum tenebris offundis, ut totum, quod in te factum est
per misericordiam, vertatur in vindictam. Igitur foedissima
iactura est facere, quod prohibes et reprobare in tuo facto,
quod iubes. An nescis: „Tibi enim dico, qui vasa custodis
sanctuarii, quod carnis fragilitas sicut pugnae ita spiritui 25
causa victoriae est"? Numquam igitur carni concedendum

---

[112] Die Herkunft dieses Zitates ist unbekannt.

Eheleute oder in der Reihe der Enthaltsamen. „Mögen ihm
doch nur noch wenige Tage vergönnt sein" in diesem ver-
brecherischen Tun, „und sein Hirtenamt möge ein anderer
übernehmen" (Ps 109, 8: Vg. Ps 108, 8). Warum? Weil „wer
den Tempel Gottes verletzt, den wird Gott verderben
(1 Kor 3, 17). Flieht", sagt der Apostel, „die Unzucht! Jede
Sünde, die der Mensch tut, bleibt außerhalb seines Leibes;
wer aber Unzucht treibt, der sündigt gegen seinen Leib.
Oder wißt ihr nicht, daß eure Glieder ein Tempel des
heiligen Geistes sind, der in euch ist, den ihr von Gott habt,
und ihr seid nicht euer?" (1 Kor 6, 18 f). Und ist nicht „der,
der dem Herrn anhängt, ein Geist mit ihm" (1 Kor 6, 17)?
 Jetzt spanne deine Aufmerksamkeit an, du, der du dich
Hüter der Gefäße des Herrn nennst, der du stehst auf dem
Platz eines Hirten und der du zum Lehrer des Irrtums für
die Jungfrauen Christi geworden bist. Wenn der Mensch
den Zustand seiner höheren Natur durch niedere Vergnügungen beschmutzt, dann vergißt er sofort seinen göttlichen Auftrag und verwirrt die vernünftigen Sinne in seiner
Seele, und so heizt die Vernachlässigung der Gerechtigkeit
das Feuer der Begierden an, und die schlimme Begierde
führt dann Sturz und Tod herbei. „Die Erde gebar Frösche
selbst in den innersten Gemächern der Könige" (Ps 105, 30:
Vg. Ps 104, 30), das heißt, daß die, die andere zur Keuschheit hätten führen sollen, selbst innerlich vor Schmutz, der
durch die Frösche bezeichnet ist, starrten. Wehe der dunk-
len Verblendung der vernünftigen Kreatur, die du so in dir
das Licht der Weisheit durch die Finsternis der Begierden
zuschüttest, daß alles, was an dir durch Erbarmen geschehen
ist, sich in Strafe verwandelt! Darum ist das die schänd-
lichste Anmaßung, zu tun, was du verbietest, und in deinem Tun zu verwerfen, was du befiehlst. Oder kennst du
nicht das Wort: „Denn ich sage dir, der du die Gefäße des
Heiligtums bewachst, daß so wie die Schwachheit des Fleisches Ursache zum Kampf ist, so ist sie für den Geist
Ursache zum Sieg"?[112] Darum darf man niemals dem Fleisch

est. Ipsa enim sicut vermium sic mater vitiorum est. Audi,
serve dei. Quanta sit animae rationalis dignitas et gloria,
tunc ipsa anima domui luteae infixa satis intellegit, si pur-
gata a vitiis recordetur, quid in depositione corporis sui
futura sit, qualis ante introitum corporis fuerit. Omne igi- 5
tur officium per hoc corpus agendum tunc ab ea recte
disponitur, si libertatis suae vel praeteritae vel futurae gloriam intuetur. Porro sicut lignum cariosum ad aedificia
quaelibet invenitur inutile sic libidinosa mens ad opera
iustitiae. Internus iste vermis consumit, quicquid diligentia 10
pii operis apposuerit. Qui igitur per incontinentiam macu-
lat animam suam, quasi qui in stercore sepelit pretiosissi-
mam gemmam. Rationalitas animae non facile passionibus
variis iactitatur. Contraria quippe sibi sunt ratio et passio.
Motum igitur sapientis animi ratio librat, ne ultra se in 15
desideria effluat nec infra se anxia subsistat.

Audi itaque, custos caelestis depositi! Cum peccare co-
gitas, primum attende, quid merearis, si peccaveris. Tutius
est ante vulnus cogitare de sanitatis incertitudine, quam
post vulnus disputare de emplastro medicinae. Alterum 20
salutis providentia est, alterum mortis discrimen. Nusquam igitur et numquam peccare licet, quia deus ubique
est, immo | quia deo omnis locus adest, qui sicut index sic | 152
omnis peccati etiam vindex est. Sta igitur, miles Christi, ex

nachgeben. Denn ebenso wie dieses Nährboden für die
Würmer ist, so ist es auch Mutter für die Laster. Höre, du
Knecht Gottes! Wie groß Würde und Ruhm der vernünftigen Seele sind, das erkennt die Seele selbst, die an ein
schmutziges Haus gefesselt ist, dann deutlich genug, wenn
sie gereinigt von Lastern sich erinnert, was sie sein wird,
wenn sie ihren eigenen Körper abgelegt hat, und wie sie war
vor Eintritt in den Körper. Darum wird eine jede Aufgabe,
die durch diesen Körper erfüllt werden muß, dann von der
Seele in richtiger Weise angeordnet, wenn sie die Herrlichkeit ihrer eigenen Freiheit, und zwar sowohl der vergangenen wie der zukünftigen betrachtet. So wie sich faules Holz
als unbrauchbar erweist für jedes Bauwerk, ganz gleich
welcher Art, so ist ein lüsterner Sinn unbrauchbar für die
Werke der Gerechtigkeit. Denn innerlich verzehrt dieser
Wurm, was an frommem Werk die umsichtige Sorgfalt
herbeigetragen hat. Wer also durch Mangel an Enthaltsamkeit seine Seele befleckt, der begräbt gewissermaßen einen
kostbaren Edelstein im Misthaufen. Das vernünftige Verhalten einer Seele brüstet sich nicht leicht mit verschiedenen Leiden. Denn Vernunft und Leiden sind überhaupt
einander entgegengesetzt. Darum hält die Vernunft die
Gemütsbewegung einer weisen Seele im Gleichgewicht,
damit sie sich nicht in Sehnsüchte über sich hinaus verströmt und auch nicht ängstlich in sich in Stillstand ver-
harrt.

Höre darum, du Hüter des himmlischen Pfandes! Wenn
du zu sündigen gedenkst, überlege zuerst, was du erwirbst,
wenn du gesündigt hast. Denn sicherer ist es, vor der Verwundung über die Ungewißheit einer Heilung nachzudenken, als nach der Verwundung über medizinische Heilmittel
zu diskutieren. Das eine ist Vorsorge für die Errettung, das
andere Verbrechen, das zum Tod führt. Nirgendwo und
niemals darf man sündigen, weil Gott überall ist, ja für Gott
jeder Ort vorhanden ist; ebenso wie dieser Entdecker jeder
Sünde ist, so ist er auch ihr Rächer. Stehe darum, du Soldat

flamma Christi amoris iuxta ignem inmobilis, sta spiritu
sancto obumbratus, semper igneis telis rebellare paratus;
dignitatem tui gradus attende, quam nobile membrum ex
gratia capitis tui sis in corpore totius ecclesiae. Quis stabit
de infirmioribus, si in proelio ceciderit Machabaeus? Si 5
incertam vocem dederit tuba, quis parabit se ad bellum? Si
signifer hosti cesserit, nonne cunctis signum sequentibus
sola spes in fuga erit? Sta ergo, ductor sacrae militiae, sta
forti robore caelestis disciplinae.

Audi, serve Christi: „Non grandis est culpae, cum quis 10
furatus fuerit, furatur enim, ut esurientem reficiat animam,
qui autem adulter est propter inopiam cordis, perdit animam
suam." Tu Christi oculus lucendo proximis, tu os et labia
per dogma salutis, tu nasus inter bonum et malum discer-
nendo, tu auris obaudiendo, tu dens Christi consumendo in 15
malis, quod mali sunt, ut discant esse, quod non fuerunt, tu
manus contra hostem pugnando, recte operando, corpus et
sanguinem domini consecrando! Praefertur officium tuum
cunctis mortalibus, immo et angelis, quippe qui caelum
claudis et aperis, aperiendo per baptismi sacramentum et 20
indulgentiam peccatorum per confessionem vere paenitentium, famelicos pane cibas in altari, lapsos erigis verbo caelesti, tu omnibus omnia factus propter eum, qui pro nobis
est crucifixus, omnium generaliter salutis es avidus et, ut
breviter concludam, tu inter caelestia mediator et terrestria, 25

---

[113] Judas Makkabäus wurde als Verteidiger und Erneuerer des jüdischen
Kultes in Jerusalem im 2. Jh. v. Chr. zur Heldengestalt und zum Hoff-
nungsträger seines Volkes. Nach ersten politischen und religiösen Erfolgen
stirbt er als Anführer eines Heeres im Kampf gegen den Seleukiden
Antiochos. Sein Kult war im Mittelalter weit verbreitet, da seine Taten als
Präfigurationen verschiedener Heilsereignisse gelten konnten (1 Makk
3–9; 2 Makk 8–15); vgl. dazu KLAUSER, *Christlicher Märtyrerkult.*
[114] Die Anrufung der menschlichen Organe, die im wesentlichen die fünf
Sinne zitieren, sucht vielleicht den Anklang an die dichterisch-magischen
Gebete der *Loricae,* die irischen Ursprungs sind; vgl. BRUNHÖLZL, *Ge-
schichte der lateinischen Literatur* 166.

Christi, erfüllt von der Flamme der Christusliebe unbeweglich neben dem Feuer, stehe, vom heiligen Geist be-
schattet, immer bereit, gegen die glühenden Pfeile anzu-
kämpfen! Achte auf die Würde deines Standes, damit du
aufgrund der Anmut deines Hauptes ein möglichst edles
Glied am Körper der ganzen Kirche bist! Wer wird stehen
zum Schutz der Schwachen, wenn der Makkabäer[113] in der
Schlacht gefallen ist? Wer wird sich bereit machen zum
Kampf, wenn die Trompete ihren düsteren Ruf erschallen
läßt? Wenn der Bannerträger dem Feind gewichen ist, wird
dann nicht in der Flucht die einzige Hoffnung für alle
liegen, die dem Feldzeichen folgten? Steh also, du Führer
der heiligen Streitmacht, steh in der kraftvollen Tapferkeit
himmlischer Zucht!

Höre, du Knecht Christi! „Nicht ist einer von großer
Schuld, wenn er zum Dieb wird, denn er stiehlt, um seine
dürstende Seele zu erquicken; wer aber aus Armut des
Herzens zum Ehebrecher wird, der verdirbt seine Seele"
(Spr 6, 30.32 Vg.). Du Auge Christi[114], um deinen Nächsten
zu leuchten, du Mund und Lippen zur Verkündigung des
Heils, du Nase zur Unterscheidung zwischen Gutem und
Schlechtem, du Ohr zum Gehorchen, du Zahn Christi zum
Beißen unter den Bösen, weil sie schlecht sind, damit sie
lernen, was sie nicht gewesen sind, du Hand zum Kämpfen
gegen den Feind, zum Vollbringen guter Werke, zur Heiligung von Leib und Blut des Herrn! Dein Amt genießt
Vorrang vor allen Sterblichen, ja sogar vor den Engeln, da
ja du es bist, der den Himmel schließt und öffnet; du
öffnest ihn durch das Geheimnis der Taufe und die Vergebung der Sünden im Bekenntnis derer, die wahrhaft
bereuen, du speist die Hungrigen am Altar mit Brot, du
richtest die Gefallenen mit dem göttlichen Wort auf, du
bist alles für alle geworden und bist seinetwegen, der für
uns gekreuzigt wurde, leidenschaftlich auf die grundsätz-
liche Rettung aller bedacht, und du bist, um es kurz zusammenzufassen, der Mittler zwischen Himmel und Erde,

deum per spiritale sacrificium hostibus suis reconcilias et
severitatem iudiciariam districti iudicis sacramentis et precibus immutas. Nonne de multis „quaesivit deus virum, qui
interponeret saepem et staret oppositus contra se pro terra,
ne disperderet eam", et te repperit? Si cecideris, nonne 5
solius pastoris casu grex omnis inficietur et „ablata maceria
vinea a bestiis conculcabitur? Vae pastoribus Israhel", ait
dominus, „qui pascunt semet ipsos. Lac comedunt, | lana | 153
operiuntur, quod crassum est devorant, quod aegrotum
proiciunt, fractum non alligant, erroneum non reducunt 10
nec perditum requirunt."

Pastor enim, si timorem dei abiecerit, quae spes ultra
conservandi gregis erit? Quid ergo? Tolle „omnem occasionem adversario maledicti gratia", quia modicum fermentum
totam massam corrumpit et, qui modica spernit, paulatim 15
defluet, et agnitis in te divinis muneribus et misteriis dic cum
propheta: „Postquam convertisti me, egi paenitentiam, postquam ostendisti mihi, percussi femur meum." Nonne tota
vita humana indiget paenitentia, praesertim cum infans unius diei mundus non sit in conspectu dei nec stellae quidem, 20
et Esaias consummatae iustitiae propheta dicat domino:
„Omnes iustitiae nostrae in conspectu tuo quasi pannus men-
struatae", quia: „Non est homo super terram et non peccet",
et: „Non iustificabitur in conspectu eius omnis vivens"?

du versöhnst durch das geistliche Opfer Gott wieder mit
seinen Feinden und verwandelst durch Opfer und Gebete
die richterliche Strenge des unerbittlichen Richters. Hat
nicht unter vielen „Gott den Mann gesucht, der einen Zaun
aufrichtet und sich gegen ihn schützend vor die Erde stellt,
damit er sie nicht zugrunde richte" (Ez 22,30), und hat dich
gefunden? Wenn du fällst, wird dann nicht durch den Sturz
eines einzigen Hirten die gesamte Herde angesteckt werden, und „wenn die Umzäunung weggenommen ist, der
Weinberg von wilden Tieren zertreten werden" (vgl. Jes
5,5)? „Wehe den Hirten Israels, sagt der Herr, die sich
selbst weiden! Sie trinken Milch, sie kleiden sich in Wolle,
sie verschlingen, was fett ist, was krank ist, werfen sie weg,
das Verletzte verbinden sie nicht, das Verirrte führen sie
nicht zurück und nach dem Verlorenen suchen sie nicht"
(Ez 34,2–4).

Wenn nämlich ein Hirte die Furcht vor Gott ablegt,
welche Hoffnung wird dann noch zur Rettung der Herde
bleiben? Was also? Gib „wegen der üblen Nachrede dem
Gegner keinerlei Gelegenheit" (1 Tim 5,14 Vg.), weil schon
eine geringe Menge an Sauerteig den ganzen Teig verdirbt,
und der, der die geringen Dinge gering einschätzt, allmäh-
lich abgleitet. Darum sprich mit dem Propheten, wenn
sich in dir die göttlichen Gaben und Geheimnisse zu erkennen geben: „Nachdem du mich bekehrt hast, trug ich
Reue, nachdem du mich zur Einsicht gebracht hast, schlug
ich an meine Seite" (Jer 31,19). Bedarf denn nicht das
gesamte menschliche Leben der Reue, zumal schon ein
Kind, nur einen einzigen Tag alt, nicht rein ist im Angesicht Gottes und nicht einmal die Sterne, und sogar Jesaja,
der Prophet vollendeter Gerechtigkeit, zum Herrn sagt:
„Alle unsere Gerechtigkeit ist vor deinem Angesicht wie
die Binde einer menstruierenden Frau" (Jes 64,6 Vg.)?
Denn „es ist kein Mensch auf der Erde, der nicht sündigen
würde" (1 Kön 8,46), und „und kein Lebender wird ge-
rechtfertigt werden vor seinem Angesicht" (Ps 143,2: Vg.

Quid est autem „Percussi femur meum, ut ostendisti mihi"
nisi haustis spiritalibus pressi carnalia, iura naturae menti
subiugavi, postquam intelligentiae luce, quae sanctis tuis
futura sunt, bona praegustavi? „Accingere" igitur, serve
Christi, „gladio tuo super femur tuum potentissime", id est 5
verbo dei, quicquid male vivit in te, potenter occide, ut
dicas cum apostolo: „Vivo autem iam non ego, vivit vero in
me Christus."

Noli, amice dei, per incontinentiam lubricam inimicus
dei fieri, angelis odibilis et hominibus prostratus et deiec- 10
tus; noli flore pudoris et verecundiae despoliari propter
temptationem temporis exigui et qui geris bella domini in
prima acie, noli terga versare gravius hosti persequenti. Tot
coronas in caelo accepturus es, quot Marias matres cum
Ihesu bene custodis. Audi scripturam: „Filiae tibi sunt, 15
serva corpus illarum, non ostendas hilarem faciem tuam ad
illas", hoc est occasionem sexui infirmiori lasciviae non
praebeas, sed | vultus in te sit doctrina animae fragilioris. Et | 154
illud: „Ne respicias in speciem mulieris nec concupiscas
mulierem in specie." Sibilos veterani hostis et in bello 20
exercitati cautus observa, quia si pugnare desieris, tunc
primum perversae pacis pigebit, cum victor de triumpho
hostis gaudebit. Vasa domini, vas electionis geris, in quibus

Ps 142, 2). Was bedeutet aber das: „Ich schlug an meine
Seite, damit du mich zur Einsicht brachtest" (vgl. Jer 31, 19)
anderes, als daß ich unter Ausschöpfung der geistlichen
Kräfte die fleischlichen Triebe unterdrücke, die Rechte der
Natur dem Geist unterordne, nachdem ich durch das Licht
der Einsicht schon jetzt die Güter gekostet habe, die für
deine Heiligen in Zukunft bereitstehen? Darum, du Knecht
Christi, „gürte dich mit deinem Schwert an deiner Seite, du
mächtigster Held" (Ps 45, 4: Vg. Ps 44, 4), das heißt mit dem
Wort Gottes, und rotte mit Macht aus, was an Schlechtem
in dir lebt, damit du mit dem Apostel sprechen kannst:
„Zwar lebe ich, aber nicht ich, sondern Christus lebt in
mir" (Gal 2, 20).

Sorge dafür, du Freund Gottes, daß du nicht durch lü-
sterne Begehrlichkeit zum Feind Gottes wirst, verhaßt bei
den Engeln und bei den Menschen niedergestreckt und
verworfen! Sorge dafür, daß du nicht der Blüte von Scham
und Scheu beraubt wirst nur um der Versuchung eines
kurzen Augenblicks willen, und daß du, der du die Kriege
des Herrn in vorderster Front führst, nicht dem Feind, der
dich furchtbar verfolgt, den Rücken zukehrst! Du wirst so
viele Kronen im Himmel empfangen, wie du Jungfrauen in
der Gestalt der Mutter Maria zusammen mit Jesus sicher
behütest. Höre auf die Schrift: „Hast du Töchter, so bewahre ihren Leib und zeige ihnen nicht dein freundliches Gesicht" (Sir 7, 24), das heißt, du sollst dem schwachen Geschlecht keine Gelegenheit zur Ausschweifung bieten,
sondern deine Miene soll Belehrung für ein schwaches
Gemüt ausdrücken. Und jenes Wort: „Du sollst nicht auf
die Schönheit einer Frau sehen, und du sollst eine Frau nicht
begehren in ihrer Schönheit" (Sir 25, 28 Vg.). Beobachte
sorgfältig das Zischen des alten und im Kampf erprobten
Feindes, weil dich der falsche Friede ärgern wird, sobald
du zu kämpfen aufhörst, wenn der siegreiche Feind über
seinen Triumph frohlocken wird. Du trägst die Gefäße des
Herrn, das Gefäß der Erwählung (vgl. Apg 9, 15), in denen

thesaurus ille est incomparabilis, pro quo comparando ven-
duntur omnia, quae possidentur, id est ipse sponsus universalis ecclesiae, qui relictis quodammodo patre et matre
sponsam emit fuso sanguine, sicut scriptum est: „Propter
hoc relinquet homo patrem et matrem et adhaerebit uxori 5
suae et erunt duo in carne una. Sacramentum hoc", ait
apostolus, „magnum est, ego autem dico in Christo et
ecclesia."

Hortum deliciarum excolendum quasi depositum quoddam suscepisti, ubi „pascitur inter lilia Christus, donec 10
aspiret dies et inclinentur umbrae". Vis scire, quomodo
pascitur inter lilia Christus?

T.: Ostende, obsecro.

P.: Ubi sancta castimonia, qui praesunt Christi virginibus, reflorent et subditae eodem virtutum flore respondent, 15
nonne Christus in medio positus, flos ipse floribus quidem
arridet et florentibus hinc inde per pudicitiam liliis convivia
redolentissima et sumit et praebet? Sit igitur virginum prae-
positus Iohannes, Mariae custos et servus deputatus, sint
Christi virgines Maria Iohanni commissa pudicitiae dos, 20
pignus et decus, sit par fervor in utrisque, id est in verbo, in
praecepto et virtute oboedientiae, roseus aspectus in alterutrum communis et vicariae pudicitiae testetur archanum,
sicque parem meritis non imparibus in caelis sortientur
locum magister et discipula, pater et filia, qui summi patris 25
et magistri timorem et amorem diviserunt inter se mente
sincera. „Volatilia ad sibi similia conveniunt, et veritas ad

jener unvergleichliche Schatz beschlossen liegt, für den
man nach einem Vergleich alles verkauft, was man besitzt,
das ist der Bräutigam der ganzen Kirche selbst, der gewissermaßen Vater und Mutter verlassen hat und durch das
Vergießen seines Blutes die Braut gekauft hat, so wie geschrieben steht: „Darum wird der Mann Vater und Mutter
verlassen und wird sich an seine Frau binden, und sie
werden zwei in einem Fleisch sein" (Gen 2, 24). „Dies
Geheimnis ist groß", sagt der Apostel, „ich spreche aber
von Christus und der Kirche" (Eph 5, 32).

Du hast einen Garten der Freuden gewissermaßen wie
ein Pfand zur Pflege übernommen, wo Christus „unter
Lilien weidet, solange der Tag atmet und die Schatten sich
neigen" (Hld 2, 16 f). Willst du wissen, wie Christus unter
Lilien weidet?

T.: Zeige es, ich bitte dich sehr.

P.: Dort, wo die Vorsteher der Jungfrauen Christi in
heiliger Keuschheit erblühen und ihre Untergebenen in
derselben Tugendblüte dem entsprechen, steht da nicht
Christus mitten unter ihnen, selbst eine Blume, die den
Blumen zulächelt, und mit den Lilien, die von nun an in
Sittsamkeit blühen, herrlich duftende Gastmähler ein-
nimmt und zubereitet? Es soll also der Vorsteher der Jungfrauen ein Johannes sein, als Hüter Mariens und Diener
bestellt, die Jungfrauen Christi seien Maria, dem Johannes
anvertraut, als Mitgift, Unterpfand und Zierde der Keuschheit, in beiden soll der gleiche Eifer glühen, das heißt im
Wort, in der Vorschrift und in der Tugend des Gehorsams,
der Anblick gleich einer Rose vom einen zum anderen
möge das Geheimnis gemeinsamer und stellvertretender
Keuschheit bezeugen, und so Lehrer und Schülerin den
gleichen Platz im Himmel nach gleichem Verdienst erlosen,
Vater und Tochter, die Furcht und Liebe zum höchsten
Vater und Lehrer mit reinem Herzen unter sich geteilt
haben. „Vögel, die einander ähnlich sind, kommen zusammen, und die Wahrheit wird zu denen zurückkehren, die

eos, qui operantur illam, revertetur." Amor et timor dei inter magistrum et discipulam magna veritatis testimonia sunt.

T.: Seris condignis aditum obstruis hostis, custodiam 155 indicis ovibus urbis spiritalis, ut cautela claustralis discipli- 5 nae maxime vigeat ex discreti magisterii sapientia, doctrina vel rigore, quia si columna, quae totum sustinet aedificium, vel ad momentum nutaverit, machina columnae fortiter innixa quomodo stabit?

P.: Optime. Nihil stabilitatis promittit quicquid de statu 10 suo deciderit. Igitur militiae Christi caelibis vitae prae-ponendi sunt magistri ad quaerendam beatam vitam clau-sis sensibus carnalibus praestantissimi, qui extra mun-dum et carnem quodammodo positi et ad principium suum conversi visibilibus omnibus altiores caelestis sa- 15 pientiae et spiritalis intelligentiae sensibus interiora co-aptant, imaginis dei speculum in se remotis curis et vanis et variis considerant, formisque caelestibus interius ex-ercitati futuri saeculi praesagia quaedam metiuntur in-audita auribus humanis, vix praegustata cordibus purissi- 20 mis sicque conversationem suam cum apostolo figunt et ponunt in caelis, ut sensibus quinque penitus illuminatis vix persona, loco et tempore per diversa varientur et, ut de opere taceam irrationabili, nec concipiant quidem aut ve-lint, quod secus propositum se ingerit vel occulte vel aper- 25 te. „Probata enim virtus corripit insipientes, quoniam in

sie bewirkt haben" (Sir 27, 10 Vg.). Liebe und Gottesfurcht zwischen Lehrer und Schülerin sind die großen Beweisstücke für die Wahrheit.

T.: Mit passenden Riegeln versperrst du dem Feind den Zugang und empfiehlst den Schafen der geistlichen Stadt einen Wachtposten, damit die Absicherung der klösterlichen Zucht aufgrund von Weisheit, Bildung und Härte einer strengen Leitung möglichst stark sei. Denn wenn eine Säule, die ein ganzes Gebäude trägt, wankt, und sei es auch nur für einen Augenblick, wie könnte dann das Bauwerk, das sich kräftig auf diese Säule gestützt hat, noch fest stehen?

P.: Sehr gut. Was seinen Halt verloren hat, verspricht keine Festigkeit mehr. Darum müssen an die Spitze der Truppe Christi, die für ein keusches Leben kämpft, Lehrer gestellt werden, die dadurch, daß sie ihre fleischlichen Sinne verschlossen haben, ausgezeichnet geeignet sind für die Suche nach dem glückseligen Leben; Leute, die sich gewissermaßen außerhalb von Welt und Fleisch befinden, sich ihrem eigenen Ursprung zugewandt haben und, höher als alle sichtbaren Dinge, ihr Inneres den Sinnen von himmlischer Weisheit und geistlichem Verständnis angleichen. Sie betrachten das Bild Gottes in sich wie in einem Spiegel, nachdem sie die verschiedenen eitlen Sorgen abgestoßen haben. Innerlich geübt durch himmlische Bilder ermessen sie bestimmte Anzeichen der kommenden Welt, unerhört für menschliche Ohren und selbst von den reinsten Herzen kaum im voraus gekostet. Und so nageln sie ihr eigenes Leben zusammen mit dem Apostel fest (*sc.* ans Kreuz; vgl. Kol 2, 14) und legen es im Himmel ab, so daß sie sich, obwohl ihre fünf Sinne völlig erleuchtet sind, kaum nach Person, Zeit und Ort voneinander unterscheiden und, um vom unvernünftigen Werk zu schweigen, nichts anderes im Sinn haben oder wollen, als was ihnen ihr Auftrag auferlegt, sei es versteckt oder offen. „Denn (*sc.* Gottes) erprobte Tüchtigkeit weist die Toren zurück, weil die

malivolam animam non introibit sapientia nec inhabitabit
in corpore subdito peccatis. Spiritus enim sanctus disciplinae effugiet fictum et auferet se a cogitationibus, quae sunt
sine intellectu et corripietur a superveniente iniquitate."
Tales igitur digno honore venerandi sunt, sicut ait aposto- 5
lus: „Rogamus vos, ut noveritis eos, qui laborant inter vos
et praesunt vobis in domino et monent vos, ut habeatis illos
abundantius in caritate propter opus eorum." Audi filia.
Sicut gemmae lucidissimae radio solis allucente splendor
augetur, ut quae prius nativo decore splendebat, solis 10
hausto iubare magis splendescat, sic anima humana ratio-
nalitatis | luce perspicua, dum ei lumen beatae perennitatis | 156
alluxerit, nativae luci suae ex ea luce, quae aliud est quam
ipsa, splendoris aeterni iubar adicit, unde ipsa ratio lumen
trahit. Aliud est enim hominem esse, aliud est bonum esse. 15
Quodsi sordibus ipsam gemmam involveris, nullo splendore lumen eius pertraicis, quia sordibus obstantibus lux
ingenita obfuscatur, immo ne videatur, reconditur. Pressa
enim terrenis sordibus anima quomodo lucebit in aeterna
sapientia? Itaque naturale bonum, quod habes ex deo, ap- 20
plica divino lumini ad eum properando nec obscures, quod
te natura dictavit ab eo recedendo.

T.: Ut ex verbis tuis conicio, inter viros et feminas pari
professione cultum pietatis exercentes necessaria est divinae

Weisheit nicht in eine boshafte Seele kommt und nicht in einem Körper wohnen wird, der der Sünde unterworfen ist. Denn der heilige Geist der Zucht wird vor dem Falschen fliehen und sich von seinen Gedanken entfernen, die ohne Verstand sind, und er wird vertrieben, wenn Unrecht über ihn kommt" (Weish 1, 3–5). Darum müssen solche mit würdiger Ehrerbietung geachtet werden, so wie der Apostel sagt: „Wir bitten euch, daß ihr die erkennt, die unter euch arbeiten und euch vorstehen im Herrn und euch ermahnen, und bedenkt jene mit besonders reicher Liebe wegen ihres Werks" (1 Thess 5, 12 f Vg.). Höre, Tochter. So wie der Glanz eines strahlenden Edelsteins noch vermehrt wird, wenn ein Strahl der Sonne ihn zusätzlich erleuchtet, so daß er, der vorher nur in natürlichem Schmuck glänzte, nun durch den gesammelten Glanz der Sonne noch mehr leuchtet, so fügt die menschliche Seele, die durch das Licht der Vernunft an sich klar ist, wenn das Licht der seligen Ewigkeit sie zusätzlich erleuchtet, dem angeborenen eigenen Licht von dem Licht, das anders ist als es selbst, ein Strahlen ewigen Glanzes hinzu, woher dann die Vernunft selbst ihr Licht bezieht. Denn eine Sache ist es, Mensch zu sein, die andere, ein guter Mensch zu sein. Wenn du den Edelstein selbst im Schmutz vergräbst, dann läßt du kein Licht seinen Glanz durchdringen, weil sein inwendiges Leuchten von dem Schmutz, der im Wege steht, verdunkelt, ja sogar so verborgen wird, daß man ihn nicht mehr sehen kann. Denn wie wird eine Seele, die von weltlichem Schmutz bedrängt ist, in ewiger Weisheit leuchten? Deshalb füge das angeborene Gute, das du von Gott hast, dem göttlichen Licht hinzu, indem du zu ihm eilst, und verdunkle nicht das, was dir die Natur vorschreibt, indem du vor ihm zurückweichst.

T.: Wie ich aus deinen Worten entnehme, ist unter Männern und Frauen, die das gleiche Gelübde abgelegt haben und sich um die Ausübung der Frömmigkeit bemühen, die Erkenntnis der göttlichen Gegenwart notwen-

praesentiae cognitio, qua a mente pariter conversantium
remota perit totius disciplinae vel regularis vitae magistra.

P.: Nihil umquam verius. Ubi enim promiscuum sexum
virorum scilicet ac mulierum sanctitati licet assignatum
paries unus distincte concludit, quamvis sanctitas utrorum- 5
que miraculorum fulmine montes feriat, fide et precum
maiestate montes moveat, tamen nisi timor et amor dei
intercesserit, adversariorum calumniae commanentia patebit. An ignoras, quod arida materies facile vicino consumitur igne? Sic fragilis animus accepta peccandi occasione 10
cito conteritur. Occasionem tolle utrisque et illaesum ma-
nebit utrumque.

T.: Quod superius dixisti, Christum regem nostrum „pa-
sci inter lilia, donec aspiraret dies et inclinarentur umbrae"
non video, cum iste pastus terminari videatur et, quod fine 15
concluditur, mutabile esse probetur.

P.: Iusta inquisitio tua. Omne „quod antiquatur et sene- 157
scit, prope interitum est". Audi. Sponsus pascitur inter
lilia, quia Christus delectatur sacrarum animarum castimonia, quarum corpus quidem floret per munditiam sen- 20
suum exteriorum, anima vero sacra cogitatione levatur ad
contemplationem aeternorum. Sed quamdiu dilectus sic
pascitur? Hic quidem, id est in hac vita ipse lilia nostra
plantat, ut in his pascatur temporaliter, sed flos iste liliorum
spectat ad florem bonorum aeternorum, in cuius odore 25
suavissimo sponsus noster delectabitur aeternaliter. Dies

dig; wenn diese aus dem Herzen derer verschwindet, die in gleicher Weise miteinander leben, dann geht auch die Zuchtmeisterin jeder Ordnung und jeder geregelten Lebensführung zugrunde.

P.: Nichts ist jemals wahrer! Wo nämlich nur eine einzige Mauer die Gemeinschaft der Geschlechter, gemeint sind natürlich Männer und Frauen, auch wenn sie sich der Heiligkeit verschrieben haben, gehörig abgeteilt einschließt, da wird, auch wenn die Heiligkeit beider mit der wunderbaren Wucht eines Blitzstrahls Berge trifft und durch den Glauben und die Hoheit ihrer Gebete Berge zu versetzen vermag, die Gemeinschaft der Verleumdung durch ihre Gegner offenen Zugang bieten, wenn nicht Gottesfurcht und Gottesliebe dazwischentreten. Oder weißt du nicht, daß trockenes Material von einem Feuer in der Nähe leicht aufgezehrt wird? So wird ein wankelmütiger Geist schnell zugrunde gerichtet, wenn er die Gelegenheit zur Sünde bekommt. Entziehe beiden die Gelegenheit, und beide werden unversehrt bleiben.

T.: Was du oben gesagt hast, daß Christus, unser König, „unter Lilien weide, solange der Tag atmet und die Schatten sich neigen" (Hld 2,16 f), da verstehe ich nicht, daß dieses Weiden begrenzt erscheint und sich als veränderlich erweist, weil es durch ein Ende abgeschlossen wird.

P.: Deine Frage ist berechtigt. Alles, „was alt ist und in die Jahre kommt, ist dem Untergang nahe" (Hebr 8,13). Höre. Der Bräutigam weidet unter Lilien, weil Christus sich an der Keuschheit der heiligen Seelen erfreut, deren Körper zwar durch die Reinheit der äußeren Sinne blüht, deren Seele aber nach heiliger Überlegung zur Betrachtung der ewigen Dinge erhoben wird. Aber wie lange weidet der Geliebte so? Hier nun, das heißt in diesem Leben, pflanzt er selbst unsere Lilien, damit er zwischen ihnen in der Zeitlichkeit weide, aber diese Blüte der Lilien blickt auf die Blüte der ewigen Güter, an deren außerordentlich süßem Duft unser Bräutigam sich in Ewigkeit erfreuen wird. Jener

ille noctem istam annihilat, vita mortem perturbat, et nihil
erit amodo nisi lux et vita, quia cessavit horum causa vel
umbra. Sed huc usque de Susanna et iudicibus iniquis
processisse non sit ingratum, qui quidem castam feminam
impetu geminae mortis perdere quaesierunt, sed quaesiti 5
et inventi, convicti et confusi, pro ea saxei saxis inter-
ierunt. Sed, o tu Christi ancilla, si forte sibilus serpentis,
si lenocinantium sirenarum suasibilia venena, hoc est si
persona quaelibet ad illicita te inclinare voluerit et mente
libidinosa foedos in te oculos detorserit, exclama fortiter 10
cum Susanna: „Si enim hoc egero, mors mihi est, si autem
non egero, Christo adiuvante manus vestras effugiam in
conspectu domini non peccando. Nam", ut ait apostolus,
„eiusmodi pseudoapostoli operarii subdoli transfiguran-
tes se in apostolos Christi et non mirum. Ipse enim 15
satanas transfiguratur se in angelum lucis." Exclama igitur, virgo Christi, cum impeteris suasu maligni: ,Discede
a me, fomes peccati, nutrimentum facinoris, pabulum mortis, discede sentina profundae iniquitatis, causa totius confusionis et doloris, quia iam ab alio amatore praeventa 20
sum'. „Cor meum et caro mea exultaverunt in deum vi-
vum", quorum alterum | si tibi cesserit, debita servatae | 158
castitati gloria amodo cessabit nec spes erit ultra recuperandi, quod amissum est, subiectum momentaneae perditioni.

---

[115] Das Gebet ist Zitat aus dem Martyriumsbericht der heiligen AGNES,
das ALDHELM VON MALMESBURY, *virg. I* 45 überliefert (MGH. AA 15, 298).

Tag macht diese Nacht zunichte, das Leben zerstört den Tod, und nichts wird mehr sein außer Licht und Leben, weil ihretwegen sogar der Schatten gewichen ist. Aber es mag nicht unwillkommen sein, daß wir uns bis hierher von der Betrachtung von Susanna und den ungerechten Richtern abgewendet haben (vgl. Dan 13), die zwar im Ansturm die keusche Frau mit doppeltem Tod zu verderben suchten, dann aber selbst gesucht, gefunden, überführt und in Verwirrung gestürzt wurden und schließlich an ihrer Statt steinernen Gemüts durch Steinigung den Tod fanden. Aber du, Magd Christi, wenn etwa das Zischeln der Schlange, wenn das süße Gift der Überredung von Sirenen, die Kuppelei betreiben, das heißt, wenn irgendeine beliebige Person dich den Versuchungen geneigt machen will und mit lüsternem Sinn die Augen schändlich nach dir verdreht, dann rufe zusammen mit Susanna tapfer aus: „Wenn ich dies tue, dann ist mir der Tod gewiß, wenn ich es aber nicht tue, dann werde ich mit Christi Hilfe euren Händen entkommen, weil ich nicht sündige im Angesicht des Herrn" (vgl. Dan 13,22 f). „Denn", wie der Apostel sagt, „verstellen sich solche falschen Apostel als arglistige Helfer zu Aposteln Christi, und das ist kein Wunder. Denn der Satan selbst tarnt sich als Engel des Lichts" (2 Kor 11,13 f). Schreie darum laut, du Jungfrau Christi, wenn du von der Einflüsterung des Bösen angefallen wirst: ‚Weiche von mir, du Brandherd der Sünde, du Nährboden der bösen Tat, du Speise des Todes, hebe dich hinweg, du Auswurf tiefer Ungerechtigkeit, du Ursache für alle Wirren und allen Schmerz, denn schon ist ein anderer Liebhaber gekommen, dem ich mich ergeben habe!'[115] „Mein Herz und mein Leib jubelten zu dem lebendigen Gott" (Ps 84,3: Vg. Ps 83,3), wenn dir aber eines von diesen beiden abhanden kommt, dann wird der Ruhm, der dir für die bewahrte Keuschheit geschuldet wird, von da an verschwinden, und es wird keine Möglichkeit mehr geben, wiederzugewinnen, was verloren und augenblicklichem Verderben unterworfen ist.

Pastor tuus non fictus sit tibi in Christo diligendus, mer-
cennarius tolerandus, latro cavendus. In amore summi pastoris veros et falsos discerne pastores.

T.: Cum ad virginitatis gloriam commendandam et con-
servandam multa suppetant scripturarum documenta, sed 5
et rerum sensibilium vel insensibilium ut florum, agnorum
turturisque non desint exempla, quibus virginalis vita ad sui
custodiam poterit excitari, videntur tamen per hoc paradig-
ma, quod dominus de quinque prudentibus et quinque
fatuis proposuit, maxime denotari, quarum aliae quidem 10
lucentes ex olei pinguedine thalamo sponsi sociantur,
<aliae> ex defectu vero sacri liquoris stultae reprobantur.
Ut igitur hinc Christi virginibus assit scientia comes cautelae, cautela comes scientiae, stilum, obsecro tc, ad haec
explicanda converte. Quae sint ergo prudentes, quae fatuae, 15
quae vascula, quae lampades, quae mora sponsi, quid somnus omnium, quid oleum vel eius venditores, sedulos per-
quirit auditores. Adice igitur ista praetaxatis, ut profectus
lectionis adiciat haec intuentibus tantum ex casu stultarum
timoris quam de gloria ingredientium amoris.   20

P.: Rem plenam sacrae considerationis postulas, in qua
non solum virginum, sed et totius ecclesiae cardo versari
videtur, quia boni et mali in ecclesia positi in hac lectione
comprehenduntur, boni quidem, quod divinae gratiae retu-

---

[116] Die Parabel von den klugen und törichten Jungfrauen (vgl. auch Buch
1, oben 110,13–15 mit Anm. 23, sowie das gesamte Buch 6) fand als
Metapher für das Jüngste Gericht schon in der Frühzeit des Christentums
Auslegung in der patristischen Literatur und in den Bildkünsten. Dabei
geht es immer um die Endgültigkeit der Entscheidung, die durch eine klare
Trennung von Rechts und Links bereits in der Bilddisposition deutlich
gemacht wird. Dem folgt auch der Maler im *Spec. virg.*, der in drei
Registern übereinander die entscheidenden Szenen unter dem Rechts-
Links-Aspekt zitiert, der dann in der verheißenen Herrlichkeit folgerich-
tig aufgehoben ist (Bild 7, oben nach 436). Zitate nach Mt 13 unterstützen
die Bildaussage; vgl. KÖRKEL-HINKFOLK, *Parabel;* LEHMANN, *Parabel.*

Du sollst deinen Hirten, wenn er kein Heuchler ist, in
Christus lieben, den bezahlten Knecht ertragen, vor dem
Räuber dich hüten (vgl. Joh 10, 1.11.12). In der Liebe zum
höchsten Hirten lerne die wahren und die falschen Hirten
zu unterscheiden.

T.: Obwohl zur Empfehlung und Bewahrung der jungfräulichen Herrlichkeit viele Zeugnisse aus der heiligen
Schrift zur Verfügung stehen, aber auch Beispiele von sin-
nenhaften Dingen und solchen, die keine Sinnenhaftigkeit
vorweisen, nicht fehlen wie Blumen, Lämmer und Turtel-
taube, durch die das jungfräuliche Leben zur Wachsamkeit
über sich selbst angespornt werden könnte, scheint dennoch ganz besonders in dem Beispiel, das der Herr selbst
mit den fünf klugen und den fünf törichten Jungfrauen
vorgestellt hat (vgl. Mt 25, 1–13)[116], auf die verwiesen, von
denen die einen in der Tat strahlend von dem Fett ihres Öls
in die Kammer des Bräutigams eingehen, die anderen aber
sich aus Mangel an heiliger Flüssigkeit als töricht erweisen.
Damit nun also den Jungfrauen Christi die Kenntnis als
Begleiter zur Vorsicht, und die Vorsicht als Begleiter zur
Kenntnis zu Hilfe kommen, bitte ich dich sehr, spitze
deinen Griffel, um diese Dinge zu erklären. Was denn nun
die klugen Jungfrauen sind, was die törichten, was die
Gefäße bedeuten, was die Lampen, was der Aufenthalt des
Bräutigams, was der Schlaf aller, was das Öl und seine
Verkäufer, all dies erfordert eifrige Zuhörer. Darum füge
diese Dinge zu den vorher behandelten hinzu, damit der
Fortschritt in der Lektüre für die Betrachterinnen so viel
an Furcht wegen des Falls der Törichten beiträgt wie an
Liebe infolge der Herrlichkeit der Eintretenden.

P.: Du forderst eine Sache, die voll der heiligen Überlegung ist und in der ein Angelpunkt nicht nur für die
Jungfrauen, sondern für die gesamte Kirche zu liegen
scheint, weil unter diesem Gleichnis Gute und Schlechte,
die in der Kirche ihren Platz haben, verstanden werden, die
Guten darum, weil sie der göttlichen Gnade zurückgege-

lerunt, quod sursum acceperunt, mali vero, quod vel bona
naturalia vel naturae adiecta neglexerunt. Quod enim ex
deo es, quod ex deo habes, si humiliter divinitus te habere
in gratiarum actione intellexeris, virgo prudens oleum in
vasculo lucenti lampad<i> geris. Quod si levaris donorum 5
extollentia, deficiente in te sancti spiritus pinguedine lam-
pas ope|rum frustra fulget extinguenda quandoque. Re- | 159
sponde igitur principio tuo ex eo, quod es et quod habes,
et erit stabilis lux tua et lucis merces. Quod ergo de hoc
capitulo quaeris, sicut a patribus accepimus, pauca ponenda 10
sunt, praemissa tamen figura, ut consodales tuae, si forte
quod legunt non intelligunt, vel proficiant ex forma subpo-
sita, quia ignorantibus litteras ipsa pictura scriptura est et
exemplo excitatur ad profectum, cui littera non auget intellectum. 15

Explicit V.

ben haben, was sie von oben empfingen, die Schlechten aber, weil sie das angeborene und der Natur sogar noch hinzugefügte Gute vernachlässigt haben. Denn wenn du in dankbarem Gebet demütig erkennst, daß du von göttlicher Gnade empfangen hast, was du aus Gott bist und was du aus Gott hast, so trägst du als kluge Jungfrau mit leuchtender Lampe das Öl im Gefäß. Wenn du dich aber im Übermut über deine Geschenke erhebst, dann geht das Öl des heiligen Geistes in dir aus, und die Lampe der guten Werke leuchtet vergeblich, weil sie demnächst verlöschen muß. Antworte also deinem Ursprung aus dem, was du bist und was du hast, und dein Licht wird dauerhaft sein und ebenso der Lohn für dein Licht. Weil du also nach diesem Abschnitt der Schrift fragst, soll einiges Wenige, wie wir es von den Vätern überliefert bekommen haben, hier vorgestellt werden. Dennoch sei zuerst ein Bild vorangestellt, damit deine Mitschwestern, wenn sie etwa nicht verstehen, was sie lesen, aus dem unten vorgestellten Bild doch eine Förderung gewinnen, weil für diejenigen, die die Buchstaben nicht kennen, das Bild selbst die Schrift ist, und durch eine beispielhafte Darstellung derjenige zum Fortschritt aufgerufen wird, dem Geschriebenes nicht das Verständnis vermehrt.

Es endet das fünfte Buch.

Incipit VI.   160

Ait ergo sermo evangelicus: „Simile est regnum caelorum
decem virginibus, quae accipientes lampades suas." In hoc
loco regnum caelorum praesens ecclesia est, tempora mundi in aequali ordine percurrens, id est ubi boni et mali sunt, 5
boni quidem propter gratiam sine paenitentia vocantem,
vocatos iustificantem, iustificatos glorificantem, mali vero
pro eo, quod in bivio liberi arbitrii stantes eandem gratiam
invitantem et coronantem sibi placentes intellegere nolu-
erunt et quicquid boni fecerunt, propriis meritis ascrip- 10
serunt. Mali igitur cum bonis regnum caelorum sunt propter baptismi sacramentum, propter fidem, propter opus
sanctae fidei documentum, propter alia spiritalis disciplinae instrumenta, ieiunia, vigilias, abstinentiam validam et
cetera his similia, mali autem ideo non boni, quia in eo, 15
quod boni aliquid fecerunt, totius boni datorem non in-
tenderunt. Cursus igitur non inpar virtutum malos istos
regnum caelorum temporaliter cum bonis fecit, dispar
vero intentio malitiae notam damnabilem malis affixit. Sed
qua re numerus iste quinarius specialis ecclesiae, quae uni- 20
versali cursu procedit, asscribitur, nisi quia sensibus quinis geminatis ipsa humana natura insignita ostenditur? Sicut enim quinque sensus sunt corporis exteriores, ita quinque sunt animae interiores. Et exteriores quidem sensus
duces quidam sunt sensuum interiorum, interiores vero 25
iudices et reges exteriorum. Quid enim discerneres in rerum

---

[117] Die Fünfzahl assoziiert oft den Bezug auf die fünf Sinne, so auch Gen
1,20–23 (5. Schöpfungstag) oder Mt 14,17.19 (fünf Brote bei der ersten
Brotvermehrung); vgl. MEYER/SUNTRUP, *Mittelalterliche Zahlenbedeu-
tungen* 408–410.425–427. Die hier angesprochene Fünfzahl wird ebenda,
427–429, erläutert.

Es beginnt das sechste Buch.

Der Text des Evangeliums sagt also: „Das Himmelreich ist
zehn Jungfrauen vergleichbar, die ihre Lampen nahmen"
(Mt 25,1). Unter dem Himmelreich muß man an dieser
Stelle die heutige Kirche verstehen, die die Zeitläufte der
Welt in angemessener Folge durchläuft, das heißt, in der
sich Gute und Böse finden, und zwar Gute wegen der
Gnade, die ohne Reue ruft, die die Gerufenen zu Gerechten
macht und den Gerechten Herrlichkeit gibt, Böse aber
darum, weil diese, obwohl sie am Scheideweg des freien
Willens stehen, eben diese Gnade, die sie einlädt und krönt,
aus Eigenliebe nicht erkennen wollten und eigenem Ver-
dienst zuschrieben, was sie etwa an Gutem taten. Dennoch
bedeuten aber die Schlechten mit den Guten zusammen das
Himmelreich wegen des Geheimnisses der Taufe, wegen des
Glaubens, wegen des Werks als Beweis heiligen Glaubens,
wegen der anderen Hilfsmittel geistlicher Zucht, als da sind
Fasten, Wachen, kraftvolle Enthaltsamkeit und weitere
Dinge, die diesen ähnlich sind; aber dennoch sind die
Schlechten nicht gut, weil sie, wenn sie irgendetwas Gutes
vollbrachten, sich dabei nicht nach dem Geber aller guten
Gabe ausrichteten. Der durchaus vergleichbare Lebenslauf
in den Tugenden macht diese Schlechten zwar in der Zeitlichkeit zusammen mit den Guten zum Himmelreich, aber
die ungleiche Absicht hat die Bösen mit dem verdammens-
werten Kennzeichen der Bosheit versehen. Aber aus welchem Grund wird diese Fünfzahl[117] nun insbesondere der
Kirche zugeschrieben, die in einem allumfassenden Lauf
vorwärts eilt, wenn nicht darum, weil die menschliche Natur, die von den verdoppelten fünf Sinnen geprägt ist, sich
selbst darin zeigt? So wie nämlich die fünf Sinne äußerlich
Teil des Körpers sind, so sind sie innerlich Teil der Seele.
Und die äußeren Sinne sind gewissermaßen Führer für die
inneren Sinne, die inneren aber Richter und Herrscher über
die äußeren. Denn wie würdest du die Dinge unterscheiden

colore, sapore, odore, qualitate vel quantitate, sono, quae
omnia quinis subiacent et accidunt sensibus, nisi fenestras
sensuum istorum apertas invenires, per quas ad discernenda
quaeque rationi nativae subiecta prospiceres? Quomodo,
inquam, albi vel nigri, quomodo | rerum longe vel prope 5 | 161
positarum qualitates et effectus, quomodo species sapori-
feras ad palatum transiectas, vocum varietates, odorum
efficientias et naturas, quomodo mollia vel dura sine signis
quibusdam ducum istorum, id est sensuum corporeorum,
discretivae rationis intelligentia pensares, quae mittunt ad 10
interiora tua formas et imagines corporalium rerum? Quid
vero sensus exteriores proficerent, semper licet aperti, si
effectus suos non haberent in homine interiori? Ipsa igitur
coniunctae naturae discrepantia vel discrepantis naturae
coniunctio quaedam collectiva mutuis et alternis officiis ad 15
praesens exercetur, ut alterum ab altero, longe tamen et
dispari effectu utriusque naturae adiuvetur. Verum quia
virum et feminam sensuum interiorum et exteriorum ista
efficacia indifferenti lege naturae concludit, sermo divinus
„Regnum caelorum simile decem virginibus" dicit. „Quae 20
accipientes lampades suas exierunt obviam sponso et
sponsae." Ubi oportet nos aliquantulum immorari. Si enim
per decem virgines fatuas et prudentes universalis ostenditur ecclesia obviam sponso procedens, unde sponsam istam
habemus, quae sponso coniuncta sponsae narratur occur- 25
rens? Duas ergo habebimus ecclesias, alteram in die iudicii

nach Farbe, Geschmack, Geruch, Beschaffenheit oder Größe und Klang, was alles den fünf Sinnen unterworfen und
zugeordnet ist, wenn du nicht die Fenster dieser Sinne
geöffnet fändest und durch sie hindurchblicken könntest,
um alles zu unterscheiden, was der angeborenen Vernunft
unterworfen ist? Wie sollst du, sage ich, die Beschaffenheit
und Wirkung von Weiß und Schwarz, von weiten oder
nahen Dingen, wie die unterschiedlichen Arten von Ge-
schmacksstoffen, die zum Gaumen transportiert werden,
wie die verschiedenen Stimmen, wie Wirkung und Natur
der Düfte, wie weich oder hart mit der Einsicht unter-
scheidender Vernunft beurteilen ohne irgendwelche Si-
gnale dieser Führer, das heißt der körperlichen Sinne, die
in dein Inneres die Abbilder und Gestalten der konkreten
Dinge schicken? Was nützten schließlich die äußeren
Sinne, immer vorausgesetzt, daß sie offen sind, wenn sie
nicht ihre eigene Wirkung im Inneren des Menschen
hätten? Deshalb wird das Auseinanderfallen der verei-
nigten Natur und die Vereinigung der auseinanderfallen-
den Natur gewissermaßen zusammengeführt und bis in
die Gegenwart in wechsel- und gegenseitigen Pflichten
geübt, so daß das eine vom anderen unterstützt wird,
sogar noch besonders aufgrund der unterschiedlichen
Wirkung jeder der beiden Naturen. Weil aber diese Wirkung der inneren und äußeren Sinne nach dem Gesetz der
Natur unterschiedslos Mann und Frau zusammenschließt,
sagt die heilige Schrift: „Das Himmelreich ist ähnlich
zehn Jungfrauen. Diese nahmen ihre Lampen und gingen
dem Bräutigam und der Braut entgegen" (Mt 25, 1). An
dieser Stelle müssen wir ein wenig verweilen. Wenn nämlich mit den zehn törichten und klugen Jungfrauen die
Kirche in ihrer Gesamtheit gemeint ist, die dem Bräutigam entgegengeht, woher haben wir dann diese Braut,
von der berichtet wird, daß sie vereint mit dem Bräutigam der Braut entgegeneilt? Werden wir darum zwei
Kirchen haben, die eine, die am Tag des Gerichts voran-

procedentem, alteram procedenti cum sponso occurren-
tem?

T.: Saepissime scrupulus iste, pater, ignorantiam nostram
offendit, praesertim cum sit „una columba, perfecta, una
matris suae, electa genitricis suae". Unde igitur altera 5
sponsa, si per unum et in uno sponsa una et unica?

P.: Scrupulum istum facile superabis, si in hoc occursu
caput et corpus attenderis. Pagina divina persaepe de domino et eius corpore sic loquitur, id est de capite et membris,
de sponso et sponsa, de Christo et ecclesia, quasi duos 10
colligat in una persona, et hoc ex sacramento unitatis et
gratiae, ex assumptione nostrae naturae, non deitatis ab
assumpto homine divisione. Ait enim per | prophetam in | 162
una persona: Sicut sponso „imposuit mihi mitram" et sicut
sponsam „ornavit me vestimento". Ecce hic sponsus et 15
sponsa in una persona et tamen quid capiti, quid corpori
asscribendum sit, oportet intelligi. Ipse sponsus, ipse
sponsa, sponsus in capite, sponsa in corpore.

T.: Quae nam sunt lampades istae, quas omnes, id est
fatuae cum prudentibus accipiunt, sed in choro stultarum 20
ex defectu olei a luce sua deficiunt?

P.: Per lampades bona opera intellige, quia sicut lampas
in nocte tenebrarum opaca dissolvit, ita boni operis exemplum proximos nostros ad lucem virtutum trahit. Ipsa
enim quinque sensuum quasi quinque portarum custodia 25
virginitatis in singulis commendat misteria, quia per bo-

schreitet, die andere, die der Voranschreitenden zusammen mit dem Bräutigam entgegeneilt?

T.: Sehr häufig, Vater, befällt uns in unserer Unwissenheit dieser Zweifel, zumal es doch „eine einzige Taube ist, die vollkommene, die einzige ihrer Mutter, auserwählt von der, die sie geboren hat" (Hld 6, 9). Woher kommt dann also die andere Braut, wenn diese Braut durch den einen und in dem einen die eine und einzige ist?

P.: Einen solchen Zweifel wirst du leicht überwinden, wenn du bei dieser Begegnung auf das Haupt und den Leib achtest. Die heilige Schrift spricht nämlich sehr häufig so von dem Herrn und seinem Leib, das heißt von Haupt und Gliedern, von Bräutigam und Braut, von Christus und der Kirche, gleichsam als binde sie beide in einer einzigen Person zusammen, und zwar aufgrund des Geheimnisses von Einheit und Gnade und aufgrund der Annahme unserer Natur, nicht durch die Trennung der Gottheit von dem Menschen, den sie angenommen hat. Denn durch den Propheten spricht sie von einer einzigen Person: „Wie einem Bräutigam hat er mir den Kopfschmuck aufgesetzt, und wie eine Braut hat er mich mit dem Kleid geschmückt" (vgl. Jes 61, 10). Siehe also, hier sind Bräutigam und Braut eine einzige Person, und dennoch muß man verstehen, was dem Haupt, was dem Leib zuzuschreiben ist. Er selbst ist der Bräutigam, er selbst die Braut, Bräutigam im Haupt, Braut im Leib.

T.: Was sind denn nun diese Lampen, die alle nehmen, das heißt die Törichten zusammen mit den Klugen, aber bei der Schar der Törichten verlöscht ihr Licht aus Mangel an Öl?

P.: Unter den Lampen verstehe die guten Werke, weil so wie die Lampe in der Nacht die Schatten der Finsternis auflöst, so zieht das Beispiel des guten Werks unsere Nächsten in das Licht der Tugenden. Die Wachsamkeit der fünf Sinne, fünf Türen vergleichbar, empfiehlt selbst das Geheimnis der Jungfräulichkeit bei den einzelnen, weil sie mit

num opus eo ipso lucere probantur, quo sensus interiores
muniunt, ne ab exterioribus corrumpantur. Virgines igitur
ex hac integritate vocantur, non ex operum infecunditate,
sed has stultitia surreptiva discernit, quia stulta ad quem
finem referat, quod agit, non attendit. Prudens quasi porro 5
videns dicitur, quia quemcumque providentia ad mala futura cavenda dirigit, merito sapientis nomine stabit, stultus
vero est, qui posset sapere, si studeret sapientiae, sed nec
praeterita tempora, in quibus dei gratia in bonis vel vindicta
in malis claruit, mente revolvit nec quae sint futura vel bona 10
vel mala, perpendit. Unde illud est: „Aversio parvulorum
interficiet eos et prosperitas stultorum perdet illos.“

T.: Resolve, quaeso, idipsum.

P.: Stultorum prosperitas ipsa gratia est donorum divinorum et favor his adulantium, quae dona cum homo quasi 15
propriis meritis asscribit, stultitiae notam nomenque non
evadit. „Simul enim insipiens stultusque peribunt“, alter
quidem tardior ad praeterita consideranda, alter vero re-
missior ad intuenda futura. Neque illi stulti vel | fatui | 163
vocantur, qui sensus infirmitate debilitantur, sed qui vili 20
negligentia non perpendunt, quid sint vel ad quid facti sint.
„Quinque igitur fatuae acceptis lampadibus non sump-
serunt oleum secum, prudentes autem acceperunt oleum in
vasis suis cum lampadibus.“

Hilfe des guten Werks offenbar eben dadurch zu leuchten vermögen, womit sie die inneren Sinne schützen, damit sie nicht von den äußeren ins Verderben gerissen werden. Jungfrauen werden sie aber wegen dieser Unversehrtheit genannt, nicht wegen der Unfruchtbarkeit von Werken; denn verstohlene Torheit sondert diese aus, weil eine törichte Jungfrau nicht darauf achtet, zu welchem Ende führt, was sie tut. Klug wird eine Jungfrau als gleichsam ‚weit Vorausschauende' genannt, weil sie mit Voraussicht einen jeden zur Vermeidung künftiger Übel lenkt, und mit Recht wird sie im Ruf einer Weisen stehen; töricht ist dagegen der, der weise sein könnte, wenn er sich um die Weisheit bemühte, aber in seinem Geist nicht vergangene Zeiten bedacht hat, in denen Gottes Gnade bei den Guten und sein Zorn bei den Schlechten hell erstrahlte, und nicht erwogen hat, was in der Zukunft gut sein wird und was böse. Daher jenes Wort: „Die Abtrünnigkeit der Unverständigen wird sie töten, und das Glück der Toren bringt jene um" (Spr 1,32).

T.: Erkläre genau dies, ich bitte darum.

P.: Das Glück der Toren ist das Gnadengeschenk göttlicher Gaben selbst und die Gunstbezeigung ihrer Schmeichler; wenn der Mensch diese Geschenke gewissermaßen eigenem Verdienst zuschreibt, dann entgeht er nicht dem Makel und dem Namen der Torheit. „Zugleich werden nämlich der Unverständige und der Tor miteinander untergehen" (Ps 49,11: Vg. Ps 48,11), und zwar der eine, weil er zu träge ist, vergangene Dinge zu bedenken, der andere dagegen, weil er zu lässig ist, die zukünftigen zu betrachten. Denn es werden nicht jene einfältig oder töricht genannt, die gebrechlich sind aufgrund einer Schwäche ihrer Sinne, sondern die, die mit sorgloser Gleichgültigkeit nicht bedenken, was sie sind und wozu sie geschaffen sind. „Es nahmen also die fünf Törichten ihre Lampen, aber Öl nahmen sie nicht mit sich, die Klugen aber nahmen Öl in ihren Gefäßen zusammen mit den Lampen mit" (Mt 25,3 f).

T.: Quae sunt, rogo, vascula ista?

P.: Vascula, quibus olei pinguedo infunditur, corda nostra sunt, quae spiritalium carismatum unguine, id est fidei,
spei et caritatis et aliarum virtutum his accidentium odore
replentur. De quibus Paulus: „Habemus", inquit, „thesau- 5
rum istum in vasis fictilibus." Ex his ergo vasis, hoc est ex
cordibus nostris lux bonorum operum quasi ornamenta
lampadarum praeparantur, et quia diversa intentione lux
eadem procedit, diversis effectibus radios suos in ipsa luce
disponit. Alii enim in eo quod lucent bonorum operum 10
exemplo, solo conscientiae gaudent testimonio illi, qui dedit, quod bene volunt et possunt, grates referendo iuxta
illud: „Sic luceat lux vestra coram hominibus", et cetera; alii
vero lumen, de quo splendent factis et exemplis, perdunt in
appetitu vanae gloriae vel laudis totamque laboris sui mer- 15
cedem hic recipiunt, quam in futuro sperare debuerunt. Sic
dominus: „Receperunt", ait, „mercedem suam", favoribus
vendentes, qua fulsere, iustitiam. Visne brevi verborum
apostolicorum clausula cardinem cognoscere, in quo et
prudentium et fatuarum merita versari videntur?   20

T.: Ne tardes ponere, de quo tantus fructus est in huius
rei cognitione.

P.: „Qui ostendunt", inquit, „opus legis scriptum in cordibus suis testimonium reddente illis conscientia ipsorum et
cogitationum inter se invicem accusantium aut etiam defen- 25
dentium in die, cum iudicabit dominus occulta hominum."
Et isti sunt libri, de quibus dicitur: „Et libri aperti sunt",

---

[118] Zum Herz als Gefäß *(vas spirituale)* vgl. BAUER/FELBER, *Herz* 1120 f.

T.: Was sind denn, so frage ich, diese Gefäße?[118]

P.: Die Gefäße, in die das fette Öl eingegossen wird, sind unsere Herzen, die erfüllt sind vom Fett geistlicher Gaben, nämlich von Glaube, Hoffnung und Liebe und dem Duft der anderen Tugenden, die zu diesen noch hinzukommen. Von ihnen sagt Paulus: „Wir haben einen solchen Schatz in irdenen Gefäßen" (2 Kor 4,7). Aus diesen Gefäßen also, das heißt aus unseren Herzen, wird das Licht der guten Werke gleichsam als Schmuck der Lampen bereitet, und weil eben dieses Licht aus unterschiedlicher Absicht hervorgeht, verteilt es im Licht selbst seine Strahlen auch mit unterschiedlicher Wirkung. Die einen erfreuen sich nämlich, weil sie durch das Beispiel guter Werke leuchten, allein an dem Zeugnis ihres Gewissens, indem sie jenem Dank sagen, der gegeben hat, was sie gut wollen und können, entsprechend jenem Wort: „So soll euer Licht leuchten vor den Menschen"(Mt 5,16), und so weiter; die anderen dagegen verlieren im Verlangen nach eitlem Ruhm und Lob das Licht, von dem sie durch Tat und Beispiel glänzen, und nehmen sich schon hier den gesamten Lohn für ihre Mühe, den sie für die Zukunft erhoffen sollten. So sagt der Herr: „Sie haben ihren Lohn empfangen" (Mt 6,2), weil sie die Gerechtigkeit, durch die sie leuchteten, gegen den Beifall eingetauscht haben. Willst du in einer kurzen Zusammenfassung der Worte des Apostels den Kernpunkt begreifen, in dem der Lohn für die klugen und törichten Jungfrauen anscheinend zu erfassen ist?

T.: Zögere nicht mit der Erklärung, woher so großer Gewinn bei der Erkenntnis dieser Sache kommt.

P.: „Diese zeigen", sagt er, „daß ihnen die Forderung des Gesetzes in ihre Herzen geschrieben ist, indem ihr Gewissen Zeugnis ablegt über sie selbst und ihre Gedanken, die sich gegenseitig anklagen oder auch verteidigen an dem Tag, wenn der Herr über das Verborgene im Menschen richten wird"(vgl. Röm 2,15 f). Und dies sind die Bücher, von denen gesagt ist: „Und die Bücher wurden aufgetan"

Christo enim ad iudicium veniente, prudens et | fatua virgo | 164
in conscientia propria legit, quid a summo iudice recipere
digna sit. Sic igitur lampades istae prudentium et fatuarum
ex olei mensura, id est intentione diversa aut defectum aut
perseverantiam lucis promittunt, dum hoc quod quisque 5
per bonum opus quaesivit, a summo remuneratore suo
tempore recipit. Breviter accipe, quid sit oleum in vase. „Et
ut scivi", inquit, „quoniam non possum esse continens, nisi
deus det, et hoc ipsum erat sapientiae scire, cuius hoc
donum sit." Oleum igitur in vase intelligentia gratiae red- 10
emptoris est, id est ut intelligat homo, unde continentiam
meruerit, qui nihil habet, nisi quod accepit. „Quid habes",
inquit, „quod non accepisti? Si autem accepisti, quid gloriaris quasi non acceperis?"

T.: Videtur mihi versiculus ille huic sensui merito posse 15
coaptari: „Beatus vir, cuius est nomen domini spes eius, et
non respexit in vanitates et insanias falsas." Revera enim
falsa insania est, quod adeo placendi cupidine stulta mens
exagitatur, quod regis sui omnia intuentis, a quo est, quod
est, a quo habet, quod bonum est, obliviscitur, ut sperare 20
non possit ex opere, quod iustis repositum est pro mercede.

P.: Et hic cursus, ut dictum est, insipientis, ut hic vendat
laudibus et oculis alienis, quicquid habet ex profectu gratiae
spiritalis. O tu virgo fatua, cui comparabo studia tua aut
quam similitudinem traham ad opera tua? Telam araneae, 25

(Offb 20,12), wenn nämlich Christus zum Gericht
kommt, dann liest die kluge und die törichte Jungfrau in
ihrem eigenen Gewissen, was sie vom höchsten Richter zu
empfangen würdig ist. So verheißen also diese Lampen der
klugen und törichten Jungfrauen nach dem Maß ihres Öls,
das heißt nach der unterschiedlichen Absicht, entweder
Verlöschen oder Fortdauer des Lichts; und dann empfängt ein jeder zu seiner Zeit vom höchsten Richter das
wieder, was er im guten Werk erworben hat. Höre aber
kurz, was es mit dem Öl im Gefäß auf sich hat. Er sagt:
„Und wie ich erfahren habe, könnte ich ja nicht verständig sein, wenn Gott es nicht gäbe, und schon dies allein
war Weisheit, zu wissen, wessen Geschenk dies sei"
(Weish 8,21). Das Öl im Gefäß ist also die Einsicht in die
Gnade des Erlösers, das heißt, daß der Mensch, der nichts
hat, was er nicht empfangen hätte, einsieht, woher er die
Enthaltsamkeit hat. „Was hast du", sagt er, „was du nicht
empfangen hast? Wenn du es aber empfangen hast, was
rühmst du dich denn, als hättest du es nicht empfangen?"
(1 Kor 4,7).

T.: Mir scheint, daß man diesem Sinn mit Recht jenen
Vers zuordnen kann: „Glücklich der Mann, dessen Hoffnung der Name des Herrn ist und der seinen Blick nicht
auf Eitelkeiten und falsche Torheiten gelenkt hat" (Ps 40,5:
Vg. Ps 39,5). Denn in der Tat ist es falscher Wahn, wenn ein
törichter Sinn so sehr von Gefallsucht umgetrieben wird,
daß er seinen König vergißt, der alles sieht, von dem ist,
was er ist, von dem er hat, was gut ist, so daß er nicht mehr
aufgrund eines guten Werkes das erhoffen kann, was für die
Gerechten als Lohn aufbewahrt ist.

P.: Und dies ist, wie schon gesagt wurde, der Weg des
Törichten, daß er hier für Lob und fremde Augen verkauft,
was er aufgrund des Fortschritts an geistlicher Gnade besitzt. O du törichte Jungfrau, mit was soll ich deine Bemühungen vergleichen, oder was soll ich zum Vergleich für
deine Werke heranziehen? Etwa das Gewebe der Arachne,

quae dum in labore casso pendula evisceratur fuso veneno,
totius operis instabilitate deluditur. Comparabo te arbori
floribus et foliis plenae, sed radice carenti. Quando igitur
vel quomodo sequetur in hac arbore fructus gloriam floris,
quae probatur carere vigore radicis? Quomodo sperabis in 5
futuro fructum operis tui, quae radicem sanctae intentionis
tibi placendo succidisti? Umbram quaesisti per studia tua,
eandem invenies hac vita decedens insolida figura. Equidem
stulta mens ea | facilitate, qua meritum bonum infundit, | 165
effundit. Quia enim non ponderat acceptum, non paenitet 10
perditum. Proinde aeternos honores numquam recte in-
tellexisse probatur, qui plausus favorabiles boni operis te-
stes nundinare videtur.

T.: Qui vult videri, quod non est, profecto pictae imagini
similis est.   15

P.: Sed tu virgo prudens, operis et studiorum tuorum
spiritalium ductricem assume providentiam, matrem accipe
sapientiam, Christum solum quaere in opere tuo et ex hac
olei pinguedine lumen tuum erit inextinguibile. Splendor
parvae lucernae vento flante facile extinguitur, lampadis 20
vero maior ignis, quanto magis afflatur, tanto magis inflam-
matur, sic animus spiritalium avidus eo ardet Christi vel
fide vel amore, quo impetitur vano humanae linguae favore,
lucem suam ad eum referens, a quo est lucens, qui autem
sibi confidit, tenebras pro luce consciscit. Cum enim 25
sponsa dei, id est pudica anima in se verbum dei suscipit,

---

[119] Arachne hatte sich mit der Göttin Athene in einen Wettstreit in der
Kunst des Webens eingelassen und war zur Strafe von dieser mit Hilfe von
Gift in eine Spinne verwandelt worden (OVID, *met.* 6,1–145 [124–128
ANDERSON]).

die dadurch verhöhnt wurde, daß ihrem gesamten Werk die
Festigkeit fehlte, und ihr Leib unter dem verspritzten Gift
schrumpfte, während sie in ihrer nichtigen Arbeit hing?[119]
Ich will dich einem Baum vergleichen, der voll von Blüten
und Blättern ist, aber keine Wurzel hat. Wann oder wie
sollte denn bei diesem Baum, der offensichtlich der Kraft
der Wurzel entbehrt, eine Frucht auf die Herrlichkeit der
Blüte folgen? Wie willst du in Zukunft Frucht für dein
Werk erhoffen, die du die Wurzel heiligen Vorsatzes in
Selbstgefälligkeit abgehauen hast? Den Schatten hast du
gesucht in deinen Bemühungen, eben diesen wirst du finden, wenn du aus diesem Leben scheidest als schwache
Gestalt. Ein törichter Sinn gießt mit eben der Leichtigkeit,
mit der er guten Verdienst eingießt, ihn auch wieder aus.
Denn er wägt nicht das Empfangene und empfindet keine
Reue über das Verlorene. Darum wird der niemals geeignet
sein, richtige Einsicht in die ewige Herrlichkeit zu nehmen,
der als Zeugen für sein gutes Werk zustimmenden Beifall
zu erhaschen sucht.

T.: Wer scheinen will, was er nicht ist, wird schließlich
einem gemalten Bild ähnlich.

P.: Aber du, kluge Jungfrau, nimm dir als Führerin für
dein Werk und deine geistlichen Studien die Vorsicht,
empfange die Weisheit als Mutter, Christus allein suche,
und aus dem Fett dieses Öls wird dein Licht unauslösch-
lich sein. Das Licht einer kleinen Laterne wird leicht ausgelöscht, wenn der Wind bläst, das größere Feuer einer
Laterne wird dagegen um so mehr entfacht, je mehr es
angeblasen wird; so brennt auch ein Gemüt, das begierig
ist nach geistlichen Dingen, um so mehr in Glaube und
Liebe zu Christus, je mehr es von der hohlen Schmeichelei
menschlicher Worte angegangen wird, und es trägt sein
Licht zu ihm zurück, von dem es seine Leuchtkraft hat, wer
aber sich selbst vertraut, der erwählt sich die Finsternis
statt des Lichts. Denn wenn die Braut Gottes, das heißt die
keusche Seele, in sich das Wort Gottes empfängt, dann wird

spiritu sancto praeventa abortivum non facit, quia semen
verbi dei fide in auribus susceptum ad fructum operis sacri
perducit, adultera vero anima verbum inconstanter auditum eo citius abortit, quo tempus et ordinem recte operandi
non discernit. Agitur enim amore praesentium nec operitur 5
mensuram futurorum.

Quid est quod ait apostolus? „Qui se existimat", inquit,
„aliquid esse, cum nihil sit, ipse se seducit. Opus autem
suum probet unusquisque et tunc in semetipso tantum
gloriam habebit et non in altero." Hoc est igitur oleum 10
portare secum, non ex aliena laude pendere, ut „qui gloriatur, in domino glorietur". Quaere igitur, o tu virgo Christi,
prudenter brevi tempore, quod inventum possideas sine
fine. Noli te ponere in os hominum buccis inflatis laudes
tuas contestantium, sed testem pone interiorum tuorum 15
ipsum remuneratorem operum tuorum, hoc pro certo
sciens, quod non prodest carnis virginitas, nisi assit mentis
integritas, et altera sine altera aut parva sit aut nulla. Hinc
| Paulus: „Despondi", inquit, „vos uni viro virginem castam | 166
exhibere Christo", comprehendens nimirum gradum sexus 20
utriusque, ubi si virgines esse non possumus corporis integritate, simus per dignam paenitentiam saltem mente, qui
autem possidet utrumque, gaudeat in conscientia sanctae
libertatis et conservet oleum suum in vasculo sanctae humilitatis. Ipsa enim humilitas mater est caritatis, quae per 25
oleum significatur, caritas vero gloria vel merces sanctae
humilitatis.

sie, schon vorher vom heiligen Geist bewahrt, keine Fehlgeburt haben, weil sie den Samen des göttlichen Wortes
durch den Glauben im Ohr empfängt und bis zur Geburt
des heiligen Werkes durchträgt; die unkeusche Seele dagegen wird das Wort, das sie nur unaufmerksam gehört hat,
um so schneller als Fehlgeburt verlieren, je weniger sie Zeit
und Reihenfolge zum richtigen Handeln unterscheidet.
Denn der Antrieb zum Handeln geschieht aus Liebe zu den
gegenwärtigen Dingen und wartet nicht auf eine Zuteilung
in der Zukunft.

Was bedeutet das, was der Apostel sagt? „Wer von sich
glaubt", sagt er, „er sei etwas, obwohl er nichts ist, der
betrügt sich selbst. Es soll aber jeder sein eigenes Werk
prüfen, und dann wird er nur in sich selbst den Ruhm haben
und nicht in einem anderen" (Gal 6, 3 f). Dies bedeutet also
‚das Öl mit sich tragen', nicht an fremdem Lob zu hängen,
damit „der, der sich rühmt, sich im Herrn rühmt" (2 Kor
10, 17). Darum suche du, Jungfrau Christi, klug in kurzer
Zeit, was du ohne Ende besitzen sollst, wenn du es gefunden
hast. Bringe dich nicht in den Mund von Menschen, die mit
aufgeblasenen Backen dein Lob bezeugen, sondern nimm
als Zeugen für dein Inneres ihn selbst, der deine Werke
vergilt, wo du doch ganz sicher weißt, daß die Jungfräulichkeit im Fleisch nichts nutzt, wenn nicht die Unversehrtheit
im Geist hinzukommt, und das eine ohne das andere gering
oder überhaupt nicht vorhanden ist. Darum sagt Paulus:
„Ich habe euch einem einzigen Mann verlobt, damit ich
Christus eine reine Jungfrau zuführe" (2 Kor 11, 2), worun-
ter er natürlich die Stellung beider Geschlechter begreift,
wo wir, wenn wir schon nicht Jungfrauen in der Unversehrtheit des Leibes sein können, es wenigstens im Geist
durch angemessene Reue wären; wer aber beides besitzt,
der freue sich im Bewußtsein heiliger Freiheit und bewahre
sein Öl im Gefäß heiliger Demut. Denn die Demut selbst
ist die Mutter der Liebe, die mit dem Öl bezeichnet ist, die
Liebe aber ist Herrlichkeit und Lohn heiliger Demut.

T.: Cum paulo superius oleum posueris typum sanctae intentionis, non video, cur modo ipsum oleum caritatis typum posueris.

P.: Responde, quaeso. Qui deum perfecte diligit, numquid aliud in opere suo quam deum intendit, a quo etiam se 5 recta voluisse intelligit?

T.: Si aliud quam deum suum in factis suis intenderet, procul dubio deum perfecte non amaret.

P.: Igitur indifferenter alterum accipe pro altero, et caritatis vel intentionis sit una in olei significatione conclusio. 10

T.: Sed redi ad ordinem.

P.: „Moram autem faciente sponso dormitaverunt omnes et dormierunt.“

T.: Quaenam mora est ista?

P.: Tempus omne ab initio mundi usque ad finem eius, a 15 primo Adam usque ad adventum secundum secundi Adam. In hoc enim temporis spatio, in hoc vitae huius stadio boni et mali, stulti et sapientes, creduli et increduli exercebantur et cucurrerunt, tardantique iudice dormitaverunt omnes huc usque et dormierunt. Sed de fidelibus sermo nobis est, 20 quorum animas sanguis Christi desponsavit et spiritali arra pendens in ligno sibi copulavit.

T.: Sta paulisper, obsecro. Ergo sancti omnes Christi primum adventum praecedentes vel certe creduli temporibus illis prudentes | et neglegentes inter sponsas prudentes 25 | 1
et fatuas scilicet reputabuntur, cum necdum Christus apparuerit, per quem vera desponsatio facta est, cum ecclesiae sacramenta baptizando, docendo, moriendo profudit?

T.: Nachdem du kurz vorher das Öl als Verweis auf die heilige Absicht erklärt hast, verstehe ich nicht, warum du dasselbe Öl jetzt nur als Verweis auf die Liebe bezeichnest.

P.: Antworte, ich bitte dich. Wer Gott vollkommen liebt, erstrebt der etwa in seinem Werk etwas anderes als Gott, von dem er erkennt, daß er das Richtige gewollt hat?

T.: Wenn er etwas anderes als seinen Gott in seinen Taten im Sinne hätte, dann würde er ohne Zweifel Gott nicht vollkommen lieben.

P.: Nimm darum unterschiedslos das eine für das andere, und die eine einzige Bezeichnung vom Öl möge Liebe und Absicht zusammenfassen.

T.: Aber kehre zur ordentlichen Reihenfolge zurück.

P.: „Als nun der Bräutigam eine ganze Weile nicht kam, wurden alle müde und schliefen ein" (Mt 25, 5).

T.: Was ist denn mit dieser ‚Weile' gemeint?

P.: Es ist die gesamte Zeit vom Anfang der Welt bis zu ihrem Ende, vom ersten Adam bis zur zweiten Wiederkunft des zweiten Adam. Denn in diesem Zeitraum, in dieser Kampfbahn des Lebens, übten sich Gute und Böse, Törichte und Weise, Gläubige und Ungläubige und traten zum Lauf an, da aber der Richter noch zögert mit seinem Kommen, wurden alle bis heute müde und schliefen ein. Aber bei unserem Gespräch geht es um die Gläubigen, deren Seelen das Blut Christi sich anverlobt und durch geistliches Unterpfand sich vermählt hat, als er am Kreuzesholz hing.

T.: Halte einen Augenblick ein, ich bitte dich. Also werden alle Heiligen, die Christi erster Ankunft vorangingen, oder wenigstens die Gläubigen zu jenen Zeiten als Kluge und Törichte unter die klugen und natürlich auch törichten Bräute gerechnet, da ja Christus noch nicht erschienen war, durch den erst die wahre Verlobung stattfand, als er für die Kirche die Heilsgeheimnisse spendete in Taufe, Lehre und Sterben?

P.: Breviter accipe. Omnes fideles, qui Christum praecesserunt, immo qui adventum eius praevenerunt, Christi ecclesia fuerunt, oleum et lampades habuerunt, qui fide et
moribus eum, in quem credebant, honoraverunt, sed his
oleum divinae caritatis defecit, quibus ad aeterna quaerenda 5
fragilis et infirma intentio fuit. Nec aestimare debes illas
solum fatuas dici virgines, quae laudes ab hominibus quaesierunt, sed et eas, quae a virtutibus ad vitia, licet in una fide
stantes declinaverunt. Quod igitur, virgines, fidei, quod
fatuae negligentiae debetur? Quis enim unquam fidem dei 10
habuit, cuius lampas virtutum proximo non luxit? Sed perversa intentio fatuos fecit aut ipsum opus fidei in illis non
perseveravit.

T.: Fatui merito dicebantur, qui saluti suae cursu contra-
rio ferebantur. Sed multum miror, quod in lege prudentes 15
et fatuae virgines etiam inventae sunt.

P.: Itane „scribae rutam et mentam decimantes et dei
iustitiam negligentes, orationes longas orantes, domos com-
edentes viduarum, dilatantes filacteria sua, in synagogis
primas amantes cathedras, in foro salutationes et ab homi- 20
nibus dici rabbi, sancta praedicatione proselitos facientes,
glucientes camelum, liquantes culicem, faciem suam, ut
sancti viderentur, exterminantes, mundantes, quod de foris
est splendentis parapsidis, sepulchra de foris pulchra et

P.: Höre kurz die Antwort. Alle Gläubigen, die Christus vorangegangen sind — gemeint sind natürlich die, die vor seiner Ankunft kamen —, sind Kirche Christi gewesen; Öl und Lampen hatten sie, die in Glaube und Sitten ihn, an den sie glaubten, verehrten, aber das Öl göttlicher Liebe fehlte denen, deren Streben in der Suche nach den ewigen Dingen zerbrechlich und schwach war. Aber du sollst nicht glauben, daß nur diejenigen törichte Jungfrauen genannt werden, die den Beifall der Menschen gesucht haben, sondern auch die, die sich von den Tugenden weg den Lastern zugewandt haben, auch wenn sie in dem einen Glauben verharrten. Was also, ihr Jungfrauen, verdankt man dem Glauben, was der törichten Nachlässigkeit? Denn wer hatte jemals den Glauben an Gott, dessen Tugendlampe nicht für den Nächsten geleuchtet hätte? Aber die verkehrte innere Absicht hat sie zu Törichten gemacht und sogar nicht einmal das Werk des Glaubens selbst in ihnen bewahrt.

T.: Mit Recht wurden diejenigen töricht genannt, die sich in einer Bahn fortbewegen, die im Widerspruch zu ihrer Rettung steht. Aber ich wundere mich sehr, daß sich auch unter dem Gesetz kluge und törichte Jungfrauen finden lassen.

P.: Sind etwa die Schriftgelehrten nicht törichte Jungfrauen gewesen, „die Kraut und Minze mit dem Zehnten belegten und Gottes Gerechtigkeit vernachlässigten, die lange Gebete verrichteten, aber das Hausgut der Witwen verzehrten, die ihre Gebetsriemen ausbreiteten und es liebten, in der Synagoge den ersten Platz einzunehmen, auf dem Markt aber ehrerbietige Begrüßungen entgegenzunehmen und sich Rabbi nennen zu lassen, die mit ihrer heiligen Predigt Heiden zu Juden machten, die ein Kamel im ganzen verschluckten, aber eine Mücke noch zerkleinerten, die zum Schein der Heiligkeit ihr Gesicht entstellten und die Schüssel von außen reinigten, damit sie glänzt wie Grabmäler, die von außen schön sind, und

dealbati | parietes" virgines fatuae non fuerunt, quorum | 168
quidem lampades haec bona oculis hominum foris apparen-
tia fuerunt, sed radio suo minime duraverunt, quia oleum
divinae dulcedinis et dilectionis intus non habuerunt?

T.: Satis mihi factum censeo, quia, ut ais, ab initio mundi 5
usque ad finem eius, qui in deum crediderunt et laudes de
opere bono quaesierunt vel quaesituri sunt, fatuarum im-
peritiae participes sunt. Sed tamen nuptias istas initium
maxime in novo puto testamento sumpsisse, ubi dominus
tanquam sponsus de thalamo suo dicitur processisse.   10

P.: Ita est. Ex eo enim tempore, quo processit patris
unigenitus, sponsus sponsae oris sui sacra libavit oscula et
clausa ab antiquis temporibus sponsae suae, id est ecclesiae
revelavit sacramenta. „Moram ergo faciente sponso dormitaverunt omnes et dormicrunt", dormitant vero et dormi- 15
unt, post tempora nostra dormitabunt et dormient, quia
tardante sponso et eodem iudice, donec gentium intret
plenitudo et annuntietur evangelium in universo mundo,
omne genus humanum solvet propriae condicionis debi-
tum, sive sit in ordine fatuarum seu in loco prudentium 20
virginum. Somnus igitur iste mors corporis est, dormitatio
vero ea, quae corpus ad mortem impellit, vis languoris.
Sicut enim ante somnum percipiendum homo membra sua
ab omni strepitu feriantia recolligit et componit sicque in
somnum quietis resolvitur, sic ante mortis horam ex infir- 25
mitatis molestia membris laxatis et resolutis moriturus
homo quoddammodo praemoritur. Dormitaverunt omnes

geweißelte Mauern" (vgl. Lk 11,42f; Mt 23,5–7.23–27)?
Deren Lampen waren allerdings von außen vor den Augen
der Menschen eine schöne Erscheinung, aber sie hatten aus
sich keineswegs Bestand mit ihrem Leuchten, weil sie in
sich kein Öl der göttlichen Wonne und Liebe hatten.

T.: Ich denke, mir ist Genüge getan, weil, wie du sagst,
von Anbeginn der Welt bis zu ihrem Ende diejenigen an der
Torheit der Törichten teilhaben, die zwar an Gott geglaubt
haben, aber dabei Beifall für ihre guten Werke gesucht
haben und suchen werden. Aber dennoch glaube ich, daß
diese Hochzeit vor allem im Neuen Testament ihren Anfang genommen hat, wo der Herr wie ein Bräutigam aus
seiner Brautkammer hervorgetreten sein soll.

P.: So ist es. Denn von der Zeit an, als der eingeborene
Sohn des Vaters hervortrat, hat der Bräutigam der Braut die
heiligen Küsse seines Mundes gespendet und die Geheimnisse, die von alters her verschlossen waren, für seine Braut,
nämlich die Kirche, offengelegt. „Als nun der Bräutigam
eine Weile nicht kam, wurden alle müde und schliefen ein"
(Mt 25,5). In der Tat werden sie müde und schlafen ein, und
auch nach unseren Zeiten werden sie müde werden und
einschlafen, weil der Bräutigam und gleichzeitige Richter
noch zögert, bis die Menge der heidnischen Völker eintritt,
bis das Evangelium in der ganzen Welt verkündet ist und
bis das gesamte Menschengeschlecht die Schuld seines eigenen Zustandes eingelöst hat, sei es in der Reihe der
törichten, sei es am Platz der klugen Jungfrauen. Darum ist
dieser Schlaf der Tod des Körpers, das Müdewerden dagegen die Macht der Nachlässigkeit, die den Leib in den Tod
treibt. So wie nämlich der Mensch, bevor er in Schlaf fällt,
seine Glieder, die von all dem Lärm Ruhe finden, sammelt
und vereinigt und sich so in die Ruhe des Schlafes fallen
läßt, so stirbt der Mensch, der zum Sterben bestimmt ist,
gewissermaßen schon vor der Stunde seines Todes, weil
seine Glieder von der Last der Krankheit schlaff und
schwach geworden sind. Alle sind müde geworden und

et dormierunt, quia praecurrentibus morbis mortem
vicinam omnes reprobi et electi in mortem resoluti sunt.

Porro: „Media nocte clamor factus est, ecce sponsus venit, exite obviam ei." Media nox tempus est profundi magis
silentii et caliginis et magis intempestivum, nullus vagatur, 5
non negotiatur aut operatur, per quod maxime venturi iudicii incertitudo signatur. „Veniet enim sicut laqueus super
omnes inhabitantes orbem", illos praecipue terroribus ex-
agitando, qui in die prospe|ritatis dormitabant, noctem | 169
istam non praeveniendo. „Cum enim dixerint pax et secu- 10
ritas, tunc repentinus eis superveniet interitus et sicut dolor
in utero habentis, et non effugient. Vos autem non estis in
tenebris." Ecce prudentes et fatuas virgines comprehendit
apostolus: „Eratis aliquando tenebrae, nunc autem lux in
domino, ut filii lucis ambulate. Fructus enim lucis est in 15
omni bonitate et iustitia et veritate." Nonne habes figuram
huius mediae noctis ex antiquis patribus et temporibus in
Aegyptiis praesignatam, quando cunctis mortalibus nil minus sperantibus venit ultor angelus rebellem legibus divinis
Aegyptum primogenitorum morte percutiens, omnia po- 20
pulis fidelibus illaesa custodiens? Tenebris horrendisque
terroribus exagitabantur et dei populum dimittere turbati
urgebantur. Cave igitur, virgo Christi, ne tibi iudex iste ex
inproviso veniat, sed adventum eius speculatio tua praecur-

eingeschlafen, weil Krankheit dem nahen Tod vorausgeht und alle, die Verworfenen und die Auserwählten, in den Tod entlassen werden.

Weiter heißt es: „Mitten in der Nacht entstand ein Lärm: Siehe, der Bräutigam kommt, geht ihm entgegen!" (Mt 25, 6). ‚Mitternacht': das ist die Zeit der tiefen Nacht, besser gesagt des Schweigens und der Finsternis und noch präziser die vollkommen unerwartete Zeit, keiner geht umher, keine Geschäfte werden betrieben oder Tätigkeiten aufgenommen, und dadurch wird am meisten auf die Ungewißheit verwiesen, wann denn das Gericht kommen wird. „Denn er wird wie ein Fallstrick über alle kommen, die den Erdkreis bewohnen" (vgl. Lk 21, 35), wo er insbesondere jene mit Schrecken aufscheucht, die am Tage des Glücks eingeschlafen sind, weil sie nicht mit dieser Nacht rechneten. „Wenn sie nämlich sagen, es ist Friede und Sicherheit, dann wird plötzlich das Verderben über sie kommen, und es wird sein wie der Schmerz der Wehen bei einer schwangeren Frau, und sie werden nicht entfliehen. Ihr aber seid nicht in der Finsternis" (1 Thess 5, 3 f). Siehe, der Apostel beschreibt die klugen und törichten Jungfrauen so: „Denn einst wart ihr Finsternis, jetzt aber seid ihr Licht im Herrn, damit ihr als Söhne des Lichts wandelt. Denn die Frucht des Lichts besteht in lauter Güte und Gerechtigkeit und Wahrheit" (Eph 5, 8 f). Hast du nicht das Bild von dieser Mitternacht vorgezeichnet bei den alten Vätern und den Zeiten in Ägypten, als zu allen Sterblichen, die dies überhaupt nicht erwarteten, der Racheengel kam und den Ägypter, den Widersacher gegen die göttlichen Gesetze, mit dem Tod der Erstgeborenen schlug, dem getreuen Volk aber alles unversehrt bewahrte (vgl. Ex 11, 5–10; 13)? Mit Finsternis und fürchterlichen Plagen wurden sie aufgeschreckt, verstört und schließlich gezwungen, das Volk Gottes ziehen zu lassen (vgl. Ex 8, 16 – 12). Hüte dich also, Jungfrau Christi, daß dieser Richter nicht unerwartet zu dir kommt, sondern deine Wachsamkeit möge seiner Ankunft

rat, ut dicere possis: „Ego dormio et cor meum vigilat", et
quod Paulus ait: „Evigilate iusti et nolite peccare." Stultus
est enim, cui omne, quod acciderit adversum, subitum et
inprovisum venit. Nec enim ascendit speculam providentiae, quem confundunt et perturbant contraria quaeque. 5
Quantomagis naevus stoliditatis illi asscribitur, qui diem
omni rationali creaturae sive angelo transgressori seu humanae infirmitati formidandum bonis actibus non praecur-
rit et velut a somno excitatur, cum tumultu iudicii repentino
et tremore horribili viribus mentis et corporis dissolvitur. 10
    Porro mortis subitaneae vel inprovisae sententia iusti
non ferit animam, quia ne subita morte deficeret, mori pro
Christo didicerat, cum mundus florens vitam eius ad se
trahens illiceret. Quid autem clamor iste mediae noctis est
nisi virtus quaedam divinae potestatis, cuius imperiali ma- 15
iestate et iussu mortui reviviscunt et corpora in cinerem
versa resurgunt? „Ipse enim dominus", ut ait apostolus, „in
iussu et in voce archangeli et in tuba | dei descendet de caelo, | 170
et tunc videbunt filium hominis venientem in nube cum
potestate magna et maiestate, et videbit eum omnis oculus", 20
illorum maxime qui viventes in carne fidem eius olim habuerunt et fidei sacramenta diverso licet calle coluerunt.
„Surrexerunt igitur omnes virgines illae et ornaverunt lam-

zuvorkommen, damit du sagen kannst: „Ich schlafe, und
mein Herz wacht" (Hld 5,2), und was Paulus sagt: „Wacht
auf, ihr Gerechten, und sündigt nicht" (1 Kor 15,34). Denn
töricht ist der, über den alles, was ihm an Unglück zustößt,
plötzlich und unerwartet kommt. Denn der, den alle Widrigkeiten verwirren und aus der Fassung bringen, hat den
Hochsitz der Vorsicht zum Ausschauen nicht bestiegen.
Um wieviel mehr wird der Makel der Dummheit jenem
zugeschrieben werden, der nicht mit guten Handlungen
dem Tag zuvorkommt, der für alle vernünftige Kreatur
fürchterlich ist, sei es für den Engel als Gesetzesübertreter,
sei es für die menschliche Schwachheit; denn er wird wie aus
tiefem Schlaf aufgeschreckt, wenn er durch den plötzlichen
Tumult des Gerichts und das schreckliche Zittern von seinen geistigen und körperlichen Kräften verlassen wird.

Weiter trifft die Entscheidung eines plötzlichen und un-
erwarteten Todes nicht das Gemüt des Gerechten, weil er,
um nicht in plötzlichem Tod unterzugehen, schon damals,
als die blühende Welt damit lockte, sein Leben an sich zu
ziehen, gelernt hatte, für Christus zu sterben. Was aber ist
dieser Lärm mitten in der Nacht, wenn nicht gewissermaßen die Stärke der göttlichen Macht, durch deren herr-
scherliche Hoheit und auf deren Befehl die Toten wieder
lebendig werden und die Leiber, die zu Staub verfallen
waren, wieder auferstehen? „Denn der Herr selbst wird",
wie der Apostel sagt, „vom Himmel herabsteigen, wenn
der Befehl ertönt und die Stimme des Erzengels und die
Posaune Gottes" (1 Thess 4,16); „und dann werden sie den
Menschensohn kommen sehen in einer Wolke mit großer
Macht und Herrlichkeit" (Lk 21,27), „und ein jedes Auge
wird ihn sehen" (Offb 1,7), am meisten aber die Augen
jener, die einstmals, als sie noch im Fleisch lebten, den
Glauben an ihn bewahrten und sich mit den Geheimnissen
des Glaubens in Verehrung beschäftigten, wenn auch auf
unterschiedlichem Pfad. „Darum standen alle jene Jungfrauen auf und machten ihre Lampen bereit" (Mt 25,7).

pades suas. Surge, qui dormis et exurge a mortuis et illu-
minabit te Christus." Ad haec ultima tempora prudentibus
quidem deliciarum et iocunditatis plena, fatuis vero virginibus miseriis multiplicatis exhorrenda mentis intuitum, o
fidelis anima, libra, considera, quanta libertatis securitate, 5
quanta confidentia sanctae conscientiae animae recti sibi
consciae tumulos suos repetant, castum corporis sui
templum relevent, quanta mentis iubilatione lampades suas
olei pinguedine perornent, quomodo virtutum in exilio
collectarum affluentia coram milibus angelorum exuberent 10
et sponso aeterno felicibus et cumulatis in aeternitatis gratiam profectibus occurrant; attende, quam miseranda con-
fusione, quam confusa miseria, qua mentis contritione, qua
perturbatione fatuae procedant, quantis suspiriis inge-
miscunt, quae nihil salutis et gratiae in conscientia, unde 15
admittantur, inveniunt, nec iam praeteritae vitae neglecta
recuperandi spem rebus prorsus desperatis assequi possunt.
Inter alias quidem eiusdem professionis personas resurrectionis legem communem recipiunt, sed sine ratione consilii,
sine gratia totius auxilii nudatae procedunt. Quod solum 20
tamen possunt, earum, inter quas olim conversabantur,
anteacti laboris sui testimonium requirunt. „Date", inquiunt, „nobis de oleo vestro, quia lampades nostrae extinguntur." Scimus, inquiunt, quod pro laudibus alienis, quicquid
boni fecimus, vendiderimus, sed tamen testimonio vestro, 25
si quis fructus in eo est, o beatae sorores, coram tam distric-

„Erhebe dich, der du schläfst, und stehe auf von den Toten, und Christus wird dich erleuchten" (Eph 5,14). Du gläubige Seele, richte deine Anschauung im Geist auf diese Endzeit, die für die klugen Jungfrauen in der Tat voll von Wonne und Seligkeit ist, für die Törichten aber entsetzlich wegen vielfältigen Elends, bedenke, mit welch großer Sicherheit aufgrund ihrer Freiheit, mit wie großem Vertrauen eines heiligen Gewissens die Seelen, die sich des Rechten bewußt sind, ihre Grabhügel aufsuchen und den keuschen Tempel ihres Körpers aufheben, unter welchem Frohlokken der Seele sie ihre Lampen mit dem Fett des Öls ausrüsten, wie der Überfluß an Tugenden, gesammelt in der Verbannung, sich vor Tausenden von Engeln verströmt und sie dem ewigen Bräutigam entgegeneilen mit dem fruchtbaren und für die Gnade der Ewigkeit aufgehäuften Gewinn; achte darauf, mit welch jammervoller Verstörtheit, mit welch verstörtem Jammer, mit welcher Zerknirschung des Herzens, mit welcher Verwirrung die Törichten daherkommen, mit wieviel Seufzern sie stöhnen, die in ihrem Gewissen nichts an Rettung und Gnade finden, aufgrund dessen sie eingelassen würden, und die keine Hoffnung mehr erlangen können, die Versäumnisse ihres vergangenen Lebens wiedergutzumachen, da ihre Angelegenheiten geradezu verzweifelt stehen. Sie unterliegen zwar zusammen mit den anderen Personen, die das gleiche Gelübde abgelegt haben, dem gemeinsamen Gesetz der Auferstehung, aber ohne Einsicht in den Beschluß, ohne Gnade treten sie entblößt von jeder Hilfe vor. Was sie dennoch als einziges tun können, ist, für vorher aufgewendete Anstrengung das Zeugnis derer zu suchen, unter denen sie einstmals lebten. „Gebt uns, sagen sie, von eurem Öl, weil unsere Lampen verlöscht sind" (Mt 25,8). Wir wissen, sagen sie, daß wir um fremden Lobes willen das Gute verkauft haben, das wir etwa getan haben, aber dennoch bitten wir euch, ihr glückseligen Schwestern, daß wir durch euer Zeugnis, wenn etwa irgendein Gewinn dabei ist, vor

to iudice defendi rogamus. Iam primum displicet factum,
quod fecisse tunc placuit, et piget taedetque reminisci,
quanta vanitas fuerit in ventum alienae laudis | spargere, | 171
quod servatum ad tempus aeternitatis gloriam fuerat com-
parasse. Lampades nostrae extinguntur, quia olei nutrimen- 5
ta deficiunt, dum bonum opus, quod fecimus, non deo, sed
vanitati dicavimus. Ecce propriae lucet experientiae, quid
mente vel actu quondam vel quaesierimus vel invenerimus.

Vere laudes alieni oris affectasse fuit cinerem in vento
portasse, ut in altero quidem mentis acies obfuscaretur, in 10
altero lux operis extingueretur. Quia igitur consideratis nos
iamiam penitus obtenebrari, vel aliquod testimonium quasi
scintillam, per quod olim claruimus, anteacto adicite operi.
Quod in hoc districti temporis non valemus articulo, vos
beatae sorores, pro nobis agite vel solo testimonio; de luce, 15
qua lucetis, nobis communicate, quia locus non est amodo
proprii quicquam, quo iuvemur, mutuare, unde, quod ex-
tinctum est, reparetur et metuendi iudicis framea stricta
complacetur. Date, „date nobis de oleo" vobis superabun-
danti, quod quidem partienti non deerit et multum acci- 20
pienti constabit.

Quid illae? Quid prudentes? „Ne forte", inquiunt, „non
sufficiat nobis et vobis, ite potius ad vendentes et emite
vobis." Quasi dicerent: Frustra nunc quaeritis, quod nullo
cogente olim perdidistis. Non locus est a nobis alicuius 25

dem so strengen Richter verteidigt werden. Denn jetzt zum
ersten Mal mißfällt uns die Tat, die uns damals zu tun gefiel,
und es ergreift uns Ärger und Ekel in der Erinnerung,
welch eitler Wahn es gewesen ist, in den Wind fremden
Lobes zu verstreuen, was uns bis in alle Ewigkeit Ruhm
verschafft hätte, wenn wir es bewahrt hätten. Unsere Lampen sind ausgegangen, weil ihnen das Öl als Nahrung fehlt,
da wir das gute Werk, das wir verrichtet haben, nicht Gott,
sondern der Eitelkeit gewidmet haben. Siehe, aus eigener
Erfahrung leuchtet jetzt das auf, was wir einstmals im Geist
und im Handeln gesucht und gefunden haben.

Nach Lob aus fremdem Mund zu haschen hieß wahrlich,
Staub in den Wind zu streuen, so daß einerseits das Strahlen
des Geistes verdunkelt, andererseits das Licht des guten
Werks ausgelöscht wird. Weil ihr nun also seht, daß wir
schon jetzt gänzlich von Finsternis bedeckt sind, fügt doch
dem Werk, das wir früher vollbrachten und durch das wir
einstmals glänzten, wenigstens irgendein Zeugnis gleichsam als winzigsten Funken hinzu. Was wir in diesem Augenblick der ablaufenden Zeit nicht vermögen, das tut ihr,
glückselige Schwestern, für uns wenigstens mit einem einzigen Zeugnis; von dem Licht, mit dem ihr leuchtet, teilt
uns mit, weil jetzt keine Möglichkeit mehr besteht, sich aus
eigenem Verdienst irgendetwas auszuleihen, womit uns
geholfen werden könnte, wodurch wiederhergestellt würde, was ausgelöscht ist, und das gezückte Schwert des
fürchterlichen Richters besänftigt würde. Gebt, „gebt uns
von dem Öl" (Mt 25,8), das ihr im Überfluß besitzt und
das in der Tat dem, der teilt, nicht fehlen, aber für den, der
es empfängt, viel bedeuten wird.

Was sagen jene? Was sagen die klugen Jungfrauen? Sie
sagen: „Damit es nicht etwa für uns und für euch nicht
ausreicht, geht lieber zu den Kaufleuten und kauft es euch"
(Mt 25,9). Es ist, als wollten sie sagen: Jetzt sucht ihr
vergeblich, was ihr einst verloren habt, obwohl keiner euch
zwang. Es ist jetzt nicht der Ort für irgendeine Hilfe von

vobis auxilii, quibus olim dominari non poterat ratio ullius
consilii. Vestrae negligentiae prorsus desperabili quibus
modis succurrimus, quae nostrae defensioni vix suffici-
mus? Patrocinari nunc alieno neglectui iudicis est offensio
et contemptus iudicii. Si discutimur, quarum lampades 5
nunc ardere videntur, umbra non caret, quod profecisse
videmur. „Ite potius ad vendentes et emite vobis." Nostri
olei guttulas quaeritis, „ite potius ad vendentes". Quorum
olim nutriebamini laetando favoribus, his nunc turbatae
fruimini testibus et horum testimoniis. Quorum ancillae 10
factae estis per placendi cupidinem, ab his in periculo vestro
quaerite nunc protectionem. Paulus | vos praemonuerat: | 172
„In libertatem", inquit, „vocati estis, nolite fieri servi hominum", et alibi: „Pretio empti estis." Libertatem vestram
in ore hominum posuistis et ideo servitutis legem doletis. 15
Ite ad vendentes. Quos floridi operis vestri contraxistis
adulatores, quaerite nunc vano prorsus adiutores. An
ignoratis dictum vobis esse, videte, „ne iustitiam vestram
faciatis coram hominibus, ut videamini ab eis, alioquin
mercedem non habebitis, et cum facis elemosinam, nesciat 20
sinistra tua, quid faciat dextera tua, cum oraveris, intra in
cubiculum tuum et clauso ostio ora patrem tuum, cum
ieiunas, unge oleo caput tuum, lava faciem tuam et pater
tuus, qui videt in absconso, reddet tibi"? Exciditne mentibus vestris opus bonum inchoantibus lege praeceptum: 25

uns an euch, bei denen einst keinerlei vernünftiger Rat
Geltung gewinnen konnte. Mit welchen Mitteln sollen wir,
die wir kaum für unsere eigene Rechtfertigung genug haben, denn jetzt eurem geradezu hoffnungslosen Versäum-
nis zu Hilfe kommen? Es bedeutet Beleidigung des Richters und Verachtung des Gerichts, wenn man jetzt fremder
Nachlässigkeit Schutz gewähren wollte. Wenn wir, deren
Lampen jetzt zu brennen scheinen, auseinanderteilen, worin wir anscheinend Fortschritte gemacht haben, so bleibt
die Dunkelheit nicht aus. „Geht lieber zu den Kaufleuten
und kauft es euch" (Mt 25,9). Ihr bittet um die winzigsten
Tropfen von unserem Öl, „geht lieber zu den Kaufleuten"
(Mt 25,9). Einst habt ihr euch ernährt, indem ihr euch an
ihrer Gunst erfreut habt, jetzt nutzt sie auch in eurer Bedrängnis als Bürgen und gebraucht ihr Zeugnis. Zu ihren
Mägden wurdet ihr aus Gefallsucht, bei ihnen sucht jetzt
auch Schutz in eurer Not. Paulus hatte euch vorher ermahnt: „Zur Freiheit seid ihr berufen" (Gal 5,13), „macht
euch nicht zu Knechten der Menschen" (1 Kor 7,23), und
an anderer Stelle: „Ihr seid um einen hohen Preis erkauft"
(1 Kor 7,23). Ihr habt eure Freiheit in den Mund von Menschen gelegt, und darum schmerzt euch nun das Joch der
Knechtschaft. „Geht zu den Kaufleuten" (Mt 25,9). Die ihr
als Schmeichler für euer blühendes Werk an euch gezogen
habt, die sucht auch jetzt weiter als Helfer für euren leeren
Wahn. Oder wißt ihr nicht, daß euch gesagt ist: „Seht zu,
daß ihr euer gerechtes Tun nicht vor den Menschen übt,
damit ihr von ihnen gesehen werdet, denn anders werdet ihr
keinen Lohn haben; und wenn du ein Almosen gibst, dann
soll deine Linke nicht wissen, was deine Rechte tut; wenn
du aber betest, geh in deine Kammer und bete zu deinem
Vater bei geschlossener Tür, und wenn du fastest, salbe dein
Haupt mit Öl und wasche dein Angesicht, und dein Vater,
der im Verborgenen sieht, wird es dir vergelten" (Mt
6,1.3.5 f.17f)? Ist denn in euren Herzen, die ein gutes Werk
beginnen, die Vorschrift nach dem Gesetz ausgelöscht: „Du

„Non arabis in primogenito bovis nec tondebis primogeni-
ta ovis", et illud: „Cum plantaveri<ti>s arbores pomiferas,
auferetis eorum praeputia"? Nonne in his et in aliis praeceptis vanam gloriam praedamnatam esse legistis, praesertim cum ipse, legis lator et benedictionis dator, Christus 5
Iesus factis miraculis dixerit: „Videte, ne quis sciat", et
„nemini dixeritis visionem, quem etiam cum regem facere
vellent, abscondit se", et alia multa humilitatis exempla,
quibus sponsus sponsas suas exercuit et, ne laudes ab hominibus quaererent, admonuit? Quia haec ut fatuae non 10
attendistis, deceptae bonum, quod habuistis, in ore adulantium posuistis. „Ite igitur ad vendentes et emite vobis."
    Quid Ieremias magnus ille propheta vobis vaticinavit?
„Olivam", inquit, „pulchram, fructiferam, speciosam voca-
vit dominus nomen tuum, ad vocem grandis loquelae exar- 15
sit ignis, et combusta sunt frutecta eius." Quid est pulchra
oliva, nisi casta anima proficiens in caelesti disciplina? In qua
olim dum profecistis, ex voce grandis loquelae, id est humana
laude defecistis. Exciditne memoriae, „quod deus dissipavit
ossa eorum, qui hominibus placere desiderant, confusi | sunt, 20 | 17
quoniam deus sprevit eos", et quod ait apostolus: „Non
efficiamur inanis gloriae cupidi invicem invidentes", et dominus Iudaeis: „Quomodo potestis", inquit, „credere, qui
gloriam quaeritis ab invicem", ostendens quod incredulitatis

sollst nicht pflügen mit dem Erstling eines Rindes und
nicht scheren die Erstgeburt eines Schafes" (vgl. Dtn
15,19), und jenes Wort: „Wenn ihr Bäume gepflanzt habt,
die Frucht tragen, so nehmt ihre ersten Früchte hinweg"
(Lev 19,23)? Habt ihr denn nicht in diesen und anderen
Vorschriften gelesen, daß eitler Ruhm schon im vorhinein
verdammt ist, zumal er selbst, Jesus Christus, der das Gesetz gibt und den Segen schenkt, nach vollbrachten Wun-
dern sagte: „Seht zu, daß es niemand weiß" (Mt 9,30), „und
sagt keinem von der Erscheinung" (Mt 17,9), „und als sie
ihn zum König machen wollten, verbarg er sich" (vgl. Joh
6,15), und viele weitere Beispiele der Demut, die der Bräutigam seinen Bräuten zur Übung auferlegte und sie ermahnte, daß sie nicht den Beifall der Menschen suchten?
Weil ihr nun wie törichte Jungfrauen nicht auf diese Dinge
geachtet habt, habt ihr als Getäuschte das Gute, das ihr
hattet, in den Mund der Schmeichler gelegt. „Geht also zu
den Kaufleuten und kauft es euch" (Mt 25,9).

Was hat Jeremia, dieser große Prophet, euch geweissagt?
Er sagt: „Der Herr hat dich einen schönen, fruchtbaren,
lieblichen Ölbaum genannt, aber zum Brausen einer großen Stimme ist Feuer ausgebrochen und alle seine Zweige
sind verbrannt" (Jer 11,16). Was ist der schöne Ölbaum,
wenn nicht die keusche Seele, die in himmlischer Zucht
Fortschritte macht? Während ihr einst in dieser Zucht
Fortschritte machtet, habt ihr nachgelassen aufgrund der
Stimme des großen Brausens, das heißt aufgrund menschlichen Lobs. Ist etwa deinem Gedächtnis entschwunden,
„daß Gott die Gebeine derer zerstreut, die den Menschen
gefallen wollen, und daß sie zugrunde gerichtet sind, weil
Gott sie verworfen hat" (Ps 53,6: Vg. Ps 52,6), und daß der
Apostel sagt: „Laßt uns nicht gierig werden nach eitlem
Ruhm, indem wir neidisch sind aufeinander" (Gal 5,26),
und der Herr zu den Juden sagt: „Wie könnt ihr glauben,
die ihr euch gegenseitig den Ruhm zu nehmen sucht" (Joh
5,44), womit er zeigt, daß sie in den Fehler des Unglaubens

et noxiae perfidiae vitium per hoc maxime inciderant, quod
laudis in alterutrum appetitu fervebant? Cur non attendistis, quod David sanctus dei pulsatus hoc morbo peccaverit
populum numerando, et angelus multorum milium stragem
dederit populum feriendo, quod Salomon Mello aedifican- 5
do, quod perfectae iustitiae rex ille magnus Ezechias
Chaldaeis thesauros ostendens, eosdem post non multum
temporis civibus Babiloniis proscribendo? Si minus doctrina, cur non profecistis saltem per exempla? Si vir formae
praestantis et staturae divitiarum gloria, linea nobilitatis 10
ceteris eminentior et clarus vanitatis huius umbram capta-
verit, mirum non est, etiamsi humilitatis callem professus
est, quod vero mulier, quo sexu nihil fragilius est, in alta
levatur, monstro simile est. „Ite igitur ad vendentes", si
forte quid praesidii conferant contestantes, quod boni, 15
quod meriti, quod sanctae virtutis olim in vobis viderant.

Ea de causa nunc caretis oleo lucernis succendendis, quia
caput vestrum olim impinguavit oleum peccatoris, id est
mentem vestram exhilaravit laus adulantis. Vere ipsi vos
seduxerunt, qui vos benedixerunt. „Dum autem irent eme- 20
re, venit sponsus." Quo ibant? Quae iam in conspectu
tremendi iudicis stabant, quo divertere habebant? Ibant ex
terrore perturbatae conscientiae attonitae congemiscendo,
frigidae distractaeque mentis solitudine contremiscendo,
ibant mentis desiderio alicuius frui quaerentes vel alieno 25

---

[120] Nachdem Salomo die Tochter des Pharao geheiratet hatte, baute er den
Millo üppig aus (1 Kön 9,24).
[121] Der Leichtsinn im Besitzerstolz des Königs Hiskija (Ezechias), der
vom Propheten Jesaja gewarnt wird, ist 2 Kön 20,13–17 berichtet. Der
Speculum-Autor verweist in Buch 7 (unten 580,17–21) noch einmal auf
dieses Beispiel.

und der schuldhaften Wortbrüchigkeit vor allem dadurch geraten waren, daß sie gegenseitig vor Verlangen nach Anerkennung brannten? Warum habt ihr nicht darauf geachtet, daß David, der Heilige Gottes, geschlagen von dieser Krankheit, gesündigt hat, indem er sein Volk zählte, und der Engel Vernichtung über viele Tausend brachte, indem er das Volk schlug (vgl. 2 Sam 24, 1–17), und Salomo gesündigt hat, indem er den Millo erbaute[120], und daß Hiskija, jener große König der vollkommenen Gerechtigkeit, seine Schätze den Chaldäern zeigte und sie wenig später den Bürgern Babylons abtreten mußte?[121] Wenn ihr keine Fortschritte aufgrund der Belehrung gemacht habt, warum dann nicht wenigstens aufgrund der Beispiele? Wenn sich ein Mann von herausragender Schönheit und Gestalt, vor anderen ausgezeichnet und berühmt durch herrlichen Reichtum und vornehme Abstammung, dem Schatten der Eitelkeit zuwendet, so ist das nicht verwunderlich, auch wenn er sich eigentlich zum Pfad der Demut bekannt hat; wenn aber eine Frau sich in die Höhen erhebt, wo nichts zerbrechlicher ist als ihr Geschlecht, so gleicht sie einem Ungeheuer. „Geht also zu den Kaufleuten" (Mt 25, 9), ob sie vielleicht irgendetwas an Schutz beitragen, indem sie bezeugen, was sie etwa einstmals an Gutem, was an Verdienst, was an heiliger Tugend bei euch gesehen hatten.

Aus diesem Grund fehlt euch jetzt das Öl, um eure Laternen anzuzünden, weil einstmals das Öl des Sünders euer Haupt eingefettet hat, das heißt, das Lob des Schmeichlers euer Herz ergötzt hat. In Wahrheit haben sie selbst, die euch gepriesen haben, euch verführt. „Während sie aber gingen, um zu kaufen, kam der Bräutigam" (Mt 25, 10). Wo gingen sie hin? Wohin hätten sie sich wenden können, die schon im Angesicht des fürchterlichen Richters standen? Sie gingen verwirrt im Schrecken ihres verstörten Gewissens unter Seufzen, unter Zittern in der Einsamkeit ihres kalten und entzweiten Herzens, sie gingen mit sehnsüchtigem Herzen auf die Suche, um irgendeines

patrocinio, qui defecerunt ex proprio. Dum igitur ex omni
parte destituerentur nec ullo lucis solatio a vultu | districti | 174
iudicis tutarentur, venit suis sponsus, paratis caelum aperuit, imparatas pulsantes reliquit.

T.: In verbis evangelicis: „Et cor meum conturbatum est 5
in me et formido mortis cecidit super me" ex earum negle-
gentia, quae reprobantur, nec aliquo sodalium respectu
vivantur.

P.: Quis, o filia, tam saxei cordis duritia stringitur, qui ex
inauditu moribundae separationis huius non quatiatur? 10
Nonne magnus ille propheta divisionem istam spiritu in-
tuens nulla cordis consolatione doloris fasce levatur: „Consolatio", inquiens, „abscondita est ab oculis meis, quia ipse
inter fratres" et revera etiam inter sorores „dividit"? Omni
plane gemitu dignum, divina sententia secerni, sed aeter- 15
naliter, quos in una fide sinus ecclesiae licet cursu dispari
confovebat temporaliter. Illic ab utrisque fatuis videlicet et
prudentibus mors et vita, salus et poena, confusio et gloria
videtur, sed dexterae partis et sinistrae gratia vel vindicta
meritis differentibus obviare probatur. Sponsus igitur pa- 20
ratis ostium aperuit, imparatas reliquit. O quid habeat
iocunditatis et gaudii ‚aperuit', quid doloris et miseriae
‚reliquit', quis sermo enarrare valebit? Quis gloriam in-

---

[122] Vgl. FRITSCH, *Links und rechts;* NUSSBAUM, *Bewertung von Rechts und
Links.* Siehe außerdem in *Spec. virg.* 6, unten 546,7–10.18–21.

Hilfe, selbst die eines Fremden zu nutzen, wo es ihnen an eigener fehlte. Während sie also von allen Seiten verlassen waren und sich durch keinerlei tröstendes Licht vor dem Angesicht des gestrengen Richters schützen konnten, kam der Bräutigam zu den Seinen, öffnete den Himmel für die, die bereit waren, die Unvorbereiteten aber, die anklopften, ließ er zurück.

T.: Um es in den Worten des Evangeliums zu sagen: „Und mein Herz ist verwirrt in mir, und Todesangst ist über mich gefallen" (Ps 55, 5: Vg. Ps 54, 5) wegen der Nachlässigkeit derer, die zurückgewiesen werden und die auch nicht aus irgendeiner Rücksicht auf ihre Genossinnen wieder belebt werden.

P.: O Tochter, wen bedrängt die Härte eines steinernen Herzens so sehr, daß er nicht von dieser unerhörten, tödlichen Vereinsamung erschüttert würde? Hat nicht schon jener große Prophet diese Teilung im Geiste geschaut und wurde durch keinen Trost im Herzen erlöst von dieser Geißel des Schmerzes, als er sagte: „Der Trost ist verborgen vor meinen Augen, weil er selbst unter den Brüdern", und natürlich auch unter den Schwestern, „die Teilung vorgenommen hat" (Hos 13, 14 f Vg.)? Es ist wirklich jeder Klage wert, daß diejenigen durch göttliches Urteil ausgeschieden werden, und zwar auf Ewigkeit, die der Busen der Kirche in der Zeitlichkeit in einem einzigen Glauben wärmte, wenn auch in unterschiedlichem Lebenslauf. Dort sieht man bei beiden, den Törichten natürlich und den Klugen, Tod und Leben, Heil und Strafe, Verwirrung und Herrlichkeit, aber es erweist sich, daß Gnade und Strafe auf der rechten und linken Seite[122] unterschiedlichen Verdiensten begegnen. Es öffnete also der Bräutigam die Tür für die, die bereit waren, die Unvorbereiteten aber ließ er zurück. O welche Rede hätte die Kraft, auszudrücken, wieviel an Glückseligkeit und Freude dieses ‚er öffnete' in sich beschließt, und welches Maß an Schmerz und Unglück dieses ‚er ließ zurück'? Wer wird von der Herrlichkeit der Eintre-

troeuntium, ignominiam remanentium expediet, maxime
cum in altero flos aeternitatis susceptas induerit, <in al-
tero> mors aeterna relictas susceperit? Intrantes enim
sacrae virgines, quod longis suspiriis olim cupierunt, quod
„per speculum et in aenigmate" contemplari meruerunt, 5
pro quo adipiscendo se suaque deo obtulerunt, pro quo ab
hostibus veritatis iniurias infinitas pertulerunt, secura benedictione et benedicta securitate suscipiunt, concussis ex
terrore tanti iudicis cunctis rerum elementis pace fruuntur
debitae tranquillitatis. Exclamat igitur anima sacra, fortiter 10
exclamat aeternitatis suscepta gloria: „Introduxit me rex in
cellaria sua", itemque: „Introduxit me rex in cellam vinariam, ordinavit in me caritatem, et dilectus meus mihi et ego
illi", cui iam veraciter respondetur: „Tota pulchra es, amica
| mea, et macula non est in te, et odor vestimentorum 15 | 17
tuorum sicut odor thuris. Absorpta enim morte in victoria"
non invenitur in hac sponsa ulla amodo macula, quia ipse
sponsus, pulchritudo iustitiae invocatis et electis suis naevum totius veteris vitae permundat perfectissima caritate.

T.: Scio quidem, quod omnem excedit cogitatum, bonum 20
virginibus istis intrantibus aeterna dulcedine reserandum.
Sed quod tam diversae similitudines, tam variae comparationes de bono illo tam simplici et singulari, ubi „unum
solum modo necessarium est", dicuntur, admodum miror,
cum hoc tam inaestimabile bonum, quia simplex et unum 25

tenden, wer von der Schande der Zurückgebliebenen berichten, besonders weil in dem einen Fall Blüte in Ewigkeit
die Aufgenommenen umfängt, im anderen ewiger Tod die
Zurückgebliebenen aufnimmt? Denn die heiligen Jungfrauen empfangen beim Eintreten in sicherem Segen und
gesegneter Sicherheit das, was sie einst unter dauerndem
Seufzen begehrten, was sie nur „im Spiegel und im Rätsel"
(1 Kor 13, 12) zu schauen gewürdigt waren, um dessen
Erlangung sie sich und ihren Besitz Gott geopfert hatten,
für das sie unendliches Unrecht von den Feinden der Wahrheit ertrugen, und sie genießen nun den Frieden verdienter
Ruhe, nachdem aus Schrecken vor einem so großen Richter
die realen Dinge in allen ihren Teilen zerschlagen waren. Es
ruft darum die heilige Seele aus, mit starker Stimme ruft sie
aus, nachdem sie die Herrlichkeit der Ewigkeit empfangen
hat: „Der König hat mich eingeführt in seine Kammern"
(Hld 1, 4), und ebenso: „Der König hat mich in den Weinkeller geführt, und er hat über mir das Zeichen der Liebe
gesetzt, und mein Geliebter gehört zu mir und ich zu ihm"
(Hld 2, 4.16); und schon wird ihr in Wahrheit geantwortet:
„Schön bist du in allem, meine Freundin, und es ist kein
Makel an dir, und der Duft deiner Kleider ist wie der Duft
von Weihrauch" (Hld 4, 7.11). „Denn weil der Tod aufgehoben ist im Sieg" (1 Kor 15, 54), kann man an dieser Braut
von nun an überhaupt keinen Makel mehr entdecken, weil
der Bräutigam selbst, die Schönheit der Gerechtigkeit, an
seinen Berufenen und Auserwählten jeden Makel des alten
Lebens durch vollkommene Liebe rein wäscht.

T.: Ich weiß allerdings, daß sich das Gut, das für diese
eintretenden Jungfrauen in ewiger Süße erschlossen werden soll, einer jeden Vorstellung entzieht. Aber ich wundere mich gerade darum, daß so verschiedene Gleichnisse, so
unterschiedliche Vergleiche für jenes so einfache und einzigartige Gut genannt werden, wo „doch nur ein einziges
allein notwendig ist" (vgl. Lk 10, 42), weil dieses unschätz-
bare Gut, da es einfach und einzig ist, auf irgendeine Weise

est, uni rei licet transitoriae posset aliquo modo comparari, si tamen comparabile ulli rei caducae posset videri.

P.: Ad quid has similitudines referas, ignoro.

T.: Ad illud, quod superius intulisti: „Introduxit me rex in cellarium suum" et „in cellam vinariam", et multa in 5 hunc modum, quasi caelestis amplitudo cum suis thesauris digna ulla comparatione per haec angusta quaedam et despecta possit concludi, licet impleta videri possint omni thesauro florentis mundi et occidui. Quia igitur novi bona regni caelorum omni caduco bono minime posse compara- 10 ri, scire volo, cur vel cellario vel cellae vinariae comparetur, in quam se introductam sponsa dei lampade sua fulgens gloriatur.

P.: Primo quidem de collatione dissimilium aliqua tecum conferam, postea vero, quid secreti cella vinaria contineat, 15 pro posse nostro inferam.

T.: Gratanter accipio, quaecumque de scripturis posueris, tantum ut per haec nobis detur amor et occasio succendendae ornandaeque lampadis.

P.: Quod regnum caelorum rerum naturis diversis et 20 mox perituris simile dicitur, ex qualitate et efficacia rerum et naturarum | visibilia invisibilibus comparantur, ut per | 176 significationes inferiorum virtus pateat superiorum, et opera divinorum munerum praesentia ex ipsa comparatione testentur aliquomodo bona futura sequentia. Quae 25

doch nur einer einzigen Sache, auch wenn sie vergänglich ist, verglichen werden kann, sogar wenn es irgendeiner hinfälligen Sache vergleichbar erscheinen könnte.

P.: Ich weiß nicht, worauf du diese Ähnlichkeiten beziehst.

T.: Auf das, was du oben vorgetragen hast: „Der König hat mich in seine Kammer geführt" (Hld 1,4) und „in seinen Weinkeller" (Hld 2,4), und vieles dieser Art, gleichsam als könnte die himmlische Fülle mit ihren Schätzen, für die ein jeglicher Vergleich würdig ist, an diesen irgendwie engen und verächtlichen Orten eingeschlossen werden, auch wenn sie scheinbar angefüllt sind mit allen Schätzen der blühenden und vergänglichen Welt. Weil ich nun also gelernt habe, daß die Güter des Himmelreichs überhaupt nicht mit irgendeinem vergänglichen Gut verglichen werden können, will ich wissen, warum dieses Gut sogar mit einer Kammer und einem Weinkeller verglichen wird, über den die Braut Gottes im Glanz ihrer eigenen Lampe frohlockt, wenn sie in ihn hineingeführt wird.

P.: Zuerst möchte ich allerdings mit dir einiges über das Vergleichen ungleicher Dinge besprechen, danach will ich dann entsprechend unserem Vermögen vortragen, was der Weinkeller etwa an Geheimnis in sich birgt.

T.: Gerne empfange ich von dir alles, was du aus der heiligen Schrift vorstellst, wenn nur dadurch für uns Antrieb und Gelegenheit gegeben wird, die Lampe anzuzünden und bereitzumachen.

P.: Was das anbetrifft, daß das Himmelreich dem Wesen von Dingen verglichen wird, die verschieden und vergänglich sind, werden hier aufgrund von Beschaffenheit und Wirkung die sichtbaren Dinge und ihr Wesen den unsichtbaren verglichen, damit durch die Kennzeichnung der untergeordneten die Kraft der übergeordneten deutlich werde und die Wirksamkeit der göttlichen Geschenke durch den Vergleich selbst in der Gegenwart die Güter bezeugt, die auf irgendeine Art und Weise in der Zukunft einmal folgen

enim comparatio cellarii vel cellae vinariae ad praemia vitae
perpetuae, quae comparatio solis ad aeternitatem, quae
comparatio margaritae, rei insensibilis ad Christum, margaritae creatorem et omnium rerum? Et nulla quidem et
tamen aliqua. Nulla quidem, quantum tempus ad aeterni- 5
tatem, quantum transitorium ad immutabilitatem, aliqua
vero, quantum ad efficientiam vel qualitatem naturae, de
qua comparatio sumitur, sicut a sole radio suo vel ardore
solem iustitiae ad comparationem quandam sui trahente,
sicut a margarita sui perspicuitate et speciositate Christi 10
singularem naturam similitudine quadam exequente, sicut
aurum, quo mundi cultoribus nihil pretiosius est, regno
caelorum persaepe comparatur, quae omnia et his similia,
quamvis melioribus quadam comparatione conferantur,
nullo modo adaequantur.   15

T.: Quid comparabile caelorum regno posset unquam
fieri, licet dici queat, cum omnia sub caeli convexo posita
sint perfunctoriae vanitati obnoxia, illud in stabilitate figa-
tur aeterna?

P.: Sed dic mihi. Scisne, quid sit regnum caelorum?   20

T.: Beatitudinem puto sanctorum in caelo cum angelis
quiescentium.

P.: Quis dat et facit illam beatitudinem?

T.: Quis nisi Christus, vera beatitudo sanctorum, qui
quos temporaliter fide mundat et „iustificat, aeternali gratia 25
glorificat"?

werden. Was gibt es denn für einen Vergleich zwischen
Kammer und Weinkeller und den Belohnungen des ewigen
Lebens, was für einen Vergleich zwischen Sonne und
Ewigkeit, was für einen zwischen der Perle, einem Ding
ohne sinnliche Wahrnehmung, und Christus, dem Schöpfer der Perle und aller Dinge? In der Tat gibt es überhaupt
keine Vergleichbarkeit und dann doch wieder eine. Keinerlei Verbindung zum Vergleich gibt es, soweit sich Zeitlichkeit auf Ewigkeit, soweit sich Vergängliches auf Un-
wandelbarkeit bezieht, aber doch gibt es wieder eine, was
Wirkung und Wesensbeschaffenheit anbetrifft, über die
der Vergleich angestellt wird, so wie von der Sonne, die
mit ihrem Strahl und ihrer Glut die Sonne der Gerechtigkeit (vgl. Mal 3,20) sozusagen zum Vergleich an sich
zieht, so wie von der Perle, die durch ihre eigene Durchsichtigkeit und Schönheit die einzigartige Natur Christi
in einer gewissen Ähnlichkeit ausdrückt, und so wie das
Gold, das für die Anhänger der Welt kostbarer ist als
irgendetwas sonst, häufig mit dem Himmelreich verglichen wird, was alles, und auch noch weitere, diesen ähn-
liche Dinge, überhaupt keine würdige Entsprechung ist,
obwohl noch bessere Vergleiche als dieser beigebracht
werden könnten.

T.: Was könnte jemals dem Himmelreich vergleichbar
sein, selbst wenn man es sagen könnte, da doch alles, was
unter dem Himmelsgewölbe seinen Platz hat, dem vergänglichen, leeren Schein verfallen ist, jenes aber in ewiger
Unverrückbarkeit fest gegründet ist?

P.: Aber sag mir, weißt du, was das Himmelreich ist?

T.: Ich denke, die Glückseligkeit der Heiligen, die im
Himmel zusammen mit den Engeln ausruhen.

P.: Wer gibt und vollbringt diese Seligkeit?

T.: Wer, wenn nicht Christus, die wahre Glückseligkeit
der Heiligen, der diejenigen, die er in der Zeitlichkeit durch
den Glauben reinigt und „rechtfertigt, dann in ewiger Gnade verherrlicht" (Röm 8,30)?

P.: Recte procedis. Si enim beatitudo sanctorum est regnum caelorum, et beatos facit ipse Christus, caput electo-
rum, ergo ipse | Christus est regnum caelorum. In eius enim | 177
visione, in eius divinitatis agnitione regnum caelorum est,
quae est gloria sanctorum.   5

T.: Nihil securius dederim.

P.: Quamvis igitur deus sit incomprehensibilis maiestate,
virtute inaestimabilis, omnipotentia incomparabilis, mul-
tae tamen ad eum fiunt comparationes et similitudines,
quae ad ipsum substantialiter non referuntur, sed figurali- 10
ter, nec enim ipse per haec proprie diffinitur, sed dispensa-
tiones vel dispositiones divini ordinis per has similitudines
declarantur. Nonne idem ipse est, qui dicitur „primus et
novissimus", quae ad aliquid dicuntur, quia nihil creaturae
eum antecedit nec procedit vel praecedit? Ipse sol, via, fons, 15
petra, agnus, leo, vitulus, thesaurus, margarita, granum
sinapis, clavis David et multis aliis vocabulis, quae comparationes, dum ad eum fiunt, aliquid divinae significationis
ad nostram intelligentiam mittunt, utpote sol ideo dicitur,
quia vera lux est minoris mundi, id est hominis, qui graece 20
microcosmus dicitur, id est minor mundus. „Est enim lux
vera, quae illuminat omnem hominem venientem in mundum." Sol visibili radio suo cuncta subiecta et splendori suo
accessibilia contingit, sol invisibilis profundum rationalis
creaturae sapientiae splendore pertraicit et de ceteris prae- 25
nominatis in hunc modum.

T.: Resolve, quaeso, cetera.

P.: Du gehst richtig vor. Wenn nämlich die Seligkeit der Heiligen das Himmelreich ist und Christus selbst, das Haupt der Auserwählten, sie selig macht, dann ist also Christus selbst das Himmelreich. Denn in seiner Erscheinung, in der Erkenntnis seiner Göttlichkeit liegt das Himmelreich, das die Herrlichkeit der Heiligen ist.

T.: Ich könnte nichts anführen, was sicherer ist.

P.: Obwohl also Gott unbegreiflich ist in seiner Hoheit, unmeßbar in seiner Stärke, unvergleichbar in seiner Allmacht, ergeben sich dennoch viele Vergleiche und Ähnlichkeiten mit ihm, die sich zwar nicht wesentlich, aber bildlich auf ihn beziehen; er selbst kann nämlich durch diese Dinge nicht in seiner Eigenheit bestimmt werden, aber die Verfügungen und Pläne der göttlichen Heilsordnung werden durch diese Vergleiche deutlich gemacht. Ist er selbst nicht eben der gewesen, der „der Erste und der Letzte" (Offb 1,17) genannt wird, was sich auf etwas anderes bezieht, weil nichts Kreatürliches ihm zuvorkommt, nichts voranschreitet, nichts vorhergeht? Er selbst wird Sonne genannt, Weg, Quelle, Fels, Lamm, Löwe, Opferstier, Schatz, Perle, Senfkorn, Schlüssel Davids (vgl. Offb 3,7; Jes 22,22) und mit noch vielen anderen Bezeichnungen benannt. Dabei vermitteln diese Vergleiche, sobald sie auf ihn bezogen werden, unserer Einsicht etwas von der göttlichen Bedeutung; so wird er insbesondere darum als Sonne bezeichnet, weil sie das wahre Licht der kleinen Welt, nämlich des Menschen ist, der auf griechisch Mikrokosmos genannt wird, was ‚kleine Welt' bedeutet. „Er ist nämlich das wahre Licht, das jeden Menschen erleuchtet, der in die Welt kommt" (Joh 1,9). Die Sonne berührt alles, was ihrem sichtbaren Strahl unterworfen und ihrem Glanz zugänglich ist, die unsichtbare Sonne durchdringt mit dem Glanz der Weisheit die Tiefe der vernünftigen Kreatur, und von den übrigen, oben genannten Dingen gilt dies in gleicher Weise.

T.: Erkläre auch das übrige, ich bitte darum.

P.: Facile haec etiam cuilibet sensu tardiori patescere possunt. Ipse via, quia per eum ad caelum iter et cursus est, ipse „fons aquae salientis in vitam aeternam", quia ad fructum fidei gratia ipsius irrigamur, petra, quia firmitudine insuperabilis et fortitudo cordibus sanctis; agnus propter 5 innocentiam et passionem; leo virtutes hostiles et ipsam mortem in cruce triumphans; quia pro nobis oblatus et mortuus est, vitulus; quia pauperum suorum sufficientia, thesaurus; quia amor sacrarum animarum in caelis et in terris, id est in spe et in re, margarita; granum sinapis pro 10 eo, quod tritus | passione per totum mundum vires suas | 178 exercuit; clavis David, quia prudentibus virginibus regnum caelorum aperit, fatuis claudit. Sed ab incepto digressi propter quasdam comparationes revertamur ad cellarium et cellam vinariam, quibus inspectis repetamus ordinem sus- 15 cepti operis.

T.: Dic igitur, quid sit cellarium vel cella vinaria, in quam se sponsa gratulatur introductam.

P.: Non attendis, quod in cellariis reponuntur victualibus quaeque congruentia et usibus corporalibus magis 20 necessaria, solum vero vinum in cella vinaria? Per quae omnia nihil aliud significatur nisi plenitudo perfectissimae dulcedinis, perfecta dulcedo sempiternae plenitudinis habens in se omne delectamentum et „omnem saporem suavitatis", ubi sponso nostro veraci iocunditate dicitur: 25

P.: Diese Dinge können sich leicht jedem beliebigen erschließen, auch wenn er etwas langsamer im Begreifen ist. Er selbst ist der Weg, weil durch ihn Reise und Fahrt zum Himmel gehen, er selbst ist „die Quelle des sprudelnden Wassers, das ewiges Leben schenkt" (Joh 4,14), weil wir durch seine Gnade zur Frucht des Glaubens getränkt werden, er ist der Fels, weil er durch Standhaftigkeit unüberwindlich ist und der starke Halt für die heiligen Herzen; Lamm ist er wegen seiner Unschuld und wegen seines Leidens, Löwe, weil er über die Stärke der Feinde und über den Tod selbst am Kreuz triumphiert hat; weil er für uns geopfert wurde und gestorben ist, ist er Opferstier, weil er Hilfe für seine Armen ist, Schatz; weil er die heiligen Seelen liebte im Himmel und auf Erden, das heißt in der Hoffnung und in der Wirklichkeit, ist er Perle; Senfkorn deswegen, weil er im Leiden aufgerieben seine Kräfte über die ganze Welt verteilte, Schlüssel Davids (vgl. Offb 3,7; Jes 22,22), weil er den klugen Jungfrauen das Himmelreich aufschließt, den törichten aber verschließt. Aber nachdem wir wegen all dieser Vergleiche von unserem Vorhaben abgeschweift sind, wollen wir nun zu der Vorratskammer und dem Weinkeller zurückkehren und die ordentliche Reihenfolge im begonnenen Werk wieder aufnehmen, wenn wir diese betrachtet haben.

T.: Sag nun also, was Vorratskammer und Weinkeller sind, über die die Braut jubelt, wenn sie hineingeführt wird (vgl. Hld 1,4).

P.: Achtest du etwa nicht darauf, daß in der Vorratskammer die Dinge aufbewahrt werden, die zum Lebensunterhalt gehören und die vor allem für die leiblichen Bedürfnisse notwendig sind, im Weinkeller dagegen nur der Wein? Durch all diese Dinge wird nichts anderes bezeichnet als die Fülle vollkommener Wonne, die vollkommene Wonne ewiger Fülle, die in sich alle Erquickung trägt und „den ganzen Geschmack von Süße" (Weish 16,20 Vg.), wo mit wahrer Freundlichkeit zu unserem Bräutigam gesagt wird:

„Servasti bonum vinum usque adhuc", et veraciter respondetur: „Comedite amici et inebriamini carissimi." Quae est
ebrietas ista nisi aeternae divinitatis contemplatio, archanum deitatis manifestatum vocatis et introductis? Ex hoc
vino divinae sapientiae angelus et homo inebriantur, qui 5
videntes deum „facie ad faciem" omni voluptate spiritali
sine termino perfruuntur. Ibi deliciis angelorum pascitur
amodo gloria electorum et ex vera vite fluit in eis inter eos
deliciosa gratia vitae.

T.: Qui nuptias istas ornatu condecenti intraverit, quo 10
bono carebit? Qui vero sordidus accesserit, quid mali excipitur, quod non occurrit?

P.: Audi filia. Qualiter interdum aeternis temporalia rerum per quasdam similitudines coniungantur, superius satis
abundeque dictum est, in quam orbitam et nuptiarum le- 15
gem ponimus, quia caelestes nuptiae minime dicerentur nisi
quadam comparatione, quomodo solent magnis minima
conferri, terrenis caelestia iuxta quendam modum coapta-
rentur. Nota igitur nuptias sponsi et sponsae | per simile. | 179
Cum in hoc mundo convivia vel nuptiae celebrantur, con- 20
vivantium faucibus, quicquid sumitur, eo fit gratius, quo
etiam visum eorum, ubi convivantur, ipsius loci delectat
ornatus, ubi quidem auditum musici modulaminis suavitas,
olfactum aromata, tactum blanda quaeque demulcent, et
totum fit gaudiorum materia, quod quinis subiacet sensi- 25
bus, per propria oblectamenta.

„Bis jetzt hast du den guten Wein zurückbehalten" (Joh
2, 10), und wahrhaftig geantwortet wird: „Eßt, ihr Freunde,
und werdet trunken, ihr Liebsten" (Hld 5, 1). Was ist diese
Trunkenheit, wenn nicht die Betrachtung der ewigen Göttlichkeit, das Geheimnis der Gottheit, das für die Berufenen
und Eingelassenen deutlich faßbar geworden ist? Von diesem Wein der göttlichen Weisheit werden Engel und
Mensch trunken, die alle geistliche Lust ohne Ende genießen, weil sie Gott „von Angesicht zu Angesicht" (1 Kor
13, 12) sehen. Dort nährt sich von nun an die Herrlichkeit
der Auserwählten von den Wonnen der Engel, und aus dem
wahren Weinstock fließt in ihnen und zwischen ihnen die
wonnevolle Gnade des Lebens.

T.: Wer zu dieser Hochzeit im passenden Schmuck Zutritt hat, was wird dem dann noch an Gutem fehlen? Wer
dagegen schmutzig daherkommt, welches Übel bleibt dann
ausgespart, das ihm nicht begegnete?

P.: Höre, Tochter. Wie bisweilen in einer gewissen Ähnlichkeit der Dinge Zeitliches mit Ewigem verglichen wird,
ist weiter oben genug und ausführlich gesagt worden; nach
diesem Beispiel wollen wir auch die Gebräuche der Hochzeit behandeln, weil geistliche Hochzeiten überhaupt nicht
beschrieben werden können außer sozusagen im Vergleich,
und so wie gewöhnlich sehr kleine Dinge mit großen verglichen werden, so werden die himmlischen Dinge mit den
irdischen nach eben dieser Methode verglichen. Achte darum auf die Hochzeit von Bräutigam und Braut in einem
Vergleich. Wenn in dieser Welt Gastmähler oder Hochzeiten gefeiert werden, wird für den Gaumen der Speisenden
das, was verzehrt wird, um so angenehmer, je mehr der
festliche Schmuck des Ortes selbst, wo sie speisen, ihren
Blick erfreut, wo die Süße musikalischer Weisen ihrem
Gehör, angenehme Düfte ihrem Geruchssinn, irgendwelche weichen Dinge ihrem Tastsinn schmeicheln und alles,
was den fünf Sinnen unterliegt, durch jeweils eigene Er-
götzlichkeiten zu einem Anlaß der Freude wird.

Respice nunc, o filia, respice, fidelis anima, quibus vel
quantis deliciis convivabuntur, „qui ad cenam nuptiarum
agni vocantur" et admittuntur! Quid iocunditatis mentibus
eorum non adicit ipsa caelestis solii fabrica, ubi cuncta
splendent quasi auro gemmisque micantia? Quid ibi suave, 5
quid dulce non sapiat, ubi aeterna deitatis visio purgatae
vocatorum intelligentiae patebit, ubi auditum eorum can-
tus angelicus accendit, tactum et olfactum nihil offendit?
Itaque nihil ibi beatitudinis excipitur, ubi fons omnium
beatitudinum et videtur et interminabili gratia retinetur. O 10
super aurum sanctae menti concupiscibilis dies aeternitatis,
o super mellis saporem optabilis dies illa dulcedinis, ubi
uno sancti spiritus radio sancti coadunantur, qui in hoc
mundo vel locis vel moribus vel accidentium multitudine
diversificantur, ubi amodo non erit angustia timoris, quia 15
per saecula amplitudo dilatatur amoris. Quid autem erit
aeternitatis visio nisi totius gratiae plenitudo? Ibi non erit
sectio totius in partes nec prudentia callens varias distincta
per artes, sed unitas in uno, totum in toto, omne prorsus in
omni, quia „Deus erit omnia in omnibus. Intraverunt igitur 20
ad nuptias", quae fide et operibus exornabant lampades
suas, „novissimae vero veniunt reliquae virgines". Qua re
novissimae? Quia olim laudibus insolenter captatis voluerunt esse primae, nunc deficientibus adulatoribus necesse
est, ut sint novissimae. Non videntur tibi aut inter primas 25
aut in primis esse voluisse, quae locum primum in operis
sui ostentatione spretis ceteris elegere?

Sieh nun, Tochter, sieh, du gläubige Seele, unter welchen und wie großen Freuden diejenigen speisen werden, „die zum Hochzeitsmahl des Lamms gerufen" (Offb 19,9) und zugelassen sind! Was an Wonne fügt nicht für ihre Herzen die Werkstatt des himmlischen Palastes selbst hinzu, wo alles glänzt, gleichsam strahlend vor Gold und Edelsteinen? Was gibt es dort an Süßem, was an Angenehmem, das sie nicht kostete, wo der immerwährende Blick auf die Gottheit sich der reinen Einsicht der Berufenen öffnet, wo der Gesang der Engel ihr Ohr entzückt und nichts den Tastsinn und den Geruchssinn beleidigt? Deshalb wird dort nichts an Seligkeit ausgespart, wo der Quell aller Seligkeiten sowohl erscheint als auch in Gnade ohne Ende erhalten bleibt. O du Tag der Ewigkeit, der du für das heilige Herz mehr als Gold begehrenswert bist, o du Tag der Süße, der du über den Geschmack von Honig hinaus wünschenswert bist, wo durch einen einzigen Strahl des heiligen Geistes die Heiligen vereint werden, die in dieser Welt nach Ort, Sitten und einer Menge von Zufällen auseinandergerissen sind, wo von jetzt an keine Einengung aus Furcht mehr Platz hat, weil die Weite der Liebe sich über die Jahrhunderte hin ausdehnt. Was aber wird der Anblick der Ewigkeit sein, wenn nicht die Fülle der ganzen Gnade? Dort wird es kein Zerschneiden des Ganzen in Teile geben und keine Klugheit, die sich schlau in verschiedene Künste aufteilt, sondern die Einheit in dem Einen, das Ganze im Ganzen, überhaupt jedes in jedem, weil „Gott alles in allem sein wird" (1 Kor 15,28). Es sind also die, die ihre Lampen mit Glaube und Werken geschmückt haben, „eingetreten zur Hochzeit, als letzte kamen aber die übrigen Jungfrauen" (Mt 25,10f). Warum als letzte? Weil sie einst die ersten sein wollten, indem sie überheblich Lob beanspruchten, jetzt aber müssen sie die letzten sein, weil die Schmeichler versagen. Scheint dir nicht, daß sie zwischen oder unter den ersten sein wollten, die den ersten Platz beim Vorzeigen ihrer Werke beanspruchten und die anderen verachteten?

T.: Quae fiunt igitur in regno dei primae?   180

P.: Quae in hoc mundo elegerunt pro Christo viles sibi
esse vel ultimae. Nonne Christus et hoc significavit, ubi
dixit: „Sic erunt novissimi primi et primi novissimi, multi
sunt vocati, pauci vero electi"?   5

T.: „Dignum et iustum est", ut quae sine vocante vel
iubente primum locum voluerunt tenere, nunc incipiant,
velint nolint, ad ultima descendere.

P.: Vis, filia, in regno caelorum esse inter primas prima?
Esto in regno terrarum inter filias dei ultimas ultima. Vis   10
esse in regno caelorum magna potensque regina? Sis hic
parva pro Christo vilisque timentium deum ancillula. Vis ibi
inter sorores tuas esse maxima, sis hic proprio et voluntario
contemptu minima. Nec hoc dico, ut per istam abiectionem
gradum affectes illic super sorores tuas altiorem, sed simpli- 15
ci vita et innocenti tantum quaere, ut aeternaliter vivas, ut
non superior aliis in regno caelorum appareas. Non ideo
profice, ut sanctas virgines in caelis possis mercede praeire,
sed sive temporaliter vel aeternaliter quantum in spe in tui
aestimatione te ultimam omnium semper constitue.   20

Quid ergo „novissimae et reliquae virgines venientes di-
xerunt? Domine, domine aperi nobis." Aperi nobis, sancte
sanctorum, rex angelorum, salus omnium insuperabilis clementiae, pietatis semper invictae, ianuam aperi vel sero
pulsantibus, concede locum intrantibus, domine, quia nos 25
creasti, domine, quia te ipsum pro mundo pretium magnum

---

[123] Der Anklang an den Eingangsvers zum Hochgebet (*Sacramentarium Gelasianum* 2, 8 [8 MOHLBERG]) steigert die Aussage.

T.: Welche werden aber im Reich Gottes die ersten sein?

P.: Die in dieser Welt erwählt haben, um Christi willen sich selbst für gering zu halten, ja sogar für die letzten. Hat nicht auch Christus dies gemeint, wenn er sagte: „So werden die Letzten die Ersten sein und die Ersten die Letzten; denn viele sind berufen, aber wenige sind auserwählt" (Mt 20,16; 22,14)?

T.: ‚Dies ist würdig und gerecht'[123], daß diejenigen, die ohne seinen Ruf oder Befehl den ersten Platz halten wollten, schon jetzt beginnen, ob sie es wollen oder nicht, auf die letzten Plätze herabzusteigen.

P.: Willst du, Tochter, in dem himmlischen Königreich die erste unter den ersten sein? Dann sei du im irdischen Königreich unter den letzten Töchtern Gottes die letzte. Willst du im Himmelreich eine große und mächtige Königin sein? Dann sollst du hier um Christi willen eine kleine und geringe Magd unter denen sein, die Gott fürchten. Willst du dort unter deinen Schwestern die größte sein, dann sei hier in eigener und freiwilliger Geringschätzung die geringste. Ich sage dies aber nicht, damit du aufgrund dieser Demütigung an jenem Ort eine höhere Stellung als deine Schwestern beanspruchst, sondern in einfacher und unschuldiger Lebensführung strebe allein danach, daß du in Ewigkeit lebst, nicht daß du im Himmelreich höher als die anderen erscheinst. Mache deine Fortschritte nicht darum, daß du im Himmel die heiligen Jungfrauen an Lohn übertreffen kannst, sondern richte dich im Maß deiner Hoffnung und deiner Selbsteinschätzung sowohl in der Zeitlichkeit wie in der Ewigkeit immer als letzte von allen ein.

Was also „sagten die Jungfrauen, die zuletzt und als übrige kamen? Herr, Herr, öffne uns!" (Mt 25,11). Öffne uns, Heiliger der Heiligen, König der Engel, Rettung aller, unübertroffen in Milde und immer unerschütterlicher Liebe, öffne uns die Tür, auch wenn wir zu spät anklopfen, gib Raum den Eintretenden, Herr, weil du uns geschaffen hast, Herr, weil du dich selbst als teures Lösegeld für die Welt

dedisti, domine pro baptismi gratia, domine propter com-
munia ecclesiae sacramenta aperi nobis, quia passus es pro
nobis, quia tunc caelum clausum reserasti, quando pendens
in cruce mortem pro nobis sustinuisti. Ecce negligentia
pauci temporis umbrae patet occasio prorsus inmensurabi- 5
lis, et recompensatur poena vel dolore, quod brevi spatio
lucratum est vanitatis amore. Nos | igitur, iuste iudex, ex- | 181
clusisti, quia iusto iudicio contempsisti, domine aperi nobis
contemptis, paenitet, domine, sero licet tuis nos obviasse
mandatis. Inveniamus, o rex et domine regum, vel aliquam 10
gratiam in gratia, in misericordia tua, quae est semper super
omnia opera tua, quibus locus paenitentiae non est ex culpa
praemissa. Tu ianua, tu ianitor, pastor et iudex, facilis semper ad pietatis viscera, creaturae iam pereuntis miserere,
quia veteranus hostis misereri nescit, numquam didicit, in 15
cuius potestatem et regnum nos proscriptas districta severitas et severa districtio mittit. O fallax mundi gloria! Ubi
nunc vel ultima deliciarum tuarum vestigia, quibus caecis
cordibus olim illusisti, libertatem captivis negasti et inso-
lubili nexu vitiorum astrictos in haec angustiarum extrema 20
misisti? Ubi nunc flos et floris tui splendidus fructus, viru-
lentiis suis illectricibus corda te sequentium sic inficiens, ut
attendere non valerent sapientiam, humanae sanitatis materiam, sed evanescerent figurae tuae fortiter innitentes
sicque fabricam aegram arenoso fundamini in omnibus 25

hingegeben hast, Herr um der Gnade der Taufe willen,
Herr, um der Geheimnisse willen, die die Kirche gemeinsam hat, öffne uns, weil du für uns gelitten hast, weil du
damals den Himmel, der verschlossen war, wieder aufgeschlossen hast, als du am Kreuz hängend den Tod für uns
auf dich genommen hast. Siehe, durch die Nachlässigkeit
einer kurzen Zeitspanne hat sich die Gelegenheit für eine
Finsternis aufgetan, die ganz und gar ohne Ende ist, und
mit Strafe und Schmerz wird vergolten, was in kurzer Zeit
aus Liebe zur Eitelkeit gewonnen wurde. Uns hast du nun,
du gerechter Richter, ausgeschlossen, weil du uns durch
gerechtes Urteil mit Verachtung gestraft hast; Herr, öffne
uns, den Verachteten, es reut uns, Herr, wenn auch spät,
daß wir deinen Geboten zuwidergehandelt haben. Laß
uns, o König und Herr der Könige, wenigstens irgendeine
Gnade finden in deiner Gnade, in deinem Erbarmen, das
immer über allen deinen Werken ist, bei denen es keinen
Raum für Reue gibt aufgrund der vorangegangenen
Schuld. Du Pforte, du Pförtner, du Hirte und Richter,
immer bereit für tief empfundenes Mitleid, erbarme dich
deiner Kreatur, die jetzt untergeht, weil der alte Feind
Erbarmen nicht kennt, es niemals gelernt hat, unter dessen
Macht und Herrschaft die unerbittliche Strenge und die
strenge Unerbittlichkeit uns Ausgestoßene jetzt schickt.
O trügerische Herrlichkeit der Welt! Wo sind jetzt auch
nur die letzten Spuren deiner Freuden, mit denen du einst
die verblendeten Herzen verspottetest, den Gefangenen
die Freiheit verweigert und die in unlösbarer Schlinge von
Lastern Verstrickten in diese äußerste Bedrängnis geschickt hast? Wo sind jetzt Blüte und strahlende Frucht
deiner Blüte, die mit ihren giftigen Verlockungen die Herzen deiner Gefolgsleute so ansteckt, daß sie nicht imstande
sind, auf die Weisheit, den Stoff für die Gesundung des
Menschen, zu achten, sondern dahinsiechen, wobei sie sich
mutig an dein Bild anlehnen und so den wankenden Aufbau einem Fundament von Sand anvertrauen, während

comite stultitia committentes? Ecce figura tua praetereunte
vanitati fuit obnoxium, immo ruinae proximum, quod stare
videbatur. Te colendo umbram apprehendimus, qua cedente, sic quod sumus et ad quod facti, ad quod assignati
sumus, amisimus. Heu gemitu digna contritio, heu durae 5
sortis, heu irreparabilis vitae condicio, quae nos a creatore
separat, sine quo nihil est, quod subsistat, quo caruisse
mortis introitus, vitae interitus est, et melius erat numquam
fuisse quam creaturam creatore caruisse. „Domine, domine
aperi nobis." Iamiam iudicialis ferit sententia, quos abicis 10
sine paterna clementia, nec ultra recuperandae salutis a te
proiectis est remedium, quibus ad te grave mortis iudicium
omnem arcet accessum.

   Quid intus respondit dominus? „Amen amen dico | vobis, | 182
nescio vos." Scio vos per creationem, nescio per condemna- 15
tionem, novi bonum in vobis, quod creavi, nescio malum,
quod in vobis inveni, malos reprobo propter malitiam,
quia bene sequi noluerant, quam proposui verbis et exemplis, consolationibus et plagis iustitiam. „Tacui, semper
silui, patiens fui, sicut pariens loquor." Locutus sum vobis 20
per angelos, per apostolos, monui verbo doctorum, efficacia signorum, beneficiorum gratia, servitute creaturae, so-
spitate vitae, rerum tranquillitate, sumministratione sup-
plendae necessitatis vestrae, curavi multotiens extenta manu

Torheit bei allem der Begleiter ist? Siehe, wenn dein Bild
vergeht, dann ist dem leeren Wahn das verfallen, ja sogar
dem endgültigen Verfall ganz nahe, was fest zu stehen
schien. Obwohl wir dich verehrten, ergriffen wir die Finsternis, und wenn diese weicht, so haben wir verloren, was
wir sind, wozu wir geschaffen wurden und wozu wir bestimmt waren. Wehe über dieses Verderben, des Seufzens
würdig, wehe über die Bedingung dieses harten Schicksals,
dieses verlorenen Lebens, das uns von unserem Schöpfer
trennt, ohne den nichts ist, was besteht, und den zu entbehren Eintritt in den Tod und Untergang des Lebens bedeutet; es wäre für dein Geschöpf besser gewesen, niemals
gewesen zu sein, als den Schöpfer zu entbehren. „Herr,
Herr, öffne uns" (Mt 25, 11). Schon trifft der Richterspruch
die, die du ohne väterliches Erbarmen abweist, und es gibt
keinerlei Hilfsmittel mehr, das Heil wiederzuerlangen, für
die von dir Verstoßenen, denen das schwere Todesurteil
jeden Zutritt zu dir verwehrt.

Was hat der Herr drinnen geantwortet? „Amen, Amen
sage ich euch, ich kenne euch nicht" (Mt 25, 12). Ich kenne
euch wegen der Schöpfung, ich kenne euch nicht wegen der
Verdammnis, ich habe das Gute in euch erkannt, das ich
geschaffen habe, ich kenne nicht das Böse, das ich bei euch
fand, ich weise die Bösen zurück wegen der Bosheit, weil
sie der Gerechtigkeit nicht in Güte folgen wollten, die ich
ihnen in Worten und Beispielen, in Tröstungen und Plagen
vorgestellt habe. „Ich habe geschwiegen, immer bin ich still
gewesen und war geduldig, aber jetzt schreie ich wie eine
Frau unter der Geburt" (Jes 42, 14). Ich habe zu euch
gesprochen durch die Engel, durch die Apostel, ich habe
euch ermahnt durch das Wort der Kirchenlehrer, durch die
Wirksamkeit von Zeichen, durch das Geschenk von Wohltaten, durch den Dienst der Schöpfung, durch die Wohltat
des Lebens, durch Ruhe bei den Geschehnissen der Welt
und durch Unterstützung, um euren Bedürfnissen zu genügen; vielmals habe ich mit der ausgestreckten Hand des

pietatis Babilonem et noluit recipere sanitatem. Tu vero
magistrum tuum post terga monentem, gratiam trahentem,
matrem invitantem, patrem provocantem despectu caeco
dissimulasti, „dorsum, non faciem" monitori dedisti et tibi
placendo gloriam meam temeritate praesumptuosa usur- 5
pasti. Nescio vos iam extremae necessitati vestris meritis
involutos. „Ecce servi mei comedent et vos esurietis, ecce
servi mei bibent et vos sitietis, servi mei laetabuntur et vos
confundemini, ecce servi mei laudabunt prae exultatione
cordis et vos clamabitis prae dolore cordis et prae con- 10
tritione cordis ululabitis; et dimittetis nomen vestrum iura-
mentum electis meis et interficiet te dominus deus tuus, et
servos suos vocabit nomine alio, in quo qui benedictus est
super terram, benedicetur in domino, quia oblivioni tra-
ditae sunt angustiae priores. Amen dico vobis, nescio vos. 15
Ecce enim creo caelos novos et terram novam et non erunt
in memoria priora, sed" vos, filiae prudentissimae, „gau-
debitis et exultabitis usque in sempiternum in his, quae ego
creo. Ecce creo Ierusalem exultationem et populum eius
gaudium, et exultabo in Ierusalem et gaudebo in populo 20
meo, et non audietur ultra in eo vox fletus et vox clamoris.
Gaudete in domino universi, qui lugebatis super Ierusa-
lem, ut sugatis et replea|mini ab ubere consolationis eius, | 183
ut mulgeatis et deliciis affluatis ab omnimoda gloria eius.
Ab ubere potabimini et super genua blandientur vobis. 25

Mitleids für Babylon gesorgt, und es wollte nicht Genesung annehmen. Du hast wahrlich in blinder Verachtung deinen Lehrer, der dich durch Züchtigung ermahnte, die Gnade, die dich an sich zog, die Mutter, die dich einlud, den Vater, der dich aufforderte, einfach übersehen, und hast dem, der dich ermahnte, „den Rücken zugewendet und nicht das Angesicht" (Jer 18,17) und hast aus Selbstgefälligkeit meine Herrlichkeit in vermessener Kühnheit für dich beansprucht. Ich kenne euch nicht, die ihr schon längst durch euer Verschulden in äußerste Not verstrickt seid. „Siehe, meine Knechte werden essen, und ihr werdet hungern, siehe, meine Knechte werden trinken, und ihr werdet Durst haben, meine Knechte werden sich freuen, und ihr werdet verwirrt werden, siehe, meine Knechte werden lobpreisen aus Herzenslust, und ihr werdet schreien vor Schmerz im Herzen und heulen aus Verzweiflung; und euren Namen werdet ihr als Wort der Verfluchung meinen Auserwählten überlassen, und es wird dich töten der Herr, dein Gott; und seine Knechte wird er mit einem anderen Namen rufen, mit dem im Herrn gesegnet wird, wer gesegnet war auf Erden, weil die früheren Ängste dem Vergessen übergeben sind" (Jes 65,13–16). „Amen sage ich zu euch, ich kenne euch nicht" (Mt 25,12). „Denn siehe, ich schaffe einen neuen Himmel und eine neue Erde, und die, die vorher waren, werden nicht mehr in Erinnerung sein, aber ihr", ihr außerordentlich klugen Jungfrauen, „freut euch und jubelt bis in Ewigkeit über das, was ich schaffe. Denn siehe, ich will Jerusalem zum Jubel machen und sein Volk zur Freude, und ich werde jubeln über Jerusalem und werde mich freuen an meinem Volk, und es wird bei ihnen kein Laut des Weinens mehr zu hören sein und kein Jammergeschrei" (Jes 65,17–19). „Freut euch alle im Herrn, die ihr Trauer trugt über Jerusalem, damit ihr trinkt und satt werdet vom Trost ihrer Brust, damit ihr saugt und überfließt in Wonne über ihre vielfältige Herrlichkeit. Aus ihrer Brust werdet ihr trinken, und auf ihren Knien sollt ihr liebkost

Quomodo si cui mater blandiatur, ita et ego consolabor vos,
et cognoscetur manus domini in servis eius et indignabitur
inimicis suis. Et erit mensis ex mense, sabbatum ex sabbato,
et egredientur et videbunt cadavera virorum, qui praevari-
cati sunt in me. Vermis eorum non morietur et ignis eorum 5
non extinguetur.

Audi filia et vide." Neutrarum partium memoria recedat
a te, o Theodora, comminationis et consolationis, dinoscentia dexterae vel sinistrae incutiat et infundat et stimulum
timoris et vim amoris. In quibus quidem gloriam et igno- 10
miniam paucis verbis comprehendi, de quibus numquam
vel a sapientissimo et consummatae eruditionis viro suffi-
cienter potest vel dici vel excogitari. Numquid, o virgo
Christi, verbis istis moveris? Numquid attendis, quanta sit
gloria, quanta gratia prudentium virginum in thalami huius 15
thesauros introeuntium, quanta poena, quae confusio virginum fatuarum iusto iudicio reprobatarum?

T.: Perpendo quidem, perpendens intremisco. Sicut enim
incomparabilis est dextera per florem in Christo laetanti-
um, sic incomparabilis sinistra per dolorem cum hoste 20
maligno sine fine gementium. „O altitudo divitiarum sapientiae et scientiae misericordiaeque dei", qui gratis bonos
colligit et introducit, o iudiciorum divinorum abyssus im-
penetrabilis, qua malos iusta vindicta reliquit! Qui ex hoc

werden. Denn wie eine Mutter einen tröstet, so will auch
ich euch trösten, und die Hand des Herrn wird man erkennen an seinen Knechten, und sie wird zornig sein über seine
Feinde" (Jes 66,10–14). „Und es wird ein Neumond auf
den anderen folgen und ein Sabbat auf den anderen, und sie
werden hinausgehen und die Leichen der Männer sehen,
die ihre Pflicht mir gegenüber vergessen haben. Ihr Wurm
wird nicht sterben, und ihr Feuer wird nicht verlöschen"
(Jes 66,23 f).

„Höre, Tochter, und sieh" (Ps 45,11: Vg. Ps 44,11). Die
Erinnerung an diese beiden Seiten, an die der Verdam-
mung und an die des Trostes, soll nicht von dir weichen,
Theodora, und die Unterscheidung von Rechts und Links
soll dir ebenso den Stachel der Furcht einjagen, wie sie dir
die Kraft der Liebe einflößen möge. Ich habe nun Herrlichkeit und Schande bei diesen in kurzen Worten zu-
sammengefaßt, über die niemals, auch nicht von einem
Mann höchster Weisheit und vollkommener Bildung, aus-
reichend gesprochen oder nachgedacht werden kann. Bist
du denn nicht, du Jungfrau Christi, von diesen Worten
bewegt? Merkst du nicht, wie groß die Herrlichkeit ist,
wie groß das Gnadengeschenk für die klugen Jungfrauen,
die in die Schatzkammer dieses Brautgemachs eintreten,
wie groß die Strafe, wie die Verwirrung der törichten
Jungfrauen, die durch gerechtes Urteil zurückgewiesen
werden?

T.: Ich denke allerdings nach, und indem ich nachdenke,
fange ich an zu zittern. Denn so wie die rechte Seite
unvergleichlich ist durch das Blühen derer, die sich in
Christus freuen, so unvergleichlich ist die linke durch den
Schmerz derer, die ohne Ende zusammen mit dem schlimmen Feind stöhnen. „O Tiefe des Reichtums von Weisheit,
Erkenntnis und Erbarmen Gottes" (Röm 11,33), der ohne
Gegenleistung die Guten sammelt und hineinführt, o un-
durchdringlicher Abgrund der göttlichen Urteilssprüche,
wo gerechte Strafe die Bösen zurückläßt! Wer sich nicht

tonitru, ubi dicitur „nescio vos", non timet nec turbatur, multum timendus mihi videtur.

P.: Verissime. Quid enim malus mali dissimilet, quem timor ultimi temporis et supernae districtionis verba non exercent? Sed | clausulam lectionis evangelicae tandem sol- 5 | 184 lerter et circumspecta vigilantia consideremus, ne apertis oculis ad haec consideranda dormitemus. „Vigilate", inquit dominus, „quia nescitis diem neque horam."

T.: Omnis quidem scriptura divina vigilias intelligenti animae indicit cautelae et providentiae, ut existimo, qua- 10 dam similitudine regulam ponens, ut sit apertus oculus mentis „contra spiritualia nequitiae", sicut oculus corporis in visibili hoste, qui enim numquam dormit, nos stertentes excitat, torpentes invitat; sed cur ultimum diem nostrum nos ignorare voluerit, cum in eius providentia fructus 15 inesset non modicus, satis mirandum est, praesertim cum multis sanctorum et in novo et in veteri testamento dies obitus sui deo revelante patuerint, sicut Abraham, Ysaac et Iacob, Moysi quoque et Aaron et Ezechiae et Paulo, qui ait: „Ego iam delibor et tempus meae resolutionis instat", 20 et aliis multis, quo intervallo, si quid maculae, sicut fieri solet humanae negligentiae, contraxerant, purgatiores di-

fürchtet und nicht verwirrt wird von diesem Donnerwort,
wo es heißt: „Ich kenne euch nicht" (Mt 25,12), der scheint
mir einer zu sein, vor dem man sich selbst sehr fürchten
muß.

P.: Das ist wirklich wahr. Denn was verheimlicht der
Böse an Bösem, den die Furcht vor der Endzeit und die
Worte der höchsten richterlichen Strenge nicht im Zaume
halten? Aber laß uns endlich den Schluß dieses Abschnitts
aus dem Evangelium geschickt und mit umsichtiger Aufmerksamkeit betrachten, damit wir nicht mit offenen Augen bei Betrachtung dieser Stelle einschlafen. „Seid wachsam, sagt der Herr, weil ihr den Tag nicht kennt und nicht
die Stunde" (Mt 25,13).

T.: In der Tat empfiehlt die heilige Schrift in ihrer Gesamtheit dem einsichtigen Gemüt die Wachsamkeit zum
Schutz und zur Vorsorge, wobei sie, wie ich glaube, gewissermaßen im Vergleich eine Regel aufstellt, daß nämlich das
Auge des Geistes offen sei „gegen die Geister der Vernei-
nung" (Eph 6,12), so wie das Auge des Körpers gegen einen
sichtbaren Feind, der nämlich niemals schläft, der uns auf-
schreckt, wenn wir gähnen, und uns ermuntert, wenn wir
träge sind; aber es ist wirklich ziemlich erstaunlich, warum
er wollte, daß wir unseren letzten Tag nicht kennen sollten,
wo doch in der vorausschauenden Erkenntnis davon ein
nicht geringer Ertrag beschlossen liegt, zumal vielen heiligen Männern sowohl im Neuen wie im Alten Testament der
Tag ihres Scheidens durch die Offenbarung Gottes offen vor
Augen lag; so war es bei Abraham (vgl. Gen 25,7–11), Isaak
(vgl. Gen 27,1f) und Jakob (vgl. Gen 49,29), auch bei Mose
(vgl. Dtn 32,50) und Aaron (vgl. Dtn 10,6) und Hiskija
(vgl. Jes 38,1) und Paulus, der sagt: „Jetzt werde ich hinweggenommen, und die Zeit meiner Auflösung ist da"
(2 Tim 4,6), und noch bei vielen anderen mehr, damit sie,
falls sie irgendeinen Makel auf sich gezogen hätten, wie es
ja der menschlichen Nachlässigkeit zu geschehen pflegt,
durch den Zeitraum dazwischen um so reiner der Gegen-

vinae praesentiae redderentur et anteacti temporis negligentia artiori paenitentia solverentur, vel certe ad praemium
mox affuturum praemissa consolatione ex ipso mortis metu
alleviarentur.

P.: Ausu temerario sapientiam aeternam gestit praecur- 5
rere, qui de divini ordinis causari videtur dispositione. Ipse
enim creaturarum conditor et ordinator novit, quid cuique
congruat creaturae sive rationali seu rationis expertae, et
quicquid principio naturis rerum opifex potestativa indidit
voluntate, nisi certa sui iudicii ratione, non facile mutari 10
permittit. Apparens enim deus homo inter homines, sicut
generaliter ultimi diei tempus hominem latere voluit, sic
specialiter singulo cuique termini sui notitiam subtraxit, ut
si ad virtutes excolendas homo minime figeretur amore,
saltem migrationis suae proficeret incertitudine. Quanti, 15
filia, qui sub iugo | domini „pondus diei et aestus portave- | 185
runt", si terminum suum praevidissent, indisciplinatis cur-
sibus rupto iugo sancti propositi pondus ipsum aliquamdiu
relevassent. Coacervatis enim tam divinarum scripturarum
testimoniis quam exemplis, aliud tempus deliciis suis, aliud 20
loco paenitentiae daretur, sicque stabili religionis cultu
deum suum numquam amarent.

T.: Quid dixeris testimonia ista vel exempla, non apparet,
quibus si mens inniteretur, facile seduci posse videretur.

wart Gottes zurückgegeben würden und sich von der
Nachlässigkeit vergangener Zeit in um so angemessenerer
Reue lösen könnten, oder damit sie wenigstens im Blick auf
die künftige Belohnung durch die vorausgegangene Trö-
stung von der Todesangst selbst befreit würden.

P.: Wer sich über den Heilsplan der göttlichen Ordnung
anscheinend beklagt, indem er der göttlichen Weisheit zuvorkommen will, der begibt sich leichtfertig in ein Wagnis.
Denn er selbst, der Begründer und Ordner der Schöpfung,
weiß, was jeder Kreatur zukommt, sowohl der vernünftigen wie der ohne Vernunft, und was der Schöpfer am
Anfang dem Wesen der Dinge nach seinem machtvollen
Willen eingegeben hat, von dem erlaubt er nicht leicht, daß
es wieder geändert werde, außer nach dem sicheren Ratschluß seines eigenen Urteils. Denn so wie Gott, als er als
Mensch unter den Menschen erschien, ganz allgemein gewollt hat, daß dem Menschen der Zeitpunkt seines letzten
Tages verborgen sei, so hat er insbesondere jedem einzelnen
die Kenntnis seiner Todesstunde entzogen, damit der
Mensch, wenn er sich schon nicht aus Liebe auf die Ausübung der Tugenden festlege, sich wenigstens bessere wegen der Unsicherheit seiner Wanderung. Wie viele Menschen, Tochter, die im Joch des Herrn „die Mühsal des
Tages und der Hitze ertrugen" (Mt 20, 12), hätten in ungeordnetem Lauf das Joch zerbrochen und die Last des heiligen Vorsatzes selbst für eine Weile von sich geworfen,
wenn sie ihre Todesstunde vorausgesehen hätten. Denn
obwohl Zeugnisse aus der heiligen Schrift ebenso wie Beispiele zuhauf zusammengetragen sind, würde man einen
Zeitabschnitt für die eigenen Vergnügungen bereitstellen,
einen anderen für die Reue bereithalten, und so würden sie
niemals ihren Gott in dauerhafter Hinwendung verehren
und lieben.

T.: Was du über diese Zeugnisse und Beispiele gesagt
hast, das leuchtet nicht ein, daß das Herz anscheinend
leicht verführt werden kann, wenn es sich auf diese stützt.

P.: Illa dico testimonia ad spem paenitentium a domino
prolata sicut illud: „Nolo mortem peccatoris, sed ut con-
vertatur et vivat, convertimini ad me et ego convertor ad
vos", itemque: „In quacumque die conversus ingemueris,
salvus eris", exempla vero sicut in Petro dominum negante, 5
Saulo persequente, Maria Magdalena et milibus publica-
norum et peccatorum, quos divina patientia sustinuit a via
veritatis deviantes, ut postea susciperet gratia revocante
revertentes. Ipsa igitur de termino tuo ignorantia magis te
suspectam et sollicitam reddit ad futura, ut quasi semper 10
incipiendo festines ad Christum ex amore iustitiae quam
deficiendo lassares quasi longo laborum emenso itinere.
Novit ergo factor rerum rationali creaturae quid expeteret
magis ex hac resolutionis suae ignorantia quam scientia, ne
libertas arbitrii per hanc inutilem scientiam corrumperetur 15
et homo divisus inter virtutes et vitia numquam perfecto
amore creatoris sui fundatus ad novam vitam formaretur.
„Vigilate itaque", dominus ait, „quia nescitis diem neque
horam." Praemisso paradigmate proficientibus quidem
consolatorio, negligentibus terrifico timorem generaliter 20
omnibus incutit, quia iuxta Salomonem: „Nescit homo an
odio vel amore dignus sit", et David ingressurus viam
universae carnis specialiter hoc filio proponit et inculcat, ut

P.: Ich habe diese Zeugnisse genannt, die vom Herrn zur Hoffnung für die Reumütigen angeführt worden sind, so wie jenes: „Ich will nicht den Tod des Sünders, sondern daß er sich bekehre und lebt, bekehrt euch zu mir, und ich werde mich zu euch bekehren" (Ez 33, 11; vgl. 36, 9); und ebenso: „An eben dem Tag, an dem du dich unter Seufzen bekehrt hast, wirst du errettet sein" (vgl. Jes 44, 22); aber als Beispiele will ich auf Petrus verweisen, der den Herrn verleugnete (vgl. Mk 14, 66–72), auf den Verfolger Saulus (vgl. Gal 1, 10 – 2, 10), auf Maria von Magdala (Lk 7, 36–50) und Tausende von Zöllnern und Sündern, deren Abweichen vom Weg der Wahrheit die göttliche Langmut ertrug, um sie später, wenn die Gnade sie zurückrief, als Heimgekehrte wieder aufzunehmen. Darum macht dich die Ungewißheit an sich über den Zeitpunkt deines Endes mißtrauischer und wacher gegenüber der Zukunft, so daß du gewissermaßen in ständigem Aufbruch zu Christus eilst aus Liebe zur Gerechtigkeit, in der du nachlassen und müde würdest wie bei der Bewältigung eines langen, mühseligen Wegs. Es hat darum also der Schöpfer der Welt erkannt, wieviel mehr Nutzen für die vernünftige Kreatur aus dieser Unkenntnis des eigenen Endes als aus der Kenntnis erwächst, damit nicht die Freiheit der Entscheidung durch dieses unnütze Wissen beeinträchtigt wird, und sich der Mensch, zwischen Tugenden und Lastern hin und her gerissen, niemals an ein neues Leben zu gewöhnen sucht, obwohl er in vollkommener Liebe zu seinem Schöpfer angelegt ist. „Seid deshalb wachsam", sagt der Herr, „weil ihr den Tag und die Stunde nicht kennt" (Mt 25, 13). Durch das oben angeführte Beispiel hat er nun allen zusammen Angst eingejagt, und zwar den Vorwärtsschreitenden zum Trost, den Nachlässigen zum Schrecken, denn auch bei Salomo heißt es: „Der Mensch weiß nicht, ob er Haß oder Liebe verdient" (Koh 9, 1), und David sagte, als er im Begriff war, den Weg allen Fleisches zu gehen, dies ganz besonders zu seinem Sohn und schärfte es ihm ein,

„intelligat, quod facit", quia re vera consummatae | virtutis | 186
est, quid pro quo agas, intelligere et ad quem finem referas,
quod agis, prospicere.

T.: Quia de incerta hora exitus nostri satis innotuisse
videris, quomodo vigilandum sit, expone perpaucis.   5

P.: Digna prorsus interrogatio. Sicut enim perplurimi
comedunt ieiunando, ieiunant comedendo, bibunt sitien-
do, tacent orando stantque currendo, sic multi dormiunt
vigilando, vigilant dormiendo.

T.: Quomodo fieri possit, ut homo comedat et ieiunus 10
remaneat et, ut interposita omittam, quomodo vigilando
dormiat, non video, praesertim cum non modo, ne dicam
diversa vel opposita, sed prorsus reperiantur contraria.

P.: Putas vigilabant, qui domino haec exhortanti aderant?

T.: Plane, quia si dormirent, dicta domini non audirent. 15

P.: Sicut ergo dominus in alia parabola aures audiendi
quaesivit, sic vigilias vigilandi quaerit, oculos videndi, pe-
des recte incedendi, ut sicut exterior homo suis agitur officiis in sensibus corporeis, ita disciplinis spiritualibus pro-
ficiat vigor et virtus hominis interioris. De comedente vero 20
et ieiunante nonne habes in propheta: „Seminastis multum
et intulistis parum, comedistis et non estis saturati", et:
„Dominus ad Moysen, quid clamas ad me", cum nihil lo-
queretur, et pharisaei longas intentione perversa orationes
orantes in conspectu eius, qui corda scrutatur, siluerunt? 25

---

[124] Die Kenntnis des mittelalterlichen Spruchs *quidquid agis, prudenter
agas, et respice finem* muß, wenn auch in freier Umsetzung, vorausgesetzt
werden, wobei natürlich letztlich viel Älteres zugrunde liegt, so z.B. Koh
7,2; Sir 7,36 und sogar HERODOT, *hist.* 1,32 (o.S. HUDE); ÄSOP, *fab.* 45
(63 HAUSRATH/HUNGER).

daß „er erkenne, was er tue" (vgl. 1 Kön 2, 1–3), weil es in
der Tat ein Zeichen vollkommener Tugend ist, zu erkennen,
was du wofür tust, und vorauszusehen, zu welchem Ende
führt, was du tust.[124]

T.: Weil du auf die Ungewißheit unserer Todesstunde
nun offenbar genug hingewiesen hast, erkläre mit wenigen
Worten, wie man wachsam sein muß.

P.: Das ist wirklich der Frage wert. So wie nämlich sehr
viele beim Fasten essen, beim Essen fasten, im Dürsten
trinken, beim Beten schweigen und im Laufen stehenblei-
ben, so schlafen viele beim Wachen und sind wach, indem
sie schlafen.

T.: Ich sehe nicht, wie das geschehen könnte, daß ein
Mensch ißt und dabei nüchtern bleibt, und daß er, um das
Dazwischenliegende zu übergehen, im Wachen schläft, zumal diese Dinge nicht nur, um nicht zu sagen verschieden
und unterschiedlich, sondern vollkommen entgegengesetzt
sind.

P.: Glaubst du, daß sie wachten, die bei dem Herrn
waren, als er sie zu diesen Dingen ermahnte?

T.: Sicher, weil sie die Worte des Herrn nicht gehört
hätten, wenn sie geschlafen hätten.

P.: So wie also der Herr in einem anderen Gleichnis
Ohren zum Hören gesucht hat, so sucht er Wachsamkeit
zum Wachen, Augen zum Sehen, Füße zum richtig Gehen,
damit der Mensch, so wie er äußerlich bei seinen Aufgaben
durch die körperlichen Sinne geleitet wird, so auch die Wirksamkeit und Kraft des inneren Menschen wachse durch
geistliche Zucht. Hast du aber nicht über das Essen und
Fasten eine Aussage bei dem Propheten: „Ihr habt viel gesät
und wenig eingebracht, ihr habt gegessen und seid nicht satt
geworden" (Hag 1, 6), und „Es sprach der Herr zu Mose:
Was schreist du zu mir?" (Ex 14, 15), als wenn er nichts
gesagt hätte, und schwiegen nicht die Pharisäer, indem sie
ausführliche Gebete, aber mit falschem Vorsatz sprachen
vor dem Angesicht dessen, der die Herzen erforscht? Hast

Nonne legisti in psalmo: „Simulachra gentium argentum et
aurum, os habent et non loquentur, oculos habent et non
videbunt", et cetera usque: „Similes illis fiant, qui faciunt
ea", et illud: „Homo cum in honore esset, non intellexit,
comparatus est iumentis insipientibus et similis factus est 5
illis"? Unde trahit homo similitudinem simulachrorum et
iumentorum nisi officia perdendo sensuum humanorum,
cedente ratione bonorum interiorum?

Paulus: „Illuminatos oculos cordis nostri quaerit, ut
sciamus quae sit spes vocationis eius in sanctis, quae divitiae 10
gloriae heredita|tis eius in sanctis et quae sit supereminens | 187
magnitudo virtutis eius." Intelligentis animae est, verbo
divino mentis visum, cordis auditum, gustum rationis
aperire, institutis caelestis disciplinae vigilias exercere, erroris incerto non facile seduci nec torpore languidae mentis 15
dissolvi; non est sapientis animae, vanitate rerum in diversa
iactari vel loco, persona vel tempore mutari vel difflui, cum
in verbis domini vitam inveniat unde vivat, lucem unde
videat, viam ne offendat, victum ne in via deficiat, gloriam
ne mundi scandalis succumbat, robur et patientiam ne las- 20
sescat, requiem ut quiescat. Cum sit enim anima iusti sedes
sapientiae, ubi melius requiescit anima nisi in verbo dei

du nicht im Psalm gelesen: „Die Götzenbilder der Heiden
sind Silber und Gold, sie haben einen Mund und werden
nicht reden, sie haben Augen und werden nicht sehen" (Ps
135,15 f: Vg. Ps 134,15 f), und so weiter bis zu der Stelle:
„Sie sollen jenen ähnlich werden, die dieses tun" (Ps
135,18: Vg. Ps 134,18), und jenes Wort: „Obwohl der
Mensch in der Herrlichkeit war, hat er es nicht verstanden,
dem unvernünftigen Vieh ist er vergleichbar und ihm ähnlich ist er geschaffen" (Ps 49,13: Vg. Ps 48,13)? Woher
bezieht der Mensch seine Ähnlichkeit mit Götzenbildern
und dem Vieh, wenn nicht dadurch, daß er die Dienste der
menschlichen Sinne zugrunde richtet, weil die Sorge für die
inneren Güter zurückweicht?

Paulus sagt: „Er sucht die erleuchteten Augen unseres
Herzens, damit wir verstehen, welche Hoffnung für die
Heiligen in seiner Berufung liegt, welche Reichtümer an
Herrlichkeit in seinem Erbe für die Heiligen und welche
überragende Größe in seiner Macht" (Eph 1,18 f). Es zeugt
von einer verständigen Seele, dem Wort Gottes den Blick
des Geistes, das Gehör des Herzens, den Geschmack der
Vernunft zu öffnen, die Wachsamkeit durch die Einrich-
tung himmlischer Zucht zu üben, sich nicht leichtfertig
durch Unsicherheit aufgrund von Irrtum verführen und
durch Erstarrung eines trägen Herzens zunichte machen zu
lassen; es zeugt nicht von einer weisen Seele, sich vom
leeren Schein der Dinge in verschiedene Richtungen treiben zu lassen oder sich zu verlieren in ständigem Wechsel
von Ort, Person und Zeit, da doch der Mensch in den
Worten des Herrn das Leben findet, aus dem er lebt, das
Licht, durch das er sieht, den Weg, auf dem er nicht strau-
chelt, den Lebensunterhalt, damit es ihm unterwegs an
nichts mangelt, die Herrlichkeit, damit er nicht den Ärger-
nissen der Welt unterliegt, Kraft und Geduld, damit er
nicht erlahmt, und Ruhe, damit er ausruhen kann. Wenn
nämlich die Seele des Gerechten der Sitz der Weisheit ist,
wo könnte dann die Seele besser ausruhen als im Wort

condita, redempta, sacrata, suscepta per verbum dei? Vigilias igitur imperat, „qui non dormit neque dormitat", quas
quidem vigilias prudentes quinque mundo dormientes, deo
vigilantes exercent, fatui vero vigilando mundo, deo dormientes abhorrent. De vigilia igitur ista dicendum est. Cer- 5
ta vigilia est sancta fide recta sapere et, ut supra dictum est,
quid pro quo agat, discernere, ad finem illum, qui est sine
fine, referre. Mentis vigilia est discernere inter bonum et
malum, inter virtutes et vitium, inter carnem et spiritum,
inter deum et mundum, inter temporale et aeternum et in 10
omnibus his ita se motu mentis et corporis ordinare, ut
omnia, quae homo agit, sapientia fulciantur et aeterna ratione, id est, ut ad quem finem sint referenda, cognoscere.
Quam multi, filia, laboribus infinitis formam sanctitatis
ostenderunt, sed indiscreta mente dormitantes ipsis virtu- 15
tum processibus offenderunt, immo obruti sunt. Nota per
exemplum. Ex pingui gleba interdum seges condensa pu-
trescit et fecundior plus solito succulentia iactis indiscrete
seminibus officit. Arbor onusta multis et magnis fructibus
scinditur, nisi supposita fortius arundine fulciatur. Ampli- 20
us. Sicut persaepe summergit et suffocat apim proprii favi
confusa | dulcedo et papirum bibulam extinguit abundans | 188
olei circumfusa pinguedo, sic plerumque anima donorum
spiritalium copia redundans, dum vult „plus sapere quam

Gottes, geschaffen, erlöst, geheiligt und aufgenommen
durch das Wort Gottes? Wachsamkeit befiehlt also der,
„der nicht schläft und nicht schlummert" (Ps 121, 4: Vg.
Ps 120, 4), und in eben dieser Wachsamkeit üben sich die fünf
klugen Jungfrauen, indem sie für die Welt schlafen, aber für
Gott wachen, die törichten geben dagegen ein abschrek-
kendes Beispiel, indem sie für die Welt wachen und für
Gott schlafen. Über die Wachsamkeit muß man also folgende Aussage machen: Sichere Wachsamkeit bedeutet, in heiligem Glauben Einsicht in das Richtige zu haben und, wie
schon oben gesagt wurde, zu unterscheiden, was man wofür tut und auf jenes Ende zu beziehen, das ohne Ende ist.
Wachsamkeit des Geistes bedeutet, zwischen Gut und Böse
zu unterscheiden, zwischen Tugenden und Laster, zwischen Fleisch und Geist, zwischen Gott und der Welt,
zwischen Zeitlichkeit und Ewigkeit und sich in allen diesen
Dingen durch die Regung von Geist und Körper so einzu-
richten, daß alles, was der Mensch tut, sich auf Weisheit
gründet und den Bezug auf die Ewigkeit, das heißt, zu
erkennen, auf welches Ende sie bezogen werden müssen.
Wie viele, Tochter, haben in unendlicher Anstrengung ein
Bild der Heiligkeit vorgeführt, sind aber mit ihrem unent-
schlossenen Herzen eingeschlafen, standen dem eigenen
Fortschritt in den Tugenden im Wege, ja sind sogar gestürzt. Mach es dir klar durch ein Beispiel: Auf ergiebiger
Erdscholle fault bisweilen eine dichte Aussaat, und mehr
als gewöhnlich bedrängt der zu reiche Aufwuchs den Samen, der ohne Unterschied ausgeworfen wurde. Ein Baum,
der schwer beladen ist von der Fülle und Größe seiner
Früchte, bricht zusammen, wenn er nicht durch unterge-
schobene Pfähle ziemlich stark abgestützt wird. Weiter! So
wie häufig die zerfließende Süßigkeit des eigenen Honigs
die Biene ertränkt und erstickt, und so wie die rings ver-
gossene Fülle fetten Öls den durstigen Docht auslöscht, so
geht häufig auch die Seele im Überfluß geistlicher Gaben
in ihren eigenen Freuden zugrunde, indem sie „weiser sein

oportet sapere" nec status sui gratias agendo meminit, in
ipsis deliciis suis perit.

Igitur ut divinorum munerum semper ubertate crescamus, rivum unde bibimus ad fontem reflectamus, id est ad
deum referamus, et quod sumus et quod possumus. Qua re, 5
filia, comparationes istas prosequimur? Quia multi fulgentes per opera bona exciderunt discretione remota. Si enim,
cum operarentur, vigilarent, facta sua vigilanter discernerent. Verum licet his vigiliis congruenter exequendis oporteat esse curis et negotiis expeditas animas, legimus tamen 10
nonnullas matrimonialibus vinculis detentas tam ardenter
sponsum demorantem in nuptiis expectare, ut tardiores in
professione sua viderentur virtutum fulgore praeire. Non
audisti, rogo, quid virgo nobilissima Evildrudis iuncta
anglici regis matrimonio fecerit?　　　　　　　　　　15

T.: Dic, quaeso, ne tardes.

P.: Anglorum princeps virginem praeclarissimam moribus
et genere, magis autem divino possessam amore legitur sibi
desponsasse. Peractis igitur regali magnificentia nuptiis rex
dilectam dilectus in matrimonium sumpsit, sed illa sine iactura 20
virginitatis virgo permansit, uxor regis publica fama, sed sine
copulae carnalis experientia. Cumque rex moderatissimus legitima conubii iura posceret ex virgine nec vim inferendo
vellet eam aliquomodo contristare, provinciae suae secretius
alloquitur episcopum, donis magnis eum cumulans, ut vel 25

---

[125] Es handelt sich um die Legende von EVILDRUDIS (auch: ETHELDREDA)
(† 679), einer angelsächsischen Heiligen, die in Südengland und der Normandie verehrt wurde. Sie war mit dem König von Northumberland
verheiratet und gründete 673 das berühmte Benediktinerinnenkloster von
Ely. WILLIBRORD soll ihre Reliquien nach Echternach gebracht haben;
BEDA VENERABILIS, *hist. eccl.* 4,19 (2,375–379 SPITZBART).

will als weise zu sein sich ziemt" (Röm 12, 3 Vg.), und sich
nicht im Danken der eigenen Stellung erinnert.

Damit wir also durch die immer üppige Fülle göttlicher
Gaben wachsen, wollen wir den Fluß, aus dem wir trinken,
bis zu seiner Quelle zurückverfolgen, das heißt auf Gott
beziehen, was wir sind und was wir vermögen. Aus welchem Grund, Tochter, verfolgen wir diese Vergleiche? Weil
viele, die durch gute Werke glänzten, untergegangen sind,
weil es ihnen an Unterscheidungsvermögen fehlte. Wenn
sie nämlich gewacht hätten, als sie am Werk waren, dann
hätten sie ihre eigenen Taten wachsam beurteilt. Auch
wenn es nötig ist, daß zur richtigen Ausübung dieser Wachsamkeit die Seelen nicht von Sorgen und Geschäften be-
schwert sind, lesen wir dennoch, daß einige Frauen, obwohl durch eheliche Fesseln gebunden, so heiß den noch
zögernden Bräutigam zur Hochzeit herbeisehnten, daß sie
bei der Erfüllung des Gelübdes zwar noch ziemlich lang-
sam, aber doch durch den Glanz ihrer Tugenden voran-
schritten. Hast du nicht gehört, frage ich, was die außerordentlich vornehme Jungfrau Evildrudis getan hat, die mit
dem englischen König verheiratet war?[125]

T.: Sprich, ich bitte dich, und zögere nicht.

P.: Der König der Engländer soll sich mit dieser nach
Sitte und Herkunft hochberühmten Jungfrau verlobt haben, die aber mehr von der Liebe zu Gott erfüllt war.
Nachdem die Hochzeitsfeierlichkeiten mit königlichem
Aufwand begangen waren, nahm der König, der Geliebte,
die Geliebte zur Ehefrau, aber jene blieb ohne Verlust
ihrer Jungfräulichkeit weiter Jungfrau, nach öffentlicher
Meinung zwar Ehefrau des Königs, aber ohne die Erfahrung einer Vereinigung im Fleisch. Als nun der König, an
und für sich sehr maßvoll, seine legitimen Eheansprüche
von der Jungfrau forderte, sie aber nicht auf irgendeine
Weise durch die Anwendung von Gewalt betrüben wollte,
sprach er heimlich den Bischof seiner Kirchenprovinz an
und überhäufte ihn mit Geschenken, damit er vielleicht

eius assequeretur persuasione, quod volebat, sed frustra, quia virgo veneranda sponsi aeterni delicias iam mente praegustaverat.

T.: Revera non tam sacra virginis intentio quam regis 189 pietas admiranda videtur, qui cum posset efficere potestate, 5 quod vellet, pietate vicit amorem, quia Christum praesensit in virgine pudica regnantem.

P.: Honorius imperator duas in matrimonium fertur assumpsisse sorores, id est post obitum alterius alteram, ambae remanserunt intactae, quia Christum gerebant in pec- 10 tore. Amor hominum divinum non excludit amorem. Sicut enim in virginibus sic Christus etiam regnare probatur in viduis et coniugatis, in quorum gradu et ordine quia pendet universalis ecclesia de his tecum aliqua, prout dominus concesserit, conferendo, septimo libro nostro demus exor- 15 dium praemissa figura.

T.: Gratulanter accipio quodcumque peregrinationis et molestiae meae solatium a peregrino.

Explicit VI.

---

126 FRUTOLF VON MICHELSBERG berichtet in seiner Weltchronik von dem weströmischen Kaiser HONORIUS (384–423), der außenpolitisch nicht gerade glücklich gegen die Westgoten operierte, dem aber im Inneren große Verdienste um die Sicherung des christlichen Glaubens zugeschrieben wurden. Zu seinem Ruf persönlicher Frömmigkeit paßt der Bericht, daß

durch dessen Überredungskunst erreichte, was er wollte, aber vergeblich, weil die verehrungswürdige Jungfrau die Freuden des ewigen Bräutigams schon vorher im Geiste gekostet hatte.

T.: In der Tat scheint mir die heilige Absicht der Jungfrau nicht so bewundernswert wie die fromme Gesinnung des Königs; denn obwohl er mit Gewalt hätte erreichen können, was er wollte, besiegte er doch die Liebe durch fromme Gesinnung, weil er fühlte, daß Christus in der keuschen Jungfrau der König sei.

P.: Der Kaiser Honorius soll zwei Schwestern zur Ehe genommen haben[126], das heißt nach dem Tod der einen die andere, beide blieben unberührt, weil sie Christus in ihrem Herzen trugen. Menschliche Liebe schließt die Liebe zu Gott nicht aus. Denn so wie bei den Jungfrauen, so kann Christus offensichtlich auch bei den Witwen und Verheirateten herrschen, und weil deren Stand und Stellung für die gesamte Kirche eine Rolle spielt, will ich mit dir einiges über sie besprechen, sofern der Herr es uns zugesteht, und dabei zuerst als Grundlage für unser siebtes Buch wieder ein Bild voranstellen.

T.: Gern nehme ich auf meiner Pilgerfahrt und ihren Mühen Trost jeglicher Art von einem Pilger entgegen.

Es endet das sechste Buch.

---

er nacheinander die beiden Töchter seines Heermeisters STILICHO (MARIA und HERMANTIA) heiratete, sie aber unberührt ließ: *utraeque virgines defunctae sunt*. Damit konnte sein Verhalten als Tugendbeispiel dienen (FRUTOLF VON MICHELSBERG, *chron.* [MGH.SS 6, 134]).